T. Christian Miller
Ken Armstrong

謊報

一樁性侵案謊言背後的真相

T・克利斯汀・米勒、肯・阿姆斯壯 著
楊佳蓉 譯

A False Report:

A True Story of Rape in America

獻給我的父親唐納．H．米勒，
他的堅強、奉獻、責任感是我畢生靈感的來源。
爸，希望還能繼續接受你的光芒指引。

——T．克利斯汀．米勒

獻給我的母親茱蒂．阿姆斯壯，
她在三個閱讀俱樂部之間周旋，至今仍舊堅持紙本書。
她說：「我還是喜歡翻書的感覺。」這句話我銘感於心。

——肯．阿姆斯壯

好評推薦

兩位作者披露了性別偏見以及對於性侵害的諸多迷思，至今仍舊深深影響執法機關對於性犯罪的調查心態。不但再度傷害受害者，更讓犯人逍遙法外，有機會犯下更多案件。這本傑作同時細緻地描寫步上正軌的調查過程，讓讀者看見優秀的警力加上最新的研究成果能為性侵受害人聲張正義。本書經過深入周全的研究，充滿同理心，是各位的必備讀物。

——瓊安．艾沙包特（Joanne Archambault），國際終結對女性施暴團體（End Violence Against Women International）執行長

本書是報導文學界的成功之作：深深潛入一樁錯得離譜的案子，描繪泯滅人心的罪犯，最後以英勇的義舉替失去聲音的受害者討回公道。你永遠遇不到像這樣的犯罪故事。

——羅伯特．柯爾克（Robert Kolker），*Lost Girls* 作者

不分老少，許多遭到性侵的女性從未通報——其中大多是害怕沒有人會相信她們。本書揭露了質疑女性遭到強暴會帶來多大的代價。這本引人入勝、深深撼動人心的傑作擁有強大的力量，以宏觀的角度來探討我們的司法體系究竟是如何辜負了受害者、究竟要如何導正。

——佩吉・奧倫斯坦（Peggy Orenstein），*Girls and Sex* 作者

這是一本令人不安、感動的深刻大作，挖掘諸多不隨著時間改變的議題——犯罪、受害者心境、誠實、性別歧視——這正是當下最需要的探討。同時也以迷人、犀利的文筆描繪出乎意料的案情轉折。

——蘇珊・歐琳（Susan Orlean），《蘭花賊》作者

這是一本堅韌、精準的報導文學，深深譴責女性受害者面臨的調查體系崩壞。書中揭露的事實悲慘到難以置信，幾乎到了荒謬的地步。但兩位作者想表達的不是只有義憤，他們更說明有哪些實際的作法能帶來深遠的改變。清晰的思路、濃厚的同情貫串了整個故事。本書鉅細靡遺、高潮迭起，充滿人性光輝，最優秀的非小說作品和小說一樣動人。

——賽巴斯汀・羅特拉（Sebastian Rotella），*Rip Crew* 作者

本書描述了令人心碎的故事。兩位作者將人物寫得活靈活現，不做太多批判，僅是指出社會大眾看待強暴的深刻性別歧視。此外，無論是執法人員還是受害者，書中充滿堅毅的女性角色。

——安—瑪莉・史勞特（Anne-Marie Slaughter），新美國基金會執行長，《未竟之業：為何我們無法兼顧所有？》作者

美國從未妥善地正視性暴力議題，許多人自以為是地欺壓受害者，使得悲劇更加惡化，令受害者孤立無援。本書經過報導文學的巨匠深入研究，強力地掀開以無知作為掩護的假面具。雖然令人心痛心碎，這本書你非讀不可。

——布萊恩・史蒂文森（Bryan Stevenson），《不完美的正義：司法審判中的苦難與救贖》作者

推薦序一

獻給等待被理解的受害者

王曉丹（政治大學法律系教授）

世界上最可怕的事情，莫過於，受害了卻找不到語言敘說，敘說了也無人相信。如果在破碎語言中所建構的真實，都欠缺對話，都背離真相，那麼我們要怎麼辨？

說謊，竟成為一種策略

「她為什麼說謊？」這是女主角瑪莉身旁所有人的疑惑。這則真實事件的報導小說一開始，十八歲的瑪莉向警局報案，她說自己被強暴了，但之後在警局，她竟承認之前說謊。這使她陷入心靈絕境：身旁關心她的兩位前寄養媽媽、兩個住宿社工、住宿的同齡夥伴、辦案警察們，有的無奈、有的冷漠、有的生氣，她打工失魂因而丟工作，差一點從橋上跳下。

讀者閱讀這個故事，一開始就知道瑪莉確實被強暴了。然而，客觀證據欠缺也無專業辦案細節，寄養媽媽狀似好心暗示警察她過去希望「獲得關注」的怪異舉動，警察看似盡心辦案卻告訴她「如果妳測謊失敗，我會把妳拘留起來」，這些加總之後，導致她為了擺脫這困境，只好「切換開關，壓抑她無法處理的情感」，最後在警局陳述沒有強暴這事。然後，超出十八歲女孩的預料，她收到了市政府控訴她誣告的傳票，她不得不接受法律扶助律師的建議認罪協商，之後獨自面對付不出的五百美元罰金。

這個令人震驚的故事，描繪出法律體系強大的力量——不只是有權力把人抓起來關、掠奪人的財產，還可以定義人的經歷以及所作所為——法律命名的權力，將性侵害受害者，命名為惡意的誣告者。十八歲女孩雖然得到了公共扶助社工資源與律師協助，卻在過程中喪失自我定義的權力，成為警察、社工、寄養媽媽、律師、法官工作下被決定的角色。

她說謊，她的能動性

瑪莉說謊的原因在這本報導小說中很清楚。瑪莉意識到，她在司法體制之前，只能任由有權力的人決定，她無法撼動這個封閉又充滿偏見的系統。瑪莉理解到，她的真話不斷被曲解，在對話中不斷指向她說謊，此時說真話已然無用。瑪莉精疲力竭，她想逃離單向、高壓、被決定的審訊環境。瑪莉從小穿梭於社會福利系統，她學習到，對抗體制官僚所強加的標籤有如緣木求魚。於是，瑪莉「同意」說謊了，「同意」成為被排除、被放棄、被說謊的人。

瑪莉決定不在警局進行抵抗。然而，她在每個受迫的環節，仍然以一己之力判斷最佳利益；她在困境中依然不放棄與人連結的可能，期盼一個有機的對話；她不畏懼壓力控告市政府，並當面要求警察道歉；她對於幫助其重建與世界關係的警探，寫出感謝信函。這些都是讀者在閱讀這個故事時，必須要讀到的受害者能動性。

二元對立的敘事模組

這個故事告訴我們，司法作為建構事實的權威機構，警詢筆錄常是出錯的關鍵。警詢對話的過程看似客觀，卻經常從上而下以刻板印象為基調，建構出不利於弱勢者的事實。這其中，道德上的好心，竟然有可能掩蓋著行動者的自我安慰，任由其偏見滋長，最後導致司法不公。

審訊者經常忘了，每一個個案都是不同的，因而誤將不可放過的蛛絲馬跡，當成無關緊要的細節；審訊者有時忽略了，受害者的敘事正是對抗偏見的行動，從而無法放下社會偏見，以保持解讀的開放性；審訊者甚至將受審者抵抗偏見的努力，視作說謊的證據。

性侵害案件的誤判，往往受到二元對立敘事模組的影響——受害者悲慘崩潰渴望擁抱／說謊者覺得自己惹上麻煩、受害者陳述前後一致／說謊者陳述多有破綻、受害者獨立自主／說謊者希望得到注意、完美被害人／扮演被害人、說真話／說謊話——因為非此即彼的二擇一，只要不像前者，就一定是後者，導致錯誤的真實發現。這些聚焦於受害者「真確性」的二元對立，往往在審訊者與相關人自我情緒／情感的涉入後（例如其養母無法與其有良好關係的挫敗感），偏向模組的後一方，因而產生不公。那麼，警詢過程如何超越此種二元對立的意義建構？審訊者如何在體制裡看見受害者？

沒有人喜歡說謊

瑪莉說謊了。但是有誰在生活裡從來不說謊呢？有許多人甚至習慣說謊——為了免除麻煩、為了減少事端、為了討好他人、為了避開尷尬……為了愛。讀者應該可以讀出瑪莉為什麼說謊，因為這正是許多人會做的選擇。希望這本書可以激起體制的反省聲浪，小心翼翼看待每一個司法過程裡的慣習性思維或行動，敏銳察覺其中不公不義的小苗。

推薦序二

多一點傾聽和查證

葉建廷（執業律師／台灣冤獄平反協會理事長）

「長久以來，碰上強暴案，司法體系秉持著『站在男性的角度，假設女性往往會說謊』的態度。美國各地的法院都抱持這份經典的詭異預設值。」這是作者對於美國司法體系多麼嚴重的指控，如果這種預設值是正確的，到底誰在說謊？

辦理刑案一天，這個疑問就會一直存在參與刑事程序的所有人心中一天（不管你是法官、檢察官、律師、警察，更包括被害人、被告，都一樣！），尤其，在絕大多數的性侵害案件中，通常是立場二個相對立的人互相指控，這種疑問更是讓人傷透腦筋，到底真相是什麼？

分享一個例子。若干年前，在一個考試的場合，有人問我：「你當法官也一段時間了，告訴我，到底如何發現事實真相？」

「說實話嗎？」

「當然。」

「如果您是指絕對的事實真相，對不起，我人又不在所謂的犯罪現場，我實在……」

「你這是在告訴我沒有辦法發現絕對的真實嗎？」

「這，是這樣子啦……」

「那這樣子我的教科書豈不是要重寫！你這樣子，我怎麼錄取你……」

就在現場氣氛頓時凝結成冰時，另一位非常資深，非常資深的司法官，同時也是大師級的老師出手相救，「你就不要一直為難他了，他可能才當七、八年法官，或許經驗還不夠。我已經有三十幾年，也快退休了，可以根據證據發現相對的真實已經很不錯了，法庭上，原告和被告，總是有一個人沒把事實真相說清楚，參與這個程序的人，要多聽，別預設立場……」

是的，「要多聽，別預設立場」多簡單的幾個字啊，但做起來就可沒那麼簡單了，書裡面一位警探的分享：「傾聽以及求證。重點是傾聽你的被害人，接著依照調查結果採信或是駁回」，對待被害人是如此，作為被告的辯護律師，不也應該如此！

這幾年救援冤案，發現讓無辜者蒙冤的成因之一，是原先有太多的預設立場及不願意聽或偏聽。所幸隨著科學證據的一一浮現，法院願意多聽聽這些科學證據呈現的其他可能面向，也願意進一步去查證原先的證據可能造成的偏誤，多一點傾聽及查證，就可以讓無辜者的清白早日到來。

這本書很平易近人，對沒唸過法律的人來說，對於如何查證及破案，可以透過作者的報導功力，有幾近歷歷在目好像跟著偵探，一步一步把拼圖拼出來的腦力激盪。對於法律人而言，應該不陌生，美國法學、證據法巨擘John Henry Wigmore教授曾經說過「交互詰問對於發現真實而言，是人類歷史上所發明最偉大的利器」這一句經典名言，但Wigmore教授在作者筆下，有另一個我從不知道的面向，天啊，這是真的嗎？當我讀完第十五章時，我有點驚嚇，我得要去進一步查證了。

目次

第一章 橋

二〇〇八年八月十八日星期一
華盛頓州，林伍德

瑪莉離開偵訊室，由一名警探和一名警長陪同下樓梯。她已經停止哭泣。來到樓梯口，警方把她交給等著帶她離開的兩個人。瑪莉參加了針對年紀大到無法接受寄養的青少年支援計畫。這兩人是計畫管理者。

所以說，其中一人開口。

妳被強暴了嗎？

瑪莉今年十八歲，她有著淺褐色眼珠，留著大波浪長髮，還戴著牙套。一個禮拜前，她報警說陌生人持刀闖入她的公寓，蒙上她的眼睛、綁住她的手腳，堵住她的嘴巴，強暴了她。在這個禮拜內，瑪莉至少向警方說了五次案發經過。她說對方是瘦小的白人男子，五呎六吋高，藍色牛仔褲，連帽外套（灰色，或是白色），眼睛可能是藍色的。但是她的說法並非每次都相同。警方從瑪莉身旁的人士口中問出各種疑慮。當他們拿這些疑慮找瑪莉對質時，她動搖了，屈服了，說這全是她編造的——因為她的養母不回她電話，因為她男朋友現在只是她的朋友，因為她不習慣單獨一人。

因為她想要關注。

她向警方大略敘述了自己的過往，說她大概遇過二十個寄養父母。她說她在七歲那年曾遭到強暴，說第一次自己住的經驗把她嚇著了。被陌生人強暴的故事「變成根本不該發生的風波」，她對警方這麼說。

今天她考驗了警方殘存的耐性。她再次回到警局，說她一開始說的是真話，說她真的被強暴了。然而在偵訊室裡受到逼迫時，她再次言詞反覆——再次承認這番說詞全是謊言。

沒有，瑪莉對樓梯口的管理者說。

沒有。我沒有被強暴。

珍娜和韋恩是階梯計畫（Project Ladder）的管理者，協助寄養家庭的孩子適應獨立生活。階梯計畫教導青少年——多半十八歲大——成年人的基本技能，從選購雜貨到信用卡的使用。計畫最有力的支援在於財務方面，補助單房公寓的房租，讓孩子們在房價高騰的西雅圖有個立足點。韋恩是瑪莉的個案管理者。珍娜是計畫監督。

如果是這樣的話，管理者說，如果妳沒有被強暴，那麼妳有幾件事情該做。

瑪莉怕死了接下來將發生的一切。回答問題時，她在這些人臉上看到了自己的未來。沒有憤怒，沒有驚訝。他們曾經質疑過她，就跟其他人一樣。瑪莉發覺從現在起，大家會認定她精神有問題。她也很想知道自己是不是已經崩毀，心中有什麼東西需要修復。瑪莉發覺自己變得多麼脆弱。她好擔心將會失去自己所剩不多的資源。一個禮拜前，她有朋友，有第一份工作，有第一次能稱為自己家的地方，有來去的自由，有人生即將開展的希望。但現在工作以及那份樂觀都沒了，住處和自由也岌岌可危。能夠投靠的朋友？只剩下一個了。

她的說詞確實掀起軒然大波。上禮拜的電視新聞內容全是這個案子：「華盛頓西區的女性坦承她是放羊的孩子。」一名主播這麼說。ABC、NBC、CBS，各家新聞在西雅圖的地區分部全都報導了這件事。NBC的分部King 5新聞台把鏡頭拉近瑪莉的公寓——沿著樓梯往上，停留在敞開的窗戶——同時西雅圖最知名的主播琴恩・艾納森（Jean Enersen）對觀眾說：「林伍德警方表示該名女性謊稱遭到陌生人性侵……警探不知道她捏造事實的原因。她可能會因為謊報遭到起訴。」

新聞記者紛紛跑來敲門，要她對著鏡頭回答為何要撒謊。她得要偷偷溜出門，拿運動服蓋著臉。

她的故事在網路上擴散到更遙遠的角落。專為謊報成立的部落格「仙人跳互助會」為了林伍德的案子貼了兩篇文：「看似永無止境的謊報強暴案件再添一樁。又見年輕控訴人……為了突顯這種謊言的嚴重性，應當大幅加重謊報強暴的刑責，否則無法阻止那群騙子。」一名倫敦人整理了一六七四年起的「國際謊報強暴案件時間軸」，而林伍德一案是第一千一百八十八起，排在前面的是喬治亞州少女「與另一名學生進行合意性行為後，幻想駕駛綠色雪佛蘭轎車的男子將她強暴」，以及英格蘭的少女「傳了簡訊跟他說她有多爽，竟然又翻臉不認人」。他寫道：「從這份資料庫可以看出某些女性隨意無的放矢，脫了內褲又後悔。」

瑪莉的故事在誠信與強暴的漫長爭辯中成為經典案例，連華盛頓州以外的地區也討論得如火如荼。

新聞報導沒有提到她的名字，可是瑪莉身旁的人都知道。十年級時認識的朋友打電話來說：妳怎麼能說這種謊？電視記者也想問這個問題。瑪莉無論走到哪裡都會遇上這個問題。她沒有回答朋友。她只是聽完，掛斷電話——又失去一段友誼。瑪莉曾經把筆電借給另一個朋友——就是那種黑漆漆的老式ＩＢＭ——現在對方拒絕歸還。瑪莉找她對質時，她說：妳都能撒謊了，我當然可以偷東西。同一個朋友——或者該說是前朋友——還打電話恐嚇瑪莉說她該去死一死。大家都說瑪莉是真正的強暴受害者得不到信任的罪魁禍首。大家罵她是賤人，是婊子。

階梯計畫管理者對瑪莉說了她該做什麼。還說要是她不照辦，就會被踢出計畫。她將失去那間便宜公寓，無家可歸。

管理者帶瑪莉回到她的公寓，找來其他階梯計畫的成員——瑪莉的同儕，與她年紀相當，背景雷同，都在政府的監護下長大。大概來了十個人，多半是女生。她們在社區泳池附近的管理辦公室裡坐成一圈。瑪莉站著，對她們，對每一個人——包括上禮拜打九一一通報強暴案的樓上鄰居——說那都是謊言，大家不用擔心，不需要戒備強暴犯，警方不需要追捕逍遙法外的強暴犯。

她哭著懺悔，周圍彆扭的沉默把她的聲音放得無限大。如果房裡真存在一絲半點的同情，瑪莉只從一個人身上感受到：坐在她右手邊的女生。她在其他人眼中看到同樣的疑問——妳為什麼要幹這種事？——以及共同的批判：妳完蛋了。

在接下來的幾個禮拜、幾個月，瑪莉得要承受更多銷案的後續效應，不過這是她最難堪的一刻。

她只剩下一個朋友能夠投靠，那次聚會結束後，瑪莉前往艾詩莉的家。瑪莉沒有駕照——只有學習駕照——所以她僅能徒步。半路上，她經過一座橫跨五號州際公路的橋，下方是全州最繁忙的南北向高速公路，速霸陸轎車和拖板車源源不絕地呼嘯而過。

瑪莉思考自己有多想跳下去。

她掏出手機，打給艾詩莉，說：拜託在我做出蠢事前過來接我。

接著，她把手機丟下橋。

第二章　獵人

二〇一一年一月五日
科羅拉多州，戈爾登

二〇一一年一月五日星期三下午一點多，史黛西・蓋博瑞斯（Stacy Galbraith）警探驅車前往沿著矮丘延伸的一長排公寓，骯髒半融的積雪在地上東一塊西一塊，枯槁灰暗的樹木聳立在三層公寓的橘色與橄欖綠色牆面前。外頭颳著刺骨寒風，蓋博瑞斯來這裡是為了調查強暴案。

制服員警擠滿一間位於一樓的公寓。幾名巡邏員警四處敲門詢問，犯罪現場分析人員拍照存證，急救人員將救護車停妥。蓋博瑞斯在一團混亂中格外顯眼，她是以男性為主的陣仗中少見的女性。她臉頰窄，直順的金髮垂到肩頭以下，擁有一雙藍眼，結實勁瘦的體格猶如長跑選手。

她走向一名員警，後者朝著身穿棕色長大衣的女子比劃。她站在公寓外淡薄的陽光中，一手揪著裝了貴重物品的提袋。蓋博瑞斯猜測她二十幾歲，大概五呎六吋高，身材苗條，深色頭髮，神情平靜，毫無慌亂。

被害者。

蓋博瑞斯上前報出身分。想到我車上談談嗎？她問。比較暖，比較安全。女子答應了。兩人坐進前座，蓋博瑞斯打開暖氣。

女子名叫安珀，是本地大學的研究生。正值寒假，她的室友返鄉了。她留在公寓裡，盡情享受獨處時光，熬到半夜再睡過一整天。她男朋友從郊區開車來找她，不過前一晚她一個人過夜，煮了晚餐，縮在床上展開《慾望師奶》和《宅男行不行》影集馬拉松。她看到昏天暗地，在半睡半醒之間聽見左右鄰居出門上班的聲響。

她才剛睡著，就被不尋常的動靜驚醒。在幽暗的晨光中，一道人影聳立在她身旁。她的感官開始運轉。房裡有個男人。他戴著黑色面罩，穿著灰色連帽外套，下半身則是運動褲、黑色鞋子。他手持槍枝，槍口指著她。

「不要叫。妳一叫我就開槍。」他說。

腎上腺素在她的全身上下流竄，視線射向那把槍。她記得槍身是閃亮的銀色，嵌著黑色印記。

她哀求：不要傷害我。不要打我。

她說公寓裡所有的現金都可以給他。

「去妳的。」他說。

男子把她嚇壞了。他會傷害她。他可能會殺她。因此她下定決心：不要反抗。她選擇忍受，對方叫她做什麼她都會照辦。

他把黑綠配色的背包甩到地上，裡頭放著所有的道具，以透明的塑膠三明治袋分裝。袋子外貼上字跡方正的標籤。口箝、保險套、按摩棒、廢棄物。

他命令她脫掉發熱材質睡衣，安珀盯著他抽出一雙白色大腿襪，套上她的腿。他問她有沒有高跟鞋。她說沒有，他從袋裡掏出附上粉紅色緞帶的透明塑膠高跟鞋，將緞帶纏滿她的小腿。他又往袋裡摸索，取出一組粉紅色髮帶，把她的頭髮綁成兩條馬尾。她的化妝品在哪？她到化妝台拿了化妝工具。他的指示很精確。先上眼影。接著是口紅。多塗一點。他要她的嘴唇看起來粉紅一點，他說。最後，他命令她躺在床上，從袋子裡拿出一條黑色絲質緞帶。雙手放在背後，他說。他將緞帶鬆鬆地綁在她手腕上。

那條緞帶很熟悉，安珀嚇呆了。那是她跟男友一起買的飾品，已經好幾個禮拜遍尋不著。安珀以為是自己亂放。現在她腦中一團混亂。這個強暴犯怎麼會有她的緞帶？

接下來的四個小時，男子反覆強暴安珀。他累了就休息，只套著上衣，喝自己帶來的瓶裝水。要是她喊痛，他就塗上潤滑劑。聽到她說冷，他拉來她的粉紅配綠色被子蓋住她。他指示她要做什麼、怎麼做，稱讚她是「乖孩子」。他沒有用保險套。

他帶著一台粉紅色數位相機，要她在床上擺出姿勢。像這樣，他命令道。往那裡轉。等到一切達到他的標準，他按下快門。他會在強暴途中停下來拍更多照片。她對蓋博瑞斯說她不知道他到底拍了多少。有一兩次他整整拍了二十分鐘。他說他要用這些照片說服警方這是合意性行為。他會把照片貼到色情網站上給大家看——她的父母、朋友、男友。

安珀決定要靠著凸顯自己的人性來求生。每當男子停下來休息時，她會問他問題。有時候他什麼都不說，有時候兩人會聊上二十分鐘。男子仔細描述他是如何獵捕她。這似乎讓他放鬆不少。

他說他從八月開始隔著公寓窗戶監視她。他知道她的全名。他知道她的出生日期、護照號碼、車牌號碼。他知道她的系所跟學校。他知道晚上睡前，她會在浴室鏡子前自言自語。

安珀跟蓋博瑞斯說這些都是真的。那個男人沒有亂講。

安珀問起男子的背景。他說他會講三種外文：拉丁語、西班牙語、俄語。說他四處旅遊，到過韓國、泰國、菲律賓。說他上過大學，不缺錢。說他曾經從軍。他說他認識很多警察。

他跟安珀說他的世界「很複雜」。人分成野狼跟好漢兩種。好漢絕對不會傷害女人小孩，可是野狼可以為所欲為。

他是野狼。

安珀說她一直沒看到強暴犯的臉，但她盡力記得他的身體特徵。他是白人，金色短髮，淺褐色眼珠。她推測他六呎二吋高，大約一百八十磅重。灰色運動褲在膝蓋的位置有破洞，黑色鞋子上有愛迪達的商標。他的私處剃過毛，有點胖。

她說他有個身體特徵：小腿上的棕色胎記。

等他終於饜足，已經接近中午了。他用溼紙巾擦拭安珀的臉，命令安珀進浴室刷牙。他叫她進淋浴間，盯著她往身上塗滿肥皂，要她刷洗特定身體部位。等她洗完，他要她在淋浴間裡多待十分鐘。

離開之前，他說了他是如何從後頭的玻璃滑門進入她的公寓。他要她在門板軌道塞個木頭卡榫固定。這樣比較安全，他說。像他這樣的人就進不來了。

他關門離開。

離開淋浴間後，她發現強暴犯把她的房間翻了一遍，帶走她的被子床單跟藍色絲質內褲。他留下粉紅配綠色的被子，塞在床腳邊。

她挖出手機，打電話給男友。她說她被強暴了。他催她報警，她不太願意，但最後還是答應了。安珀掛斷電話，撥打九一一。

這時是中午十二點三十一分。

＊＊＊

蓋博瑞斯繃緊神經聽女子陳述。跟蹤。面罩。裝滿強暴道具的背包。如此可惡的暴行，如此熟練的手法，不能繼續浪費時間了，現在就得要展開調查，就從巡邏車前座開始。

蓋博瑞斯知道每一場強暴都涵蓋了三個犯罪現場：暴行發生的地點、襲擊者的身體、受害人的身體。每個現場都能提供寶貴的線索。強暴犯試圖從其中一個現場抹去自己的存在，那就是安珀的身體。蓋博瑞斯問安珀是否同意讓她拿細長的消毒棉花棒蒐集DNA證據。棉花棒頭掃過安珀的臉頰，蓋博瑞斯只能在心裡祈禱：說不定強暴犯沒有如願，說不定他留下了細微的身體殘渣。

她又提出另一個重大請求：安珀有辦法回到公寓裡，指出強暴犯可能摸過的地方嗎？安珀也答應了。兩人一同回溯犯行，安珀讓蓋博瑞斯看看犯人從床上扯落的粉紅配綠色被子。她帶她看過犯人在強暴期間用了好幾次的浴室。蓋博瑞斯詢問種種細節。是什麼樣的面罩？不是滑雪用的面罩，安珀說。更像是裹在臉上的一塊布，他拿安全別針把它緊緊固定在自己頭上。她記得那瓶水嗎？嗯，牌子是箭頭。那塊胎記是什麼樣子？安珀畫了張圖：雞蛋大小的圓形。

回想犯人拿被子替她保暖的模樣，安珀說他很「溫柔」。

蓋博瑞斯陷入困惑。經歷過這種暴行，誰會以溫柔來形容對自己施暴的犯人呢？同時她也深感擔憂。說不定那傢伙看起來很普通。說不定他是個警察。「看來要花一番功夫才能逮到他了。」她心中暗忖。

巡過案發現場，蓋博瑞斯送安珀到三十分鐘車程外的聖安東尼北醫院，這間醫院距離最近、且配置了一名檢驗性侵的護理師，特別是針對強暴被害人。護理師將會一吋一吋檢查安珀的身體，尋找線索。接受檢查前，安珀看著蓋博瑞斯。犯人說她是他的第一個被害人。安珀認為他在撒謊。

「我覺得他曾經幹過這種事。」她說。

回到犯罪現場的路上，蓋博瑞斯的腦袋高速運轉。安珀的說詞幾乎超脫現實。穿得一身黑的強暴犯？帶著裝滿強暴道具的背包？在光天化日之下，在人來人往的公寓裡強暴女性整整四個小時的自信？

她經手過的強暴案大多與此大相逕庭。被害人多半是遭到認識的人襲擊，或者是至少有過一面之緣的對象：男朋友、前男友、俱樂部的某人。強暴案的調查重點通常不限於兇手身分，還包括事發過程：這是不是合意性行為？全國性的官方調查結果顯示二〇一四年在美國有十五萬名男女通報遭到強暴──與佛羅里達州羅德岱堡的人口相當。其中有百分之八十五的案子是熟人所為。

蓋博瑞斯知道這是相對罕見的案件：陌生人犯下的強暴案。這種案子的起訴往往容易許多，因為他們面對的是檢方心目中的「標準受害人」。某個女性被持有武器的陌生人從街上拉進暗巷，抵抗尖叫，最後還是只能乖乖就範。她是某個幸福家庭的媽媽或是女兒，有漂亮的家、穩定的工作。她穿著端莊，沒有喝醉，沒有在危險區域閒晃。檢方要起訴可說是輕而易舉。她們符合陪審團對於受害女性的一切期望。

安珀符合某些標準——但又不太一樣。她既冷淡又平靜，跟犯人說話，認為他很「溫柔」。她報警前先打電話給男友。

蓋博瑞斯才不在乎這些。她知道在女人眼中，遭到性侵的女人跟一般女人沒什麼不同。她們可能是母親、少女、性工作者。她們可能住在豪宅或是廉價賓館裡。她們可能流落街頭，或是罹患思覺失調症。可能是黑人、白人，或是亞洲人。她們能醉得不省人事，或是清醒無比。她們以各式各樣的反應面對犯行。歇斯底里或是封閉沉默。她們可能會向朋友傾訴，可能不向任何人開口。她們可能馬上報警，或是等上幾個禮拜、幾個月，甚至是好幾年。

警方有許多調查強暴案的策略。儘管強暴是常見的暴力犯行，但是沒有任何舉世皆準的最佳破案途徑。某些警探總是抱持疑心，女性可能會對遭到強暴之事撒謊，有時真的是謊報。警察必須格外謹慎地調查通報的性侵案件。「並不是每一次報案都能成案，或是真的需要走到刑事起訴的地步。」某本廣泛使用的警方行事手冊如此警告。至於其他的調查人員——某些人主張應當改善警方對待強暴受害人的方式——則是把信任當成第一要務。「從相信開始」是警方改良性侵案件調查的大型訓練團體的活動標語。

雙方爭辯的核心在於信任。大部分的暴力案件中，警方遇到的是帶著明顯傷痕的被害人。然而性犯罪的受害者往往沒有那麼顯眼的傷勢。從犯罪鑑識的層面來說，經歷合意性行為的女性與在槍口下遭到強暴的女性，兩者身上的痕跡可能沒有兩樣。性侵案件被害人的言詞可信度往往和嫌犯的說詞以同樣的標準檢視。

蓋博瑞斯針對強暴案有她自己的作法：傾聽以及求證。「很多人都說要『相信你的被害人』。」蓋博瑞斯說：「但我不認為這是正確的立場。我想重點是傾聽你的被害人，接著依照調查結果採信或是駁回。」

等她回到案發的公寓，現場已經湧入十多名警官與蒐證人員。蓋博瑞斯、馬庫斯・威廉斯（Marcus Williams）警探、麥特・科爾（Matt Cole）警探、犯罪現場技術員卡莉・吉博森（Kali Gipson）踏遍整間公寓。威廉斯到處採指紋、蒐集DNA檢體，吉博森跟她的同僚拍了四百零三張照片——每一個電燈開關、每一面牆、每一件衣物。

屋外的員警到處拍照、往垃圾桶裡翻找。他們在公寓外找到菸蒂——可是安珀沒有抽菸。於是兩名警官，麥克・古克（Michael Gutke）跟法蘭克・巴爾（Frank Barr）在這一帶搜尋每一個亂丟的菸蒂：一個來自隔壁公寓外的菸灰缸，另一個在兩輛停靠的車輛間找到，停車場裡還有更多。他們拿證物袋裝好菸蒂，準備送回警局。

其餘的人員在鄰近區域展開地毯式探訪，兩天內，戈爾登的員警敲遍公寓大樓裡的六十扇門，盤問了二十九個人。為了維持證詞的一致性，他們像是學術研究一般照著擬定的腳本問話：在這一帶有沒有看到可疑人士？有看到誰帶著背包還是其他可疑物品嗎？有沒有陌生車輛停在附近？

員警丹妮絲・梅諾特（Denise Mehnert）敲了三棟樓的三十扇門，從頂樓開始一直敲到一樓。某間公寓的男性住戶說他前幾天晚上看到一名「矮矮壯壯的」男子，戴著頭燈穿過公寓之間。另一棟公寓的住戶想起有輛露營車在公寓外停了一整個聖誕假期。還有人說他好像有看到車主。他戴著寬邊帽，「大概是中年人」。沒有一筆完全符合強暴犯特徵的目擊紀錄。

一名巡警在安珀家後院找到幾個鞋印，其中一枚特別顯眼，印在鬆軟的積雪上。吉博森試著用滑溜的噴霧式雪蠟來翻印，這種工具不會融化鞋印周圍的雪。可是蠟無法附著，她只好噴上螢光橘噴漆，讓痕跡在白色雪地上散發強光，宛如太空人登月的證據。不是什麼重大進展，但至少他們踏出了一步。

蓋博瑞斯不斷催促調查人員，當天稍晚，一名警官提議放大家去上廁所休息一下。

「給我繼續！」蓋博瑞斯堅持道。

等到她離開現場，天色早已暗下。

＊＊＊

蓋博瑞斯在阿靈頓長大，那是德州達拉斯市郊的平凡區域。她爸爸從餐廳經理轉職為電腦程式設計師，她媽媽是石油公司的工程分析師。兩人在她三歲那年離婚，她母親又和一名磁磚工人結婚。她與親生父母以及他們不斷成長的新家庭維持密切關係。

在學期間，她是那種跟搗蛋鬼玩在一起的聰明學生。她覺得自己還挺叛逆的。雖然加入籃球隊，她卻因為跟幾個朋友一起抽菸換得暫時禁賽的處分。她沒有多費工夫掩飾犯行：校長拿望遠鏡看到她就在學校體育館外抽菸，身上還穿著隊服。

蓋博瑞斯在北德州大學混到畢業。她曾想走新聞這一行——儘管她自己也不看好。她喜歡心理學課程。殺人凶手、強暴犯、連續殺人魔——她對此著迷不已。「我喜歡研究人們的腦袋是如何運作，心智又是如何影響行為。」她說。最後，輔導員建議她嘗試以打擊犯罪為業，她開始修執法方面的課程，找警官詳談。她喜歡自己看到的事物。執法的核心目的是助人，這點激發了她的共鳴。「說起來很老套，但我真的就是喜歡幫助別人，也喜歡逮到壞人，讓他們面對自己的罪行。」

然而她並沒有一畢業就踏入警界。她覺得自己的個性不適合，太叛逆，太自我主義了。而且也不夠優秀。「我想當警察，可是心裡就想：『天啊，我大概做不到。』」她說。

「我太小看自己了。」

婚後，她跟丈夫搬到科羅拉多州。他在修車行上班，她找到監獄的職缺。一起值勤的獄警同伴說他們熱愛這份工作。其中一個人說：「這是我做過最棒的工作，什麼都不用做就行了。」蓋博瑞斯就是討厭無事可做的狀況。她值大夜班，清點熟睡的囚犯，無聊到極點。「這份工作不適合我。」她對自己說。「我需要付出心力，我需要讓自己派上用場。」

同時，她的婚姻逐漸崩毀：丈夫不喜歡她成天待在男人堆裡。他們離婚了，蓋博瑞斯毫不後悔。「我的心思不會放在任何事物上太久，只想著要一直往前走。」

她遇上了突如其來的改變人生契機。剛搬到科羅拉多那陣子，她投了履歷到戈爾登的警局，許多警察在那個寧靜的小地方入行。矯正機構部門先有空缺，她就接受了。過了七個禮拜，戈爾登警局來電提供職缺：適合菜鳥的夜班巡警。

蓋博瑞斯當天就辭掉監獄的工作。

***

戈爾登最出名的是一八七三年開業的庫爾斯釀酒公司（Coors Brewing Company）。全球最大的釀酒廠填滿了小鎮東邊的山谷，龐大的灰色鋼鐵廠房和煙囪簡直就像是狄更斯（Charles Dickens）小說裡的場景。每年都有數百萬桶啤酒滾出來，送往大學生聯誼會場、足球場、半價淑女之夜。

庫爾斯公司是酩酊狂歡的同義詞，戈爾登絕對不是如此。大約一萬九千人住在這座位於落磯山脈山麓丘陵的小鎮裡。戈爾登鎮乘著派克峰的淘金熱潮，在一八五九年建立，曾經是科羅拉多州的地區首都，至今瀰漫著一股西部風情。高大的銀行和木造店家擠滿鬧區，過去的州政府現在成了鎮公所，許多居民家裡養了馬，麋鹿在街道上漫步。

二〇〇三年聖誕節當天是蓋博瑞斯首度獨自值勤。她與之後成為她丈夫的男子大衛・蓋博瑞斯（David Galbraith）一同慶祝這個里程碑，他也是戈爾登警局的員警。兩人烤了高級肋排當晚餐，接著各自去值夜班。

蓋博瑞斯的第一次出勤是到七十號州際公路移走狗屍，這條貫穿丹佛的公路每個小時車流量約為八千五百四十一輛。抵達現場時，第二條狗鑽進車陣查看同伴的狀況。她眼睜睜看著那條狗同樣被呼嘯而過的車輛輾斃，過去的訓練完全沒教過她要如何清理狗屍。她把警車停到路中間擋住車流，將兩條狗的屍體塞進塑膠袋，拖到路旁，接著把晚餐的高級肋排吐得一乾二淨。

這是我該做的事。無論如何，就是要完成，她在心裡對自己說。

這句話成為她的座右銘。蓋博瑞斯不喜歡抱怨，也不喜歡藉口。她想把工作做好，就算每個禮拜要值九十小時的班也在所不惜。

二〇〇七年，她懷了第一個孩子，決定申請轉調成警探。部門不大，只有一名主管搭配三名警官。可是大衛總是在值夜班，警探看來是兼顧家庭與工作的選擇。蓋博瑞斯也有些野心。在執法機關裡，警探往往是能見度最高的精英，能拿到大案子，薪水通常比較高。他們是街頭巡警間的資優生。「這是我該做的事。」她說。

她拿到了這個缺，卻也要承受一些流言蜚語。戈爾登警局裡有人私下在傳她只是因為懷孕了才能當上警探，好留在警局。那些聲音令她心情低落，但她只知道一種回應的方式：做就對了。

小鎮的警探有什麼案子就辦什麼案子，不過蓋博瑞斯發現她特別受到性侵案的吸引。有一起案子令她印象深刻：一名青少年被控猥褻住在附近的十歲男孩。兩家人——其實該說是整個社區——非常親近，媽媽們一起喝酒聊天，孩子們都是玩伴，週末爸爸們結伴出遊。這項控訴在幾戶人家間傳得不可開交。「整個社區都要天翻地覆了。」蓋博瑞斯說。

她跟另一名警探找被害人訪談。男孩的回想非常確實，他說嫌犯在沙發上襲擊他。他還記得布料的質感。只是一件小事，但足以說服蓋博瑞斯這不是捏造的謊言。嫌犯的雙親同意讓蓋博瑞斯訊問他們的兒子，他言詞閃爍，坐在自己的父親身旁，哭了起來。蓋博瑞斯跟搭檔一同移到屋前門廊。

我要逮捕他，她說。

妳確定能給他定罪嗎？他問。

我有相當理由，她說。其餘的就讓陪審團決定吧。

該名青少年被判有罪。街坊鄰居把矛頭指向蓋博瑞斯，在他們眼中，她是奪走孩子未來的武斷警察。蓋博瑞斯認為這才是正義：「要是他也對其他人做過這種事呢？要是他繼續下去呢？如果現在有辦法阻止他，或許未來就不會有更多受害者了。」

許多警探極力避開性侵案。這種案子不像凶殺案引人注目，不會有人拿強暴案當作電影題材。凶殺案的結果黑白分明，強暴案則是充滿灰色地帶。強暴受害者活下來了，繼續承受苦痛，你總要面對他們臉上的痛楚，永遠無法移開目光。

蓋博瑞斯的信念帶著她度過強暴案的情緒衝擊。她和丈夫都是重生基督徒（原生家庭是浸信會教徒），在科羅拉多州，他們加入福音派獨立教會，有時甚至負責禮拜的保全工作。

「我知道祂給予我力量，我得要使用那些力量，即使是在痛苦萬分的時刻。」她說。

她格外認同聖經裡的一段話。在《以賽亞書》第六章第一節到第八節之間，上帝在煙霧與六翼天使的圍繞之下現身，尋找替祂散播話語的人。上帝問：「我可以差遣誰呢？」以賽亞跳出來說：「我在這裡，請差遣我！」蓋博瑞斯認為自己是在回應上帝的呼喚。她踏入警界就是要幫助別人，許多陷入黑暗時刻的受害者需要幫助。她不一定知道要如何讓他們好過一點，但她知道得要找到方法。

「有人問：『妳為什麼要辦性侵案跟青少年的案件呢？』我一點都不喜歡，可是這些事總有人要做。總要有人把這些事做到好。」

＊＊＊

蓋博瑞斯把車停到自家門前時，已經很晚了。她累得半死，下班前最後的任務是替安珀找個地方過夜。她怕到不敢回公寓睡覺，蓋博瑞斯找了一名員警送她到朋友家。

大衛已經洗好碗盤，送孩子上床睡覺，晚點要去值大夜班。

他們坐進客廳兩張面對面的沙發。這是夫妻倆晚間的儀式，在工作與孩子之間擠出短暫的時光。他們跟普通的雙薪家庭一般聊起今天的瑣事——只是蓋博瑞斯家的故事往往會黑暗一點。

那一晚，史黛西．蓋博瑞斯將案情細節一股腦地說給丈夫聽。她提到那名蒙面男子、長達四小時的強暴，以及他拍照的行為。

聽好了，最後他還強迫她沖澡。

大衛一直忍著沒回應，但這句話打破他的沉默。二〇〇八年，他離開戈爾登警局，轉到鄰近的威斯敏斯特服務。五個月前，威斯敏斯特警方接獲一起發生在公寓的強暴案，大衛曾經在公寓四周尋找可疑人士。他知道受害女子遭到蒙面男子強暴，犯人拍了照片，離開前要求被害人沖澡。

明天早上立刻打電話到我們警局，他對史黛西說。

我們有一件類似的案子。

第三章　浪頭與山峰

二〇〇八年八月十日
華盛頓州，林伍德

算不上什麼好地方——千篇一律的單房公寓，在千篇一律的公寓大樓裡。她的家具並不多，有的還是塑膠製的便宜貨。她把兩把木吉他靠著臥室牆面放置，電腦螢幕放在屋角地上。

算不上什麼好地方，但終究是她的家，經歷多年寄人籬下的生活，她有了第一個能稱為自己家的住處。瑪莉對此深感驕傲，她很自豪能擁有自己的空間。她知道許多與她背景類似的人最後流落監獄、勒戒所、街頭。

星期日，她吸了地板、打掃屋子。她喜歡把房裡維持得一塵不染、整整齊齊，於是她四處走動，打量她的家當，思考要把什麼東西收好。不需要的東西就搬到外頭，塞進屋後玻璃滑門外的儲藏櫃，就這樣進進出出好幾回。

今天剩下的時間，她打算去找朋友還有上教堂。其他剛獨立生活幾個月的十八歲孩子或許會在週末試探自由的極限，尋找刺激。瑪莉只想安頓下來。過去難得的平凡生活讓她安心舒坦。

之後，瑪莉接受華盛頓大學的教授瓊・康特（Jon Conte）評估。康特專精幼童虐待與創傷相關的心理健康狀態，與瑪莉面談了五個小時，寫下長長的報告，裡頭有一段提到她幼時成長的環境：

她只見過生父一面。她表示對生母認識不深，通常是交給她那些男友照顧……她是在六、七歲左右進入寄養系統。

即便漸漸深入黑暗的領域，康特的報告仍舊維持一貫的客觀冷淡的語氣。瑪莉對於獲得寄養前的記憶「多半是不快樂的事件」，康特寫道。

她自述曾經跟祖母一起生活，對方沒有「好好照顧我們」。她記得曾經挨餓、吃狗食。她沒有受到生母照顧的記憶。她記得曾經遭受體罰（例如拿蒼蠅拍打手心）。她不知道自己有沒有上過幼稚園。她記得她讀了兩次二年級，還數度短暫休學。她說她不喜歡警察，因為他們把她跟手足帶離原生家庭。她受到性虐待以及肉體虐待。她說性虐待發生過很多次。她回想看過家裡養的狗被母親的好幾任男友毆打。

她記得離開原生家庭前曾多次跨州搬遷……

關於瑪莉在寄養家庭的生活，康特的報告略過不少細節：

接受政府監護的孩童生活簡單來說就是驛馬星動，不斷地轉移住處、學校，照顧者與專業人員在她的人生中來來去去，帶來一些抑鬱或是痛苦的經驗，整體而言欠缺穩定性。

瑪莉是四個小孩裡的次子，他們的生父各自不同，不過他們並不在意。「我有哥哥、弟弟、妹妹。」瑪莉說。他們偶爾會待在同一個寄養家庭，但大多時刻分散在不同的地方。她不知道有誰跟她生父相同。

瑪莉很早就接受憂鬱症的治療。「我吃過七種不同的藥。樂復得是成人用藥，可是我八歲就開始吃了。」

她說最難受的是寄養體系的運作總把她蒙在鼓裡。大人不會透露她為什麼要換到下一個家庭，就只是要她離開。她待過「大概十或十一個」寄養家庭，也曾住進兒童之家。她喜歡待在屋外，有時候又閉門不出。「住在貝林罕那時，我常常在房間裡跟動物布偶玩。」

許多人視轉學為畏途，在瑪莉眼中這卻是例行公事。「重頭來過，交新朋友。是有點難受啦，可是我漸漸習慣了。」

高中帶給她擺脫這一切顛沛流離的希望。開學日充滿了焦慮的學生，但瑪莉已經迫不及待了。她準備要在西雅圖南邊三十五哩處的普亞路普念十年級，選上每一堂她想讀的科目，也交了好多新朋友。最重要的是她搬進一戶新家，她愛那家人，那家人也愛她。他們打算收養她。

「當時我真的很開心。」瑪莉說。

然而就在開學頭一天，她被強制帶離課堂。輔導員跟她說：妳不能繼續待在這個寄養家庭。他們的執照被取消了。輔導員基於保密原則，沒有多加解釋。瑪莉就是得走——離開那個家庭、她的朋友、她的學校。「我真的只能哭。」她說。「我只有二十分鐘可以打包。」

在重新落腳之前，她搬到西雅圖東邊的新興科技中心柏衛，暫時安頓在雪儂和吉諾這對夫婦家，這座城市擁有漂亮的天際線。雪儂是房地產仲介，當了好一陣子的寄養媽媽，她在一場為過往不太順利的孩子舉辦的聚會中認識瑪莉，湧現惺惺相惜的心情。她們都「有點不太靈光。」雪儂說：「我們會取笑彼此。我們有許多相像的地方。」

兩人一拍即合。在雪儂眼中，瑪莉「真的很可愛」——就是這麼單純。瑪莉並沒有被過往的經驗磨得尖酸刻薄，也不會對未來充滿怒氣。雪儂不需要硬推瑪莉出門上學，即便瑪莉很清楚這間學校可能只是另一個驛站。瑪莉有辦法跟大人聊上一陣。她自己刷牙梳頭，一言以蔽之，她很好照顧，或者該說是「至少比我們遇過的許多孩子還要好照顧」。瑪莉想待在柏衛，雪儂也如此希望。可是雪儂跟她丈夫當時還帶了另一個孩子，那個正值青春期的女孩需要大量的關注。若不是如此，雪儂說：「我們會馬上收養瑪莉。」

過了兩三個禮拜，瑪莉離開雪儂家，搬去西雅圖北方十五哩外的小城林伍德跟佩姬住。佩姬是遊民庇護所的孩童代言人。

「我第一次擔任寄養家庭，原本想收容的是小嬰兒，連搖籃都準備好了——他們卻分配一個十六歲女孩給我。」佩姬笑了幾聲。「沒關係，我學過心理健康，工作上也長期與孩子相處。我想中介部門只是想：『她做得來。』好吧。」

政府將數百頁的紀錄交給佩姬，包括瑪莉受過的虐待、她四處流轉的過往。「我的心都要碎了。」佩姬說。她只看完大半資料。「有時候你不會想知道一切。你想要親眼看看那個孩子，不在心中預設任何立場。你不想在他們身上貼標籤。與任何一個孩子見面時，我總是想看見他們最原本的面貌。」

佩姬認為她們一開始處得不錯。「她就像個小孩子，四處走動，繞到後院探路，說『哇塞，真是太酷了』。她個性活潑，充滿活力，同時也有非常緊繃、情緒化的一面。」瑪莉對於被迫離開普亞路普這件事深感遺憾，佩姬允許她打電話，讓她可以聯繫那裡的朋友，電話費居高不下。她終於克服了自己的挫折感。「我很訝異她竟然能適應良好。」佩姬說：「她面對的是全新的環境。真的很厲害。她大可說一句『我不要上學』，可是她沒有。她去了學校，做了自己分內的事，幫忙家裡的雜務。她的韌性令我深感佩服。」

然而這樣的關係——新手寄養媽媽配上背負心理創傷的青春期女兒——終究是充滿挑

戰。「有時候家裡氣氛緊繃。」佩姬說：「面對一個十六歲、滿懷憤怒的新家人，很難建立親情的牽繫。我認為在那段時期的任務是引導她邁入成年。我試著當個滿懷愛意、付出關懷的媽媽，可是從這個年紀開始很難。我不知道她是怎麼想的，但是——」

瑪莉認為她們不太契合。瑪莉喜歡狗，佩姬養了貓。瑪莉喜歡有許多小孩的家庭，佩姬只帶著她一個人。「我們的個性一開始也很不合。」瑪莉說。「很難跟她處得好。」

瑪莉跟少數幾個過去的寄養家庭保持聯絡，與雪儂格外親近。佩姬一點都不在意，她很快就跟雪儂成為朋友。這兩位寄養媽媽分享她們對瑪莉的想法，從某種角度來看，她們可說是聯手養育瑪莉。滿頭卷髮的雪儂是充滿創意的家長，她會帶瑪莉去划船、在樹林裡散步、一起減肥（戒了幾個禮拜的碳水化合物）。瑪莉能安心在雪儂面前抒發情緒，她能擁抱雪儂、與她一起哭泣。瑪莉很樂意到她家過夜。

佩姬講究紀律，嚴格執行門禁。在她眼中，瑪莉有搞怪浮誇的傾向。「那些超級誇張的行為——」比如說跟朋友在超市裡踩著購物推車四處亂滑，「——表現得真的很不懂事。」佩姬擅長冷靜分析，常常要瑪莉「克制一點」。她不像雪儂一樣陪瑪莉鬼混。「我們是完全不同的類型。」佩姬說。

看著瑪莉努力融入群體，佩姬有些心驚膽跳。剛搬來林伍德那陣子，瑪莉對邋遢的深色衣物情有獨鍾。但她選了一件附毛領的白色女性大衣，因為她認為女孩子就該穿這種衣服，發現完全不適合自己後又把大衣束之高閣。佩姬看得出瑪莉在學校過得不開心。學校裡都是小圈圈，各種陳腐的刻板印象：啦啦隊員、運動好手。瑪莉的藝術家氣息比較重，偏好畫圖和音樂，無論是聖歌、搖滾樂、鄉村音樂。

佩姬跟瑪莉一起找了間更適合她的另類學校。

生活從此上了軌道。

瑪莉透過朋友認識了在麥當勞打工的高中男生喬丹。「後來我們在超市碰面，繞著學校操場走了大概好幾個小時。」喬丹提起兩人第一次獨處的過程。他們從一般朋友開始，漸漸成為男女朋友。他認為瑪莉儘管有那樣的過去，依舊是個快樂又隨和的女生。「她很好相處……永遠不用顧忌跟她分享你的情緒。她絕對不會說話傷人。在朋友之間，她不太會引人注意，也沒有做過超乎常理的瘋狂舉動。」

喬丹跟佩姬對瑪莉的看法有這麼大的差異也是很自然的現象。佩姬認為瑪莉渴求關注，喬丹認為她在躲避關注。青少年往往在朋友跟家長面前展現出不同的性情。不過瑪莉過了好幾年才察覺到如此不協調的現象。「大家對我的看法跟我自己的想法差好多。」她說。瑪莉覺得自己為人友善而非輕浮，活潑但不到情緒化的程度。

瑪莉認為最快樂的時光是十六歲到十七歲那陣子，最快樂的日子應該是與摯友共度的那一天。那是她的另一個同學，教導她攝影的訣竅。「我可以在海灘坐上好幾個小時，看太陽漸漸西斜，我很喜歡這樣。」瑪莉說。「我特別喜歡她拍的一張照片。我們到海邊，大概是晚上七點吧，我不知道我們在想什麼，我踏進海裡，跳起來，頭髮往後甩。」

她的朋友捕捉了那個瞬間，再加上一點後製，調暗畫面的某些區塊。照片裡的瑪莉宛如冒出海面的美人魚，籠罩在璀璨的落日餘暉中。

瑪莉把照片貼到Myspace，也存進線上相簿Photobucket。

升上高三後，瑪莉選擇休學，跑去準備高中同等學歷測驗（GED）。與佩姬同住的最後一年，她們的關係格外劍拔弩張，是隨處可見的青少年與家長的親子衝突。瑪莉反抗家規，在外頭待到深夜。佩姬擋了回去，堅持要她守規矩。「不准那麼做。」佩姬說。「妳不能命令我做這做那。」瑪莉會這樣頂嘴。看在雪儂眼裡，這只是成年前的叛逆階段。「想要為所欲為，不想遵守規範。她嘗試了各種穿衣風格，為她未來的樣貌鋪路。很多青少年都是這樣，開始抽菸之類的。」到了二〇〇八年的春季，瑪莉滿十八歲了，她可以選擇接受佩姬的管教，繼續待在佩姬家。可是瑪莉想自己生活。

佩姬在網路上找到階梯計畫，這個成立不到一年的創新組織大多依靠政府金援，協助年輕人找到穩定工作、支付房租，以減少遊民數量。計畫成員會學到如何自給自足、理財儲蓄。提供住處的房東可以收到固定的租金補助以及鉅額保證金。階梯計畫僅提供十五個名額給離開寄養系統的青少年，瑪莉搶下其中一個，搬進林伍德的一間公寓，不會離佩姬太遠。

一九二〇年代的林伍德還不叫林伍德，以養雞業聞名全國，一年生產的雞蛋「能從紐約排到舊金山」。而現在西雅圖一帶的居民把林伍德視為購物聖地，最吸引人的景點就是擁有一百六十五間店家的奧德伍德購物中心，熱門品牌一應俱全。瑪莉的公寓號稱能欣賞瀑布美景，離購物中心也只隔了幾條街。

瑪莉心想等她站穩腳步，她就要上大學鑽研攝影。她拿 Nikon 數位相機拍動物、昆蟲、四周的風景。她去布滿漂流木的海灘，拍下沙地上的狗腳印，或是海灣的太陽，或是浪頭彼端籠罩白雪的奧林匹克群峰。不過現在她要顧好眼前的生活，在好市多找到第一份工作，薪水跟福利都不錯。她向顧客發送試吃品，站上六個小時也不覺得累。她喜歡跟人閒聊，不用背負業績壓力。工作也讓她交到寄養體系以外的朋友。

於是，瑪莉有公寓，有收入，還有她的ＧＥＤ。她有階梯計畫的支援，佩姬就住在附近。虐待、飢餓、顛沛流離——她撐過了種種折磨。她最大的目標很簡單，就在她眼前。「我只想當個普通人。離開寄養家庭之後，我想成為普通的孩子，有個普通的工作，有地方能住，過我自己的人生。我努力讓自己開心。」她不希望過去的壞事影響她現在的生活。

＊＊＊

打掃完公寓，瑪莉跟喬丹一起上教堂。他們已經交往超過一年，可是兩個月前兩人恢復朋友關係。喬丹開始鑽研耶和華見證人，這個教派強烈譴責婚前性行為。喬丹怕繼續交往下去會變成偽君子。他們的友誼仍舊比一般人深厚。兩人都深受失眠所苦，透過電話陪伴彼此，聊天到深夜。他們甚至聊到總有一天要結婚。

到了晚上，瑪莉跑去找在念GED時認識的朋友艾詩莉。她還沒拿到駕照——只有學習駕照——因此她請艾詩莉的媽媽載她回家。才回到公寓，她發現自己忘了鑰匙。她總是把鑰匙或是手機丟在某處。於是她只好回艾詩莉家，再繞回自己家。

進屋前，瑪莉跟樓上的鄰居娜特莉聊了幾句，她也是參加階梯計畫的十八歲女生。這間公寓只有三層樓高，可以從外頭直接進入每一層。回到自己的房間時，已經過了九點。她走進屋裡，鎖上前門，準備休息。

她的手機在九點四十九分響起。是喬丹。（幾天後，他將會檢查通話紀錄，將確切時間告知警方。）瑪莉跟喬丹聊了十五分鐘左右，之後，瑪莉上床前撥弄了幾下吉他。

到了深夜十二點半，喬丹又打來了。這回他們講了好幾個小時的電話。以日期來說，已經是八月十一日星期一，他們到四點半才掛斷電話，原因是喬丹的手機沒電了。

清晨四點五十八分，喬丹再次來電。兩人聊到六點十五分。

然後瑪莉睡著了。

第四章　劇烈化學反應

二〇一〇年八月十日
科羅拉多州，威斯敏斯特

八月的清晨，丹佛市郊聖安東尼北醫院急診室的二十四號病房，一名老婦人駝著背坐在病床上。她吃著優格，拿透明塑膠瓶小口小口喝水。染成紅色的頭髮開始褪色。她身穿白色長袖連帽上衣，胸前印著一道彩虹，消瘦的雙腿從藍色短褲裡伸出。

上午八點零四分，有人敲了門，進房的是一名金髮碧眼女子。她穿著藍色翻領T恤和卡其褲，警徽掛在腰際。她瞥向坐在床上的女人。病床上的老婦人活像是迷路小孩，眼眶泛紅，滿臉淚痕。她單膝跪下，報上身分。她是艾德娜・韓德蕭（Edna Hendershot）警探。

「我知道妳遇到很可怕的事情。」她對婦人說：「我是來幫妳調查清楚的。」

站在清晨寒冷的公寓外頭，莎拉已經向不認識的鄰居說過自己的遭遇。她已經向開巡邏車送她就醫的年輕員警說過。她已經向靜靜坐在病房裡的另一名女性說過（她是警方指派來協助的受害者輔導員）。

她提起精神，準備再說一次。

莎拉是在月初搬進這間公寓，經過幾天整理擺設，思考要把沙發擺哪、臥室如何裝飾、拆開一箱箱衣服鞋子廚房用品，她決定要休息一會。星期一早上她在泳池旁打盹，繞了附近的幾棟公寓散步一圈。那天晚上，她在自己家裡讀聖經，大約到了半夜，她換上睡袍，讓旋轉電風扇的馬達聲陪自己入眠。

三點半左右，她猛然驚醒，一股重量壓在她背上，把她重重按向床墊。那是一名男子，跨坐在她身上，還把她的手臂壓在兩旁。她的喊叫像是憋在喉嚨裡的怪聲。「安靜。」男子說：「只要乖乖聽話，我就不會傷害妳。不過我有一把槍，必要時會用在妳身上。」

男子身上是白色T恤配運動褲，莎拉向韓德蕭敘述。他臉上裹著黑色面罩。他將她的雙手綁在背後，剝掉她的內衣褲，命令她趴在床上，指示她擺出幾個動作，拿相機一一拍下。要是她做得不對，他會開口糾正。「要是不照我的指示，這些照片就會在網路上傳得到處都是，每個人都看得到。」他對她說。

他逼迫莎拉就範，整整三個小時內，他不斷重複強暴她、休息、拍照、休息的循環。莎拉稱之為「回合」，她記得總共重複了九回。被他弄痛時，她會說出來。「放鬆就好。」他如此回答。中途，她曾求強暴犯住手。

「我不是壞人。」她說。

「對，妳不是壞人。」他答道：「可是妳沒有關窗戶。」

等他心滿意足時，晨光已經鑽進她雜亂的公寓。他忙著湮滅證據，拿溼紙巾擦拭莎拉的身體，命令她刷牙，連舌頭都要刷乾淨。他抽掉一層床單。「我不會留下任何證據讓警察找上門，所以我要帶走這些東西。」他對她說。

他命令莎拉進浴室，要她沖洗二十分鐘。莎拉想知道時間怎麼算，請他幫忙拿計時器。在哪？他問。

廚房流理台上，她說。白色的日光牌計時器。

他調了二十分鐘的碼表，放在浴室洗手台旁，關門離開。

她站在蓮蓬頭下，熱水沿著身軀流淌，側耳細聽一千兩百秒沙沙流逝，宛如夏蟬的鳴叫。鈴聲響起，她踏出淋浴間，擦乾身體，開始清點損失。

強暴犯偷走床上的綠色緞面枕頭——那是母親送給她的紀念品。

他從她床下的保險箱偷走兩百美元。

他偷了她的相機。

他永遠改變了她的人生。

這個故事說起來並不輕鬆，莎拉的啜泣沒有停過。輔導員溫聲安撫，韓德蕭也幫著安慰她。過了三十分鐘，韓德蕭判斷莎拉已經撐到極限。她從病床旁起身，告知護理師將會來替莎拉檢查。或許強暴犯沒有消除所有的痕跡。或許他在她體內留下些許ＤＮＡ。

「只能祈禱了。」莎拉應道。

***

韓德蕭開車前往莎拉的公寓，心中默默清點接下來的任務。在警界待了十六年，她已經背下調查犯罪現場的待辦清單。她要派巡警地毯式地查訪鄰近住戶，翻動每一個垃圾子母車。她要鑑識人員搜查公寓內部以及周邊環境。她需要分析員調出曾經進過這棟公寓的人員名單。

全員出動，她暗想道。

韓德蕭出身於丹佛西北部市郊的中產階層地區，在阿瓦達這個十萬人口的封閉小城鎮度過童年時光。她母親是當地國小的音樂老師，也替長老會教會演奏鋼琴和管風琴。她父親在位於丹佛的科羅拉多州議會服務，是地方上的政治人物。她排行老二，夾在哥哥跟弟弟之間。

她的雙親盡全力想把她教養成小淑女。她母親幫她報了芭蕾舞課、試著教她鋼琴，也固定帶她到幾條街外的藝術中心參觀。他們的努力全都付諸流水。

「每當我踏進放了鋼琴的起居室，看到我媽坐在鋼琴前面要我練琴，我只會大吵大鬧。我知道我真的很惡劣，但我就是討厭這樣。我想到外頭跟朋友一起奔跑玩耍，一點都不想碰那台破鋼琴。」

韓德蕭是標準的男人婆。她熱愛運動，是游泳健將，也擅長足球。女性運動員的熱潮才剛興起，她已經在州內各處參加俱樂部對抗賽。她還是阿瓦達高中的球隊守門員。

她也想不透自己踏入警界的契機，周遭親戚沒有半個警察或是罪犯——這是許多人進入執法機關的動力。她認為冥冥之中自有天意。「我給不出什麼好聽的答案。」她總是這麼說：「只是一向都很清楚自己該做什麼。」

從警之路並不順遂。一九八八年，高中畢業後，她在兩間學院鑽研刑事司法，然而她手頭很緊，只能半工半讀，曾經擔任溫蒂漢堡的櫃台人員，也在當地的墨西哥餐廳清理桌面、端盤子，賺取二點五塊錢的時薪外加小費。

但她心意堅決，一九九〇年成為亞當斯郡警長辦公室的資料管理員，審閱鄰近監獄的囚犯紀錄。隔年，她跳槽到阿瓦達警局的九一一中心接緊急報案電話，晚間工作，白天上課，靠著自己的力量讀完警校。畢業後，她沒有離鄉背井，阿瓦達隔壁的威斯敏斯特僱用她當巡警。她在一九九四年九月十九日宣誓上任。

威斯敏斯特常被稱為丹佛通勤族的臥室，這個稱號也反映了幾分實情。郡內人口約十萬，大多是白人中產階級。大批家長每個週末擠在孩子足球賽場外觀戰，主要幹道兩旁蓋滿大賣場，獨棟庭園住宅跟公寓散布在這座小城的命脈，連接丹佛與波德的收費道路四周。此處與許多大型市郊區域同樣帶著叛逆的個性，幫派和毒品在丹佛周邊城市肆虐，適合想建功立業的年輕警察。

在街頭奮鬥五年，韓德蕭脫穎而出，擠進西區緝毒部隊。這個精英單位吸收鄰近警力，打擊毒品與黑幫，她是隊上唯一的女性。其他警察叫她「艾德」。

韓德蕭發覺她的性別有機會成為一種超能力。同僚和罪犯都認為她的外貌相當惹眼。遇上難以接近的毒販，她向煩惱不堪的上司自告奮勇。「聽起來像是在說大話，可是當他們問：『誰能接近那傢伙？』我會說：『我應該有辦法。』只要撥撥頭髮、傻笑幾聲，能換到的情報多到嚇死人。」

她是優秀的臥底人員。她可以扮演金髮傻妞，或是火辣的機車騎士，或是忙著爭奪監護權的疲憊母親。嫌犯要她吸一口海洛因或是要脫她衣服時，她總有藉口：「我回家會被打死。」或是「明天要跟社工出庭，我不能吸到昏頭。」有一次她碰上操守不佳、把毒品跟武器偷偷送給獄中幫派分子的郡警。韓德蕭先跟幫派成員套交情，再透過這個中間人認識嫌犯。瀆職警官落網後，韓德蕭翩然登場。世故冷硬的幫派成員也在場，雙手上銬，他拒絕相信韓德蕭其實是警察。「這是天大的讚美。我有辦法演得讓他毫無防備。」

韓德蕭得到高層表揚，擔任深受信任的現場訓練警官，監督年輕臥底人員。整整十二年來，韓德蕭的上司總是給予她團隊合作考績項目「極度傑出」的最高評價。

二〇〇七年，韓德蕭的私生活起了不少轉變。她再度踏入婚姻——前一段婚姻在幾年前結束。第二任丈夫麥克・韓德蕭（Mike Hendershot）原本是戈爾登警局的警長，稍後轉調到丹佛市郊的另一個機構當指揮官。他在艾菲爾鐵塔下向她求婚，兩人找到一棟足以容納一條狗跟兩隻貓的大房子。

韓德蕭決定辭去臥底任務，她待得太久了，說不定會有罪犯記住她的長相。然而新部門令她緊張萬分，她不知道自己是否能做好其他事。很好，接下來呢？她在心中對自己說。我還沒四十歲就已經過了職涯高峰了，耶！

她換到辦理人身傷害的部門，突然間踏入新世界。她面對的被害者都是遭到傷害、強暴、甚至是殺害的人。過去在緝毒部門時，她填寫的文件上被害者是「科羅拉多州」，或是「美國聯邦政府」。現在她得要填入某人的名字，要跟對方促膝長談。親眼目睹他的痛苦，或是動搖整個家庭的死亡。

她有些難以承受。

「我的身體真的出現壓力反應。他媽的。真的很不得了。他們百分之百依賴我。他們只有我可以靠。」

＊＊＊

醫院的訪談結束後，韓德蕭開車到莎拉位於西區的公寓。早上十點已經挺熱了。這幾棟相鄰的三層樓公寓外牆鑲著橘色木板和磚塊，小社區裡有共用的泳池、俱樂部、通道。房客都是藍領階級：看護、纜線裝設工、速食店員工。

韓德蕭在公寓外與克里斯・派勒（Chris Pyler）警官會合，他整個早上忙著尋找目擊證人，跟莎拉敲門求助時幫忙報警的鄰居談過了。他們也剛搬來不久。莎拉向他們描述強暴的過程，那戶人家的女屋主難以相信所有的細節。

像是莎拉說強暴犯命令她洗頭髮，可是當時莎拉的頭髮是乾的。女屋主也覺得莎拉某些發言不太合理。莎拉說：「喔，你們才剛搬進來。這一定是你們最不想知道的事情。」她也不是真的認為莎拉說了謊，只是覺得她的行為有點怪異。

換成是我，我就不會這麼做。女屋主對派勒說。

這份疑心不是新鮮事。強暴案的受害者常會遭受質疑——不只是警方，也包括他們的家人朋友。警方和社會大眾都認為並非所有通報的強暴案都是真正的強暴。問題在於沒有人知道真假的比例。犯罪學家花了數十年估測有多少女性謊報自己遭到強暴，答案莫衷一是。一名英國的警方驗傷官在二〇〇六年的報告中歸納出百分之九十的強暴指控都屬於謊報——他只靠寥寥十八起案件就提出這個飽受批評的數據。曾以鉅作《違背我們的意願》（*Against Our Will: Men, Women and Rape*）影響一整個世代的女性主義者蘇珊・布朗米勒（Susan Brownmiller），則是堅持謊報案件僅占百分之二——不過這個數據也遭到強烈質疑。

性侵領域的研究人員終於討論出一個範圍——大約百分之二至百分之八的強暴指控屬於謊報。不過這個範圍還有一個明確的前提：除非警方可以證明控訴遭到性侵的女性刻意說謊。事實上警方並不會照表操課，要是對哪個案子有疑慮，他們會直接丟著不管。真正的謊報比例依舊成謎，辯護律師的說詞、對於性侵的多重定義模糊了焦點，更別奢望能從因為羞恥而隱瞞案情的受害者獲得確實資訊。

韓德蕭個人的作法是沒有找到「百分之百」的證據之前，不會將性侵指控歸為謊報。曾經有個男的因為睪丸裂傷被送進急診室，斷裂的傷口狀況太糟，醫生只能切除那顆睪丸。男子對醫生說他遭到持刀歹徒攻擊以及強暴。韓德蕭花了幾個禮拜追查男子提供的線索，甚至開車到懷俄明州尋找證據，後來才發現那傢伙其實是色情聊天室的成員，他們熱中於切斷自己的性器官。韓德蕭以謊報罪名起訴他——在她親眼看過男子拿剃刀以及用來閹割小牛的彈性束帶自殘的影片之後。換句話說，她的標準很高。

聽完派勒的報告後，韓德蕭踏入公寓檢視犯罪現場。老朋友威斯敏斯特警局的資深犯罪現場調查員凱薩琳．艾利斯（Katherine Ellis）的身影讓她鬆了一口氣。艾利斯透過鑑識實驗室的無線電聽到這起強暴案的消息，立刻趕往現場，從早上七點三十八分開始待到現在。

兩人認識多年，當時她們都是附近某區警局的報案接線員，一同努力奮鬥。犯罪現場調查這個領域因為電視劇紅遍半邊天之前，艾利斯早已深深踩在裡頭。她常說：「我當ＣＳＩ的時候還沒有《ＣＳＩ》呢。」她以徹底仔細聞名，曾到維吉尼亞州的聯邦調查局匡堤科學院進修，記憶力驚人。她有辦法背出好幾年前的案件報告號碼，對於自己的工作抱持現實主義的心態。「這不是什麼光鮮亮麗的行業，你要面對垃圾子母車、孩童屍塊，還得滿地爬。」

韓德蕭抵達時，艾利斯已經看過公寓裡的每一個房間。她的筆記反映了捕捉犯罪現場每一項細節的執著。

兩房兩衛公寓，搭配廚房、用餐區、起居室……前門通往起居室。起居室位於公寓南側，東側牆邊擺了一架鋼琴，南側牆邊擺了一張皮沙發，沙發前是圓形的咖啡桌，沙發和搖椅西側擺了張圓形邊桌。沙發靠西側的坐墊上有一疊報紙跟裝了餐廳與超市折價券的資料夾，中央坐墊的凹洞可能是足印，東側坐墊上是一本聖經和攤開的祈禱書。

在公寓裡待了五個多小時，艾利斯四處採集指紋，窗台、門板、各處檯面。她拿棉花棒掃過各處：起居室窗戶、床墊表層、浴室洗手台、馬桶。她還拍下幾百張主臥室、起居室、後門門廊雜亂的景象，也檢查前後門和窗戶上是否有強行進入的跡象。她將證物一一裝袋：強暴犯碰過的淺綠色被單、水槽附近的紫色廚房隔熱手套、紅色橘色白色相間的毯子。她以特殊的燈光確認床墊表層是否遺留遺傳物質。

韓德蕭向艾利斯轉告強暴犯碰過莎拉家廚房裡的計時器。艾利斯在浴室洗手台鏡子前找到這個小東西，這是強暴犯確定碰過的物品，她把計時器裝進證物袋，準備尋找殘留的DNA。

艾利斯假定犯案過程正如受害者的描述，不過她在檢查犯罪現場時，把注意力全放在證據上頭——無論是否支持她的假設。她認定自己的工作是揭露事實，即使真相會跌破眾人眼鏡。「我們根據證據提出報告，而非旁人的任何說詞。大喊『騙子閉嘴！』的是證據，不是你。」

到目前為止，艾利斯尚未在公寓裡找到多少證據，她注意到後門附近一扇窗戶下落了一片紗窗——不過這種小事隨時都可能發生。窗下的沙發坐墊中央的印子看起來像是被人踩出來的，但是沒有任何強行闖入的痕跡。門框沒被撬過，窗玻璃沒有破損。她並未在窗台、沙發、臥室裡找到任何指紋。以紫外光照射屋內各處，只發現極少量的體液，而且範圍限制在床鋪上。

然而有件不太尋常的事情。在後門門廊的欄杆上，艾利斯找到奇特的印痕——一排小小的六角形記號，看在她眼中有點像蜂巢。她拍下照片，保存證據。

她無法斷定是什麼東西留下這組痕跡，說不定是搬家工人把氣泡紙擱在欄杆上？還真是特別的圖形，她心裡暗想。

＊＊＊

強暴案發生後過了兩天，韓德蕭在威斯敏斯特警局與莎拉會面，兩人隔著偵訊室的桌子對坐。韓德蕭開啟錄音機，期盼兩天的休息能讓莎拉回想起更多細節。她從溫和的話題開始：案發前幾天、前幾個月，莎拉過著怎樣的生活呢？

莎拉說了她的故事。經歷了數十年缺乏愛情、充滿憤怒的婚姻，她過了中年才決定離婚。「我不想繼續過著那樣的生活。」她在大她二十歲的男子身上找到真愛。他子女成群，她沒有小孩。兩人一起上教堂，她是唱詩班的成員。他們曾在速食店度過好幾個夜晚。二〇〇九年十月，兩人結婚，搬進足以容納他們的公寓。接著，他確診罹患癌症。距離婚禮不過八個禮拜，莎拉為她的丈夫舉辦葬禮。她決定換一間小一點的公寓，當作接受寡居事實的第一步。二〇一〇年七月二十八日，她簽訂租約。十三天後，強暴犯闖進她家。

至於強暴過程呢？韓德蕭問。「我們之前談到妳準備好上床睡覺，大約在半夜躺上床鋪。妳記得接下來發生了什麼事嗎？」

「我只記得，呃，有人壓在我身上。當時我躺著。我是說趴著，對，我是趴著。」莎拉停頓一下，神情激動。「真的要把那件事重新說一遍嗎？」

韓德蕭懂她的心情。她經手過上百件強暴案，深知描述強暴過程有多困難——困難到許多女性連報警都做不到。最大的理由是受害者怕沒有人相信自己的說詞。年輕點的警察往往會深感困惑。妳真的想逮到那個混帳嗎？為什麼不說得仔細點呢？

韓德蕭總是用經典的招數反制：「跟我說說你上回跟你老婆上床的過程。現在就說出來。」那些警察不是尷尬地乾笑，就是嚇得說不出話。這樣他們就懂了。

偵訊室裡，莎拉重複訴說當天的遭遇，不過這回加上了新的細節。比方說她想起犯人讓她穿上過膝絲襪，但她記不得襪子的顏色或是從哪冒出來。

「妳是如何穿上那雙絲襪的？」韓德蕭問道。

莎拉無法描述這段過程。

「妳怎麼會看不到？」

「我想是因為、因為那時候我是趴著。」

莎拉也想起強暴犯問她有沒有高跟鞋，她回說沒有，他從她的衣櫃裡拿了一雙她自己的鞋子。

「我隱約知道大概是哪雙鞋子，可是我不太確定。」她不知道他拿了哪雙鞋，也不知道他是不是將鞋子帶離現場。

韓德蕭絲毫不覺得喪氣。她不斷試探，努力讓莎拉提出更精確的描述。

「他的眼睛呢？妳記得他的眼睛長什麼樣子嗎？」

「我真的完全不記得他的長相，真的，就是想不起來。」

「好。所以妳不知道他眼睛的顏色？」

「呃，我看不出來。」

「他臉上有沒有鬍子？」

莎拉繼續搖頭。「我無法回答，真的。」

雖然缺少視覺方面的記憶，她的聽覺印象倒是相當詳細。她知道強暴犯拿的是運動用的側背包，因為她記得拉鍊的聲音。她知道他去過廁所，因為她聽見他解小便的聲音。她無法形容他使用的相機，即使鏡頭正對著她。她只記得快門聲，喀嚓、喀嚓、喀嚓。

莎拉的陳述中充滿時間混亂的片段，她不太能拼湊每一件事的先後順序。她跟韓德蕭說她知道強暴犯在何時離開，因為她看到幾個小女孩在公寓外玩耍。她又想了想。她是在七點左右報警，大清早的小孩怎麼會出門呢？「不對，這樣說不通。」她幾乎是自言自語。

記憶中的空白令莎拉越來越挫折。「跟妳說，我幾乎是一直閉著眼睛。有時候是他逼我這麼做，有時候是我不敢多看一眼。」

韓德蕭安撫道：「妳想不起來也沒關係。」

莎拉支離破碎的描述不是什麼大問題。韓德蕭很清楚遭遇重大創傷的人通常記憶會產生變動。許多人無法依照時序回想事發經過。身心創傷有可能影響大腦運作。車禍、一棵樹倒在你身旁、目睹同袍在戰場上被子彈打死。在那些驚恐的瞬間，腎上腺素和可體松爆發，營造出劇烈的化學反應。心智成為自身體驗的脆弱目擊證人，事件與時間脫勾，記憶埋藏深處。許多影像可能過了幾天、幾個月、甚至是好幾年才重新浮現，不請自來、不受控制、清晰無比，宛如突然間被閃電照亮的景色。

強暴是種特別案例。強暴的經驗、那種無助感會使得記憶受損，像是要跟調查人員作對似的。為了承受遭到侵犯的恐懼，許多女性選擇不去正視發生在自己身上的暴行，不去正視強暴她們的犯人。她們將注意力放在燈罩或是掛畫上頭，或者是閉上眼睛。也就是說受害者可能難以描述強暴犯的外表、他的穿著，或是周遭環境、當下時間。

心理學家已經證實重大的衝擊會嚴重影響記憶的結構。經歷危機的當下，大腦拚命抓住有助於生存的訊息。有時會記住真正的威脅來源，比如說警察鉅細靡遺地描述指著他的槍枝特徵，卻難以回想嫌犯的穿著。不過某些案例中，格外鮮明的細節與迫切的威脅無關。殘留的印象有可能跟強暴的痛苦毫無瓜葛，像是床邊桌上的檯燈、遠處的路燈。專注於這類細節時，心智得以迴避迫在眉睫的恐懼，逃到更安全的角落。

密西根州立大學的性侵研究專家蕾貝卡．坎培爾（Rebecca Campbell）表示被害者往往會將強暴經驗比喻成拼圖。拼湊圖面時，大部分的人會先翻好有花色的正面，接著分出邊緣、角落、中央區塊，最後對照盒子上的範例，琢磨要如何拼組碎片。

可是強暴被害者無法完成拼圖，他們手邊沒有完整的碎片，沒辦法根據邏輯分類。就算腦中浮現影像，誰有膽量直視如此駭人的光景呢？專門研究創傷對腦部影響的坎培爾說：「創傷記憶不會以溫和、整齊的方式呈現。要說所有的片段分散在大腦各處一點都不誇張。」

因此韓德蕭必須協助莎拉拼湊腦海中的碎片，然而訊問結束後，她覺得嫌犯的身分線索仍舊遙不可及。犯人很狡猾，幾乎沒有留下半點蛛絲馬跡。

訊問到了尾聲，韓德蕭決定透露一點好消息。屋裡的兩百美元是飛了，不過警方找到莎拉認定遭竊的相機。或許是她在收拾殘局時漏看了。

「可是我有兩台相機啊。」莎拉說。

「兩台相機——這是什麼意思？」韓德蕭以為莎拉家只有一台相機。

「喔，一台是粉紅色的索尼相機，另一台機型比較大，大部分是銀色的。」

警方找到的是銀色那台。那麼粉紅色的索尼相機跑哪去了？她指派員警到威斯敏斯特的各間當鋪尋找轉賣類似相機的紀錄，結果一無所獲。

韓德蕭正準備找負責莎拉那棟公寓的有線電視工人問話時，一通電話打進來。對方是威斯敏斯特東南方三十哩外富裕郊區奧羅拉的警官。

透過同僚之間的閒聊，該名警官得知威斯敏斯特也發生了一起強暴案，她對韓德蕭說自家的警探手邊有個類似的案子，或許雙方可以對照一下案情。

韓德蕭終於有了第一步斬獲。

＊＊＊

莎拉遭到強暴後過了兩週，韓德蕭在威斯敏斯特警局的小會議室坐定，對面是奧羅拉的警探史考特·貝吉斯（Scott Burgess）。他頭髮花白，穿著長袖襯衫，西裝褲熨得筆挺，打上領帶。貝吉斯個性小心謹慎、講究精確。有時候他會把領帶繞上三四圈，好打出完美的艾德雷奇結，這是高難度的領帶打法，專門網站在難度等級上給了它五顆星。

五年前，奧羅拉警方特別成立了性犯罪部門，貝吉斯是創始元老之一。「這是我的榮幸。」他跟韓德蕭一樣熱愛幫助旁人，他也了解那些被害者。「我領悟到對於被害人而言，根本沒有所謂的正確應對方式。有些報案者說得我都要哭了，後來卻發現那些都是謊報。某些受害者會讓我心想：『不可能真的發生了這種事情。沒有人在遭遇如此惡質的傷害後還能有這樣的表現。』我漸漸學到世界上沒有標準的應對法。」

他的體悟幫助他妥善處理二〇〇九年十月在奧羅拉的一樁強暴案。被害人是六十五歲的離婚婦女朵莉絲，她在當地的男生宿舍擔任舍監。她遭到強暴的地點是奧羅拉南區的自家。隔天，貝吉斯訊問朵莉絲時，她看起來相當「冷靜」。她的「態度非常理智，毫無情緒化的傾向」。

「她沒有一股腦的說個不停，也沒有崩潰。」他說：「就只是『事情都發生了，看看我們能怎麼處理吧』。」

貝吉斯向韓德蕭報告他手邊案子的要點：

- 星期日凌晨大約兩點半，被害人在家睡覺。
- 嫌犯開門，跨坐在她背上，拿手電筒照她的臉。
- 嫌犯指示她翻身，她看到他的臉被黑色面罩或是布條遮住，只在眼睛處開了隙縫。
- 嫌犯是白人男性，年約二十歲，六呎高，「大骨架」，強壯但不到肌肉發達的程度。他的體毛色澤淺淡，或是不甚濃密。嗓音輕柔。

・嫌犯對被害人說：「我無意傷害妳，可是我要強暴妳。」
・嫌犯將她的雙手綁縛在身前，使用的工具是緞帶，沒有綁得很緊。
・嫌犯帶著黑色大背包。
・嫌犯反覆強暴被害人，拍攝她的照片，威脅她要是報警就上網張貼。
・事後，嫌犯穿好衣服，說他要帶走床單。
・最後，嫌犯逼迫她沖澡，在浴室裡指示她要如何沖洗。他要她等二十分鐘才准出來。

朵莉絲描述強暴犯「和善」又「溫柔」。在遭到性侵期間，她告訴對方她已經六十五歲了，早就過了被強暴的年紀。「妳還不算老。」強暴犯如此回應。

朵莉絲對貝吉斯說那名男子動手強暴她之前，取下了她的粉紅色髮捲。

「我知道之後我心裡會不舒服，但我就是忍不住。」他對她說。

「你應該要尋求協助。」朵莉絲說。

「已經太遲了。」

朵莉絲說她努力發揮同理心。他還很年輕，說不定小時候曾經受虐。現在還來得及洗心革面。

男子狠狠推翻她的猜測。他從未遭受虐待，雙親對他慈愛有加。他不菸不酒不吸毒。

「要是他們知道我做的好事，一定會痛苦到極點。」他說。

他必須要強暴。這是「強制衝動」，他對朵莉絲說。他已經與那股衝動奮鬥許久，卻一再失敗。

「我就是忍不住。」他說。

朵莉絲跟貝吉斯說男子命令她進浴室，在浴缸裡放滿水。一瞬間，她做了最壞的打算。

「我馬上想到他要把我淹死。」

結果他叫她把自己的身體洗乾淨。

「給我洗二十分鐘，我要妳洗得夠徹底。」他說。

她踏出浴室時，時鐘顯示是凌晨三點四十五分。她嚇得不敢報警，換好衣服，泡了杯咖啡，坐在電腦前上網。

到了早上六點，朵莉絲發覺她的陰道出血，自行開車到提供急診的診所。所方要她直接前往奧羅拉的醫療中心，那裡有診療強暴受害者的人員和器材。一名護理師替她報警，醫院進行三個小時的蒐證檢驗，努力搶救可能殘留在她身上的DNA。

貝吉斯對韓德蕭說他很清楚這個案子不好辦。朵莉絲記得許多細節，然而她的記憶中沒有多少與強暴犯身分相關的片段。「我要怎麼向局裡呈報？」貝吉斯當時捫心自問。「我甚至無法肯定咱們的嫌犯屬於什麼族群、有什麼特徵，因為一切都被蓋住了。」他說他猜測嫌犯算是強暴的專家——「準備得滴水不漏。這傢伙做事很仔細。」

貝吉斯的報告內容顯示他付出多少心力。他派巡警地毯式調查朵莉絲住家周遭，那是位於奧羅拉某條東西向幹道旁的一條死巷。一名員警挖遍三十個垃圾桶跟附近棒球場的三間流動廁所。另一名員警追蹤被人目擊帶著武器經過犯罪現場的男子，發現對方手上拿的只是BB槍。警方攔下在現場附近超速行駛的車輛，在後車廂搜出一條粉紅色床單、幾條毛巾、兩個黑色袋子。員警將床單跟朵莉絲家的失物比對，可惜並不相符。謹慎起見，員警打電話詢問男性駕駛的女友，雙方說詞沒有出入，是她把送洗的床單忘在男友車上了。

他們一開始的焦點是住宿的男學生。朵莉絲持反對意見：「不是我那邊的男生。」她說她認得出他們的聲音。不過貝吉斯還是聯絡了巡邏校園的員警，確認是否有過類似的襲擊事件。一名警長提出另一起案件，涉案學生身高六呎一吋，體重一百六十磅。二〇〇八年十一月，警方因為他行跡可疑，攔車檢查，在後車廂搜出類似警用器材——能裝設在車頂的警示燈、警棍、酒測計、九毫米貝瑞塔手槍。不過該名男學生沒有前科。貝吉斯只能放棄這個調查方向。

朵莉絲的描述很詳盡，但她口中的嫌犯如同幻影：穿得一身灰的蒙面男子。沒有其他線索，沒有目擊者，沒有監視攝影機。

二〇〇九年十二月三十一日，一年即將結束，貝吉斯在檔案上標記了斗大的「擱置」。

他沒打算終止調查。還是有可能碰上其他線索，不過他心裡很清楚「擱置」代表的意涵。「不會有任何進展的。」

這個結論帶給貝吉斯極大的衝擊，使得他陷入煎熬。他認為朵莉絲的案子是他職業生涯中數一數二的糟糕案件。他不斷自問她為何會成為目標，又慶幸找不到答案。「要是能理解凶手的動機就不妙了。」他對自己說。

這次的會面給予貝吉斯嶄新的希望。間接證據導向一個結論：強暴朵莉絲跟莎拉的是同一個人。假如韓德蕭的案子有了突破，或許他也能有所斬獲。事隔八個月，貝吉斯更新了朵莉絲的案件檔案，重啟調查。只要強暴犯在什麼地方出了點錯就好。一個錯誤能夠破解兩個案子。

這個邏輯很簡單。

＊＊＊

莎拉遭到強暴後的幾個禮拜，韓德蕭掌控一整組的警探、犯罪學家、分析技術員、巡警。她要五、六名員警搜查公寓附近的每一個垃圾桶，期盼強暴犯逃離現場時順手丟了什麼東西。她也命令他們不要漏掉水溝跟一處蓄水池。她把一個個名字丟進科羅拉多州的性侵犯登錄系統查詢：替被害人裝設網路後跟她聊了幾句的電信公司員工、整棟公寓的鄰居、甚至是收垃圾的清潔工。沒有任何結果。

線索不斷湧入，又被韓德蕭一一推翻。警方曾在一九七八年以強暴罪名逮捕莎拉的前夫，可是她堅信自己一定認得出對方，不管有沒有蒙面。莎拉跟過世的丈夫住過的公寓發生過另一起陌生人強暴案件，不過嫌犯是一名沙烏地阿拉伯男子，而且已經逃出美國。有個警察打電話來報告他想起幾年前有個隨身攜帶「強暴工具」的男子，仔細一查才發現那傢伙太老了。

最後是有人看見一名年輕男子帶著黑色背包，在距離莎拉住處不到兩哩的溪邊樹林閒晃。結果他是熱愛環保的大學生，某天早上，他到溪邊移動石塊，改善溪流淤積的問題。他坦承在接受警方盤查時「態度不佳」，但他不是強暴犯。

韓德蕭知道強暴案——特別是陌生人犯案——通常會在案發後一週內偵破。每經過一個小時、一天，逮到犯人的機會就越來越小。她已經用盡所有的線索，其他案件源源不絕，這條路越來越難走。

到了二〇一〇年十二月，韓德蕭有種似曾相識的感覺。她跟去年的貝吉斯陷入同樣的困境，甚至更糟，因為他們相信有個連續強暴犯逍遙法外。那傢伙強暴了兩名女性長達數小時，卻有辦法清除一切實際證據。沒有目擊證人。沒有長相的描述。沒有指紋。也沒有足夠輸入任何資料庫的ＤＮＡ。

更重要的是韓德蕭跟貝吉斯都相信犯人很可能再次出手。他們只能等待。等待他犯錯。或是等待另一起強暴案發生。

計算變得複雜，邏輯不再單純。

這傢伙到底是誰？

第五章　步步敗退

南韓東豆川市，凱西基地

他記得那頭怪物誕生的瞬間。實在是難以啟齒。當時他五歲大，爸媽帶他去看電影《星際大戰六部曲：絕地大反攻》。開場沒多久就來到星際大盜賈霸的賊窟，他把英雄飛行員韓．索羅冰封囚禁。身軀如同巨大蠕蟲的賈霸盤據在王座上，身旁圍繞著奴隸、半身人、外星人。充滿異國風情的音樂響起。

男孩跟爸媽看著天行者路克神祕地披著兜帽，趁著賈霸睡覺時潛入他的巢穴。而莉亞公主就躺在王座底部，身穿鋼鐵比基尼，接近赤身裸體，大腿、腹部、頸子全都袒露出來。她被鐵鍊鎖在賈霸身上，脖子套著金屬項圈。路克走近，徒勞無功地拉扯鐵鍊，她漸漸甦醒。她是賈霸的奴隸。

之後，他不時回想起那一刻。當時他甚至無法用言語形容自己的感受。生猛，觸電一般，危險。他渾身上下充滿喜悅。他只知道自己想要以那種方式掌控女人，完完全全擁有她。他形容自己是一頭幼獸，緊緊黏住睜眼看到的第一個生物。印痕在他心中的是恐懼、羞辱、奴役。「從那一刻起，我隨時都想把家附近的每一個女生綁起來。」他如此回憶。

等他長大一些，追求禁忌刺激的欲望更加濃厚。八歲那年，他跟幾個朋友闖進民宅偷錢。身處於自己不該存在的地方實在是太讓人興奮了。他養成了想方設法潛入別人家的習慣，次數多到數不清。他只是想爽一下。「那種感覺——即使只是撬開窗戶或是打開門，連屋子都還沒踏進去，就足以激發腎上腺素。」他說。

他沒跟任何人提過這份偏執，誰會懂呢？他的家庭生活很正常。「我一生中獲得了許多關愛。」他在田納西州長大，是三個孩子中的老大。雙親離婚，媽媽再婚後搬去科羅拉多州的鄉村小鎮朗蒙特，離丹佛有一個小時的車程。鎮上約有八萬人，周圍全是漫無邊際的農地、玉米田、苜蓿田。高達一萬四千兩百五十九呎的朗峰在遠處聳立（鎮名就是源自於此），是落磯山脈最北端的特高峰。

在這座小鎮，他學會如何經營雙重人生，以幽默溫和的性情面對世界。他是個頭髮像刺蝟、咧開滿口牙燦笑的孩子，喜歡貓咪、直排輪，對名叫貓王的雪貂寵愛有加，還把牠的窩取名叫雅園。他對吉他起了興趣，學得很好，把吉米．罕醉克斯（Jimi Hendrix）的〈小翅膀〉（*Little Wing*）練得爐火純青。他會為母親彈完整首歌，直到副歌中那個「笑容無限燦爛」的女子承諾解救他於內心的混亂中。

沒關係的，她說，沒關係的，

從我身上取走任何你想要的事物，什麼都可以。

他的另一面則是所謂的混亂——隱沒在內心、黑暗、困惑。他知道自己對女性抱持著病態錯誤的幻想。他知道自己熱愛的偷窺、入侵他人生活的舉止很不正常。可是他告訴自己那些只是腦中妄想，他可以好好控制。他能夠控制住自己。「只存在於我的腦袋裡——跟別人無關。」

***

高二那年他轉學到奧德可倫賓高中。位於小鎮南端的低矮校舍四周有汽車零件行、速食店、購物中心。他跟一小群朋友四處打混，週末開車遠行，沿著平坦漫長的高速公路狂飆，行駛過平凡無趣的田野，窩在路旁喝啤酒。有一次他才十六歲，跟四個好兄弟被波德郡警局的郡警逮捕。當時是星期六凌晨一點半，正值未成年飲酒加強取締行動期間，他們的車子後座有十六瓶啤酒。他付了八十美元罰單。

一九九五年五月三十一日，他畢業了，搬到丹佛，跟高中同學在櫻桃溪一帶合租房間，那一帶的夜生活格外精彩。他在某間網路公司做了一年業務員，接著又當了一年維修技術員，到客戶家中幫忙搞定網路。他跟一群酒肉朋友打撞球，還曾經因為吸大麻遭到起訴，不過後來檢方撤銷告訴。他申請到丹佛大學，讀了一個學期就放棄。他搬回朗蒙特跟家人同住，跑到附近里昂市的奧斯卡藍調酒吧當調酒師（那間陰暗低俗的啤酒酒吧在當地小有名氣）。高中畢業過了六年，他還是不確定自己想幹嘛。

九一一事件爆發。他原本認為自己是個和平主義者，留著嬉皮、搖滾歌星般的長髮。他喜歡到波德閒晃，那是保守勢力強烈的科羅拉多州中左派分子的根據地。他認定軍人都是目不識丁、遭到洗腦的大老粗。可是雙子星大樓倒塌的情景觸動了他的心靈。他感受到天職的呼喚——那是足以引開那頭怪物的任務。

二〇〇二年一月二十二日，美國入侵阿富汗滿三個月，他走到丹佛市中心的美軍募兵站。二十三歲的他比其他新兵稍微老了些。他可以連做十三個伏地挺身、十七個仰臥起坐，能在八分三十秒內跑完一哩路。他身高六呎二吋，體重卻只有一百五十五磅，募兵軍官對此深感憂慮，怕他一陣風吹來就倒了。士官長警告他不准在新訓前減掉半點肉。

他不太敢相信自己竟然真的要加入美軍。「我真的不是當兵的料。」此舉也震驚了他的雙親。「我們笑到不行，以為他在開玩笑。」他母親說：「可是啊，他是真心覺得要挺身而出，抵抗傷害我們的國家、人民的勢力。」

「他希望我們平安無事。」

他不確定自己是否能融入軍隊。某些募兵軍官會依照入伍測驗（美國武裝部隊職業性向測驗組合）的分數，將新兵分成優等生跟好漢。好漢的分數比較低，但他們是比較優秀的士兵，個性圓滑，願意服從指令，能在軍中順利晉升。比起頭腦，軍隊更注重服從。優等生的分數高，擁有獨立思考的傾向，可是這也代表他們常會質疑權威。他們會被視為局外人、叛逆分子。

他是優等生，成績名列前茅。他只拿過高中文憑，卻有資格申請加入軍中最需要智能和腦袋的單位。他擁有地理空間工程師、犯罪調查員、密碼專家的潛力——通常是由軍官跟大學畢業生擔任這些職位。

然而他填了步兵的申請單，那是全陸軍最渺小、最不討好的單位。二〇〇二年的阿富汗，步兵踏過泥濘的山村，擊破一戶戶大門，開槍射擊。他們開著沒有裝甲的吉普車橫越髒兮兮的公路，夾緊肛門祈禱路旁的炸彈不會把鐵條捅進他們的直腸。他們是美軍的矛尖。

他沒被分派去獵殺塔利班組織成員，而是落到南韓的凱西基地，離北韓非軍事前線十哩遠、三千五百畝的軍營。他的新家也在群山之間，不過舉目可見的最高峰是五千三百七十四呎高的金剛山。他屬於第九步兵團第二營D連（團名「滿州」是為了紀念庚子拳亂中奮戰的美軍）。這是他第一次出國。

這個和平主義者認同了軍人的身分。戒菸、增重增肌、在訓練中取得高分、學習軍事技術。執行任務前，他會進行偵查，揪出目標。在出擊之前，他會徹底檢查裝備，確保工具都在手邊，槍枝隨時都能發射。

軍方給予他和旁人相同的獎勵。他獲選進入儀隊，因良好表現、軍事成就、對國防的貢獻獲得勛章。他使用槍械的技術得到肯定，以實績證明他是輕機槍M249的高手，曾經在演練中制服準備襲擊自家崗位的敵隊。某位上級寫下這段評語：「他成熟的心智對於同袍頗有幫助，無論是在值勤時或是休息時。」他從一等兵升為中士，搖身一變，成為過去他瞧不起的大老粗。他說自己是「相當優秀的士兵」。

他不時寫信給母親，說他有多享受這份工作：他負責訓練南韓第二步兵師的士兵，之後他們要前往阿富汗跟伊拉克的前線。他母親認為他變得更好了。「他想盡力訓練那些人，幫助他們在戰場上存活，因為他知道其中某些人可能無法平安回家。」她說：「當時我們真的感覺到他變好了。」

二〇〇三年十月，他在基地附近的酒吧認識了一名俄羅斯女侍。瑪莎（假名）的英語有點腔調，留著一頭短髮，瀏海剪得很高，再加上討喜的寬臉和豐唇，指甲總是修得整整齊齊。她小他三歲。身為外籍人士，瑪莎不得進入軍營，因此他每天下午四點離開基地，陪她到深夜宵禁前，再一路衝回營區。兩人交往了六個月，在二〇〇四年三月十一日結婚，他轉調到首爾的基地，跟她住在一起。

這是典型的軍人婚姻。他們跟朋友一起廝混，大多是同袍跟他們的年輕妻子、女友。晚上到酒吧喝酒，在軍營的宿舍開派對。有時候出門踏青。

他沒向新婚妻子提起自己的黑暗面。性虐待的影像揮之不去——被鎖鍊禁錮的女人，被迫服從的女人，遭到他強暴、驚恐萬分的女人。他沒有要求瑪莎滿足那些幻想。有一次他錄下兩人上床的影片，但她不喜歡，於是他再也沒試過。他甚至沒提過要把她綁起來。他認為兩人的性生活很普通，甚至可說是平淡。他難以將慾望投向真正認識、喜歡的女性。遙遠、匿名的對象比較好下手。

從青少年時期到二十五歲左右，他把幻想克制得很好，那些影像冒出來，過一陣子又消失。他覺得自己又變得正常了。可是現在，幻想漸漸支配了他的思維，類似持續不斷的幻聽。他得要不斷抗拒那股妄念，身心俱疲。「我只知道一種方法，就是不告訴任何人，試著以精神力克制。」

他試著繞過瑪莎來尋求紓解，看的色情影片越來越激烈，還找過妓女偽裝強暴情境。這些招數全都無法澆熄慾火。他逐漸喪失自制力。想到自己面對的絕境，他總是怪罪給《星際大戰》。「如果你五歲的時候已經滿腦子都是手銬，還能怎麼辦呢？」他想。

他的腦袋轉個不停：要是我順從慾望呢？會造成多少變化？說不定只要沉溺一次，就能得到永遠的安寧。「我說服自己，只要做一次，就像是抓過癢處一樣忍過去，繼續過活。」他需要的，那頭野獸需要的，是恐懼。真正的恐懼。

他決定出手襲擊。

＊＊＊

南韓各處美軍基地的高牆外往往是一區亮著俗豔燈光的窄巷，夜間俱樂部林立。其中最是龍蛇雜處的俱樂部當屬「果汁吧」，士兵只要花十美元買杯果汁，就附贈菲律賓籍妙齡女子的「服務」。到了晚間，街上和暗巷都是那些女孩，她們身穿緊身洋裝，腳踩高跟鞋，不知羞恥，毫無畏懼。

完美的目標，他想。

他養成了晚間跟蹤那些女子穿過大街小巷的習慣。他有面罩跟手套，但沒什麼計畫。他打算綁架某個女孩，把她帶到某個地方——旅館房間、停在樹林裡的車子，天知道呢？他要強暴她，然後他就會好起來。不需要擔心風險。「發生在南韓的事情不會跟著我回美國。」他心中暗想。

然而事情沒有他想得那麼簡單。他花了幾個月尾隨好幾個女孩，每回在街上耗了幾個小時又罷手。回到家，他心中百感交集，充滿洶湧的毒液。他既怕自己真的實行計畫，又唾棄自己不敢行動。他沒跟任何人說起，總能編個故事唬過瑪莎：跟朋友在外頭閒晃，得要在基地加班。她從未起過疑心。

某天晚上，事情就這樣發生了。接近深夜，他看到一名韓國女子，跟他年紀差不多，獨自走在巷子裡，腳步虛浮，看起來醉得不輕。

「媽的，我總不能在路旁等上一輩子。」他心想。

當時他正值體能的巔峰，一百八十磅，肌肉結實。他跳向女子，把她撲倒在地。她奮力掙扎，以口音濃厚的英語尖叫，焦點放在他的黑衣上頭：「黑人滾開！黑人快滾！」

他哈哈大笑。這個喝醉酒的纖細女孩竟然想抵抗他。太好笑了。恐懼跑哪去了？好吧，這跟我預料的不太一樣。

他推開她。她搖搖晃晃地起身，踏著踉蹌的步伐離開。她沒有奔跑。他笑個不停，跟了幾步。她再次轉向他，從路旁撿起一塊石頭朝他投擲。「黑人給我滾！」她再次尖叫。

兩人的音量大到他開始擔心會引起注意。他決定放棄。又一次。他失落又混亂。整件事太荒謬了。簡直是一齣荒誕劇。

他學到了教訓：「在暗巷埋伏不適合我。這招沒用。」

下一回，他把強暴計畫融入童年夢想：擅闖民宅。他繼續狩獵，這次的地點是住宅區。某天晚上，他逮到了機會，那棟公寓的一樓窗戶毫無遮掩，屋內擺設一覽無遺：廚房、小浴室、臥室。他興奮極了。感覺就像是看著娃娃屋，隨著他的心意擺弄每一個房間。一名女子在床上熟睡。凌晨三點，四下無人。

他盯著前門，韓國人進門前會脫鞋。他只看到女鞋。就算屋裡住了男人，他也不在家。轉了轉門把，沒鎖。機會來了。他套上滑雪面罩和手套，溜進屋內。

他停下腳步，東張西望。這間公寓很小，廚房裡放了幾包配給的野戰軍用口糧，他慌了，生怕床上女子的另一半是美國人。他環顧四周，沒看到西方人的物品，這才冷靜下來。夢想成真的目標清晰可見。

在廚房裡，他心中再次捲起驚濤駭浪，身軀無法動彈，努力說服自己動手，同時也說服自己停手。在陌生人的公寓裡待了半個小時，旁邊床上躺了個陌生女子。「你他媽的在搞什麼鬼？」他自問。「跟你說，你就走出去，忘掉這件事。」

突然間，他聽到外頭傳來聲響，離開廚房時，一名年長的韓國男子甩開前門。對方腳步不穩，看來是在酒吧裡喝了大半夜。他抬起頭，看到壯碩的入侵者，身高六呎多，黑色面罩包圍著淺褐色眼珠，就站在他家裡。驚愕的屋主竄出門外，甩上門板。

「該死。」他心想。「被困住了。」他衝上前想推門逃跑，可是韓國男子從另一側擋住門。「他要把我鎖在屋裡。」他想。「我操，我要被關在這裡了。」

他沒想到下一秒，門往外敞開，韓國男子自己開了門，如同飯店門僮般讓到一旁。真是太多禮了。他擠過男子身旁，衝上街頭，全力奔馳，經過一棟棟屋子、黑暗的城市，衝進約在一哩外的家。他上氣不接下氣，血管裡的鮮血猶如電池酸液。他差點被人逮住。他真的是蠢到極點。

怕得半死的人是他。

「我不能再犯下那種愚蠢的錯誤，絕對不能再次衝動行事。」他告誡自己：「假如你不打算進監獄，那你就要多想一想。」

役期即將結束，他滿心盼望著回到家鄉，回到美國。他可以回去繼續練習。

第六章　白人，藍眼睛，灰色運動衫

二〇〇八年八月十一日星期一
華盛頓州，林伍德

那通報案電話的時間是上午七點五十五分，報案人急促的語氣不容質疑。一名年輕女子說她家樓下的鄰居剛才在自家公寓裡遭到強暴，犯人大約在十五分鐘前逃逸。

派遣員要鄰居別掛斷電話，迅速地記下被害人傳達的細節——強暴犯帶著刀；他拍了照片；被害人不認得他；他可能在公寓裡待了一整晚，因為他聽到被害人跟別人講電話。八點零三分，報案人通報被害人在臥室裡找到一把刀子；八點零四分，被害人的母親抵達現場。公寓離警局總部大約一哩遠，轉兩三個彎就到了。在派遣員結束通話前，警局已經派出幾批員警，分別在八點零三分、八點零四分、八點零五分抵達。

警方安排了救護車和警犬單位，希望狗兒能嗅出犯人的蹤跡。

犯罪現場技術員安妮．邁爾斯（Anne Miles）駕駛八點零四分那輛警車來到現場，停在公寓旁，走向被害人位於一樓的房間。她在屋裡與十八歲的被害人碰面，詢問這個一頭卷髮，睜著淺褐色雙眼的女孩事發經過。

這是瑪莉第一次向警方陳述當天早上的可怕經歷。然而瑪莉刪除了這段關鍵時刻的記憶。她記得當警方進門時自己披著毯子發抖；她記得曾經跟救護人員說話；她記得自己跟佩姬並肩坐在沙發上——但她記不得現場有個女性警官，記不得曾向她訴說自己遭到強暴。

瑪莉對邁爾斯說她被持刀男子吵醒。他拉開她的毛毯跟被子，要她翻身趴著。他跨坐在她身上把她綁住，遮住她的眼睛嘴巴，又命令她翻身。他摸遍她全身，強暴了她。感覺他戴著手套。他說他有戴保險套。她聽見喀嚓聲，看到某種閃光。他說他拍了照片，只要她報警，那些照片就會流到網路上。然後他從前門離開，她聽見門關上的聲音。

邁爾斯問瑪莉是否能描述犯人外表。瑪莉說她沒有看清楚，事情發生得太快，她只能確定他是白人，藍眼睛，穿灰色運動衫。邁爾斯問他的聲音或是氣味等等有沒有特別之處，瑪莉的答案還是一樣——一切發生得太快，印象很模糊。

邁爾斯又問強暴持續了多久。瑪莉說她毫無概念。

瑪莉說犯人把她的手提包丟在地上，她不知道原因。

邁爾斯的任務是採集並處理物證，因此她請瑪莉帶她在公寓裡走了一圈。瑪莉的手提包落在臥室地板上，皮夾則是在床上。皮夾裡少了瑪莉的學習駕照。邁爾斯在臥室窗台上瞄到那張證件。

瑪莉的床邊有個塑膠置物箱，蓋子上擱著一把長長的黑柄刀子。瑪莉跟邁爾斯說刀子是從她的廚房拿來的——正是強暴犯用來威脅她的工具。床鋪上有一條鞋帶，顯然犯人就是用這東西綁住瑪莉。在臥室角落的電腦螢幕上，邁爾斯找到第二條鞋帶，穿過女性內褲的隙縫。「鞋帶加上內褲不是用來遮住瑪莉的眼睛，就是堵住她的嘴巴，不讓她求助。」邁爾斯在報告中寫道。瑪莉說兩條鞋帶都是來自她放在起居室的網球鞋。

邁爾斯問瑪莉前一天晚上是否有鎖門。瑪莉說她不確定。邁爾斯檢查前門，沒有找到破門而入的痕跡。她又檢查了公寓後方的玻璃滑門，沒有鎖，微微敞開。邁爾斯來到後頭的門廊，在木頭欄杆上仔細蒐證。欄杆表面幾乎被灰塵蓋滿，只有一段三呎寬的空缺，可能有人爬過此處。

她在玻璃滑門上尋找殘存的ＤＮＡ，棉花棒掃過內外門把。她拍攝公寓內外的照片，至少拍了七十張，捕捉或許能重建那天早上案發經過的細節：門廊欄杆、臥室窗台上的學習駕照、廚房裡少了一把刀的刀架、缺了鞋帶的鞋子。那雙鞋子擱在起居室沙發旁，靠著牆的沙發上有兩個填充布偶，一隻是黑白斑點牛，另一隻是有白色腳掌的狗。

離開瑪莉的公寓後，邁爾斯寫了兩頁報告，簡單敘述她採取的各項措施，其中沒有顯示她相信或是不相信什麼，緊緊環繞著她看到、做過的一切。

＊＊＊

林伍德警局裡有七十九名員警，替這座約有三萬四千人口的城市效命。二〇〇八年間，包括瑪莉的案子在內，他們手邊只有十件強暴案，數量如此之少，因此刑事偵緝隊沒有獨立的性犯罪部門。

瑪莉報警當天早上，偵緝隊隊長詹姆斯・尼爾森（James Nelson）親自來到案發公寓坐鎮，挨家挨戶地拜訪，希望能找到目擊證人。二〇三號房的男性住戶說他沒有聽到或是看到任何不尋常的動靜。尼爾森只找到這一名住戶，其餘的一〇三、二〇一、三〇一、三〇二、三〇三、三〇四等幾間房都沒人應門。

尼爾森也到別棟公寓碰碰運氣，問過三名住戶，得到同樣的回應：「沒有看到或是聽到什麼可疑的事情。」另外七棟公寓的住戶都無法給他答案。

大約在八點十五分，警犬單位到場，狗兒「往南追跡，朝一棟辦公建築前進，可惜沒有找到任何蛛絲馬跡」，領犬員如此報告。警犬也沒在北側的停車場聞出端倪。

稍晚，另一名犯罪現場技術員前來協助。喬許・凱西（Josh Kelsey）警探也繳交了兩頁報告，但他的報告是在十一天後撰寫，那時瑪莉早已承認謊報。凱西描述屋內擺設，記錄他的觀察結果：少了鞋帶的那雙鞋子「擱在沙發腳邊，靠近臥室的門，鞋跟觸地立起，似乎沒有受到外力干擾……床鋪像是被人弄亂，不過床頭的兩個枕頭旁有個直立的小電風扇……我沒看到任何能用來蒙眼的物品」。

凱西在滑門上採集指紋，玻璃內側有一些不完整的痕跡，他記錄在指紋卡上。雖然瑪莉說強暴犯從前門離開，凱西沒有檢查那扇門，尋找可能遺留的指紋或是DNA。他跟邁爾斯都跳過了這部分。

他以紫外光照射臥室，檢查是否哪裡殘留了體液。落在地板上的幾塊毯子毫無反應，不過床墊上有兩個小點。他從床上採集了兩三根帶有毛囊的毛髮和少許纖維。

最後，凱西從瑪莉充滿她年輕生命力的公寓裡收集了十八項證物，收走了床上的每一層布料，從粉紅色被子到保潔墊。收走了她的鞋子、錢包、學習駕照。

＊＊＊

林伍德警局的傑佛瑞・馬森（Jeffrey Mason）警長大約在八點四十五分來到現場，階梯計畫的個案管理者韋恩跟住瑪莉樓上的鄰居等在公寓外，瑪莉則是和養母佩姬坐在屋內沙發上。她身上裹著毯子，斷斷續續地哭泣。

馬森是本案負責人，他走到瑪莉面前，報上自己的身分。

他今年三十九歲，六週前才升為警長，轉到刑事偵緝部。

他的職業生涯大多在奧勒岡州度過，從沃斯克郡的報案派遣員開始，一路挺進奧勒岡州警局。他待最久的單位是達爾斯鎮的警局，在那裡服務了將近九年，獲頒英勇勛章。

多年以來，他接受過數十種各式主題的訓練課程，進過陸軍狙擊兵學校，研究過摩托車黑幫，也學過偵訊嫌犯、從他們的肢體語言判斷證詞真偽。不過他有個最專精的領域，可以從他個人檔案中列出的教學項目窺見一二：室內大麻種植、街頭毒品查緝、毒品種類測試與辨識、空中封鎖偵查、破解隱藏儲存空間、墨西哥冰毒。他教導的課程涵蓋了空拍偵查——如何從數百呎高空，在滿地草葉間挑出大麻植株——以及在祕密製毒工廠裡安全行動。他的世界裡充滿了臥底線民，穿梭在毒蟲跟毒販之間。

馬森在二〇〇三年加入林伍德警局，在那之前，他當過四年巡警、一年緝毒警探，可靠負責的表現贏得不少讚賞。上級欣賞他的專業素養，從他遞交的報告（「詳盡周全，幾乎毫無錯誤」）、辦案態度（「相當積極」）、到領導能力（「天生的指導者」），全都讚不絕口。「工作習慣絕佳。」一名警長如此寫道，他認定馬森幾乎可以獨立辦案。

踏入警界十九年來，馬森只辦理過一到兩起強暴案。他受過一些處理性侵案件的訓練，不過那都是九〇年代中期的舊事了。

兩人初次見面時，馬森對瑪莉的坦率印象深刻，稍後他表示：「我沒有見過太多性侵受害者，也沒對她的行為抱持任何期待。她沒有歇斯底里，說話非常實際——反正事情都發生了。」面對馬森跟另一名警探時，瑪莉提供的說詞跟先前向邁爾斯陳述的內容差不多：沒有上鎖的滑門、持刀陌生男子、發生在自家臥室裡的強暴。馬森說他晚點再聽更多細節，現在瑪莉得先去醫院做性侵檢查。在那之後，他要瑪莉到警局做完整的筆錄。

個案管理者和養母陪伴瑪莉離開，馬森在公寓裡繞了一圈，仔細打量空錢包、綁上鞋帶的內褲、床墊（歪出彈簧床大約四吋）。他也跟瑪莉樓上的鄰居，十八歲的娜特莉談過。娜特莉說她當晚沒聽到任何不尋常的聲響，在早上七點五十二分還是五十三分左右，她接到瑪莉的電話，聽見她尖叫哭泣，說有人闖進她家，強暴了她。娜特莉抓起手機衝下樓，從瑪莉的公寓報警。

雖說馬森是本案的負責人，刑事偵緝部的另一名成員傑瑞・里特岡（Jerry Rittgarn）也從旁協助。里特岡擁有華盛頓大學的動物學學士學位，曾在海軍陸戰隊服役，精通直昇機電子系統操作，也是航太工業的技術人員。他在林伍德警局待了十一年，近四年來都是警探。從他的一部分職掌——調查應徵者背景，判斷警局是否能僱用他們——可以看出部門對他調查能力的肯定。二〇〇六年，他榮獲局內年度最佳警官的稱號。

里特岡跟其他幾位到過現場的警探一樣，隔了好幾天才寫報告——也就是在瑪莉撤回報案之後。他的報告中提到瑪莉前往醫院前，他觀察過她的手腕，上頭沒有任何痕跡。以紫外光檢查瑪莉的房間時，他也沒在被子或床墊上看到任何殘留的液體污漬。他在公寓裡徹底翻了一圈——浴室、馬桶、垃圾桶——沒有找到保險套或是外包裝。他還走到公寓外的山坡上，毫無半點斬獲。

＊＊＊

佩姬跟韋恩送瑪莉到附近艾佛瑞特郡的普羅維登斯地區醫療中心，這裡設立了性侵檢驗中心，配置被害人輔導員和受過採集證據訓練的護理師。

在二〇〇八年八月，針對強暴被害者的檢驗（通常以擺放證物的盒子命名為「強暴採證工具」）已經實行了大約三十年。促成這項服務的是一名受害人輔導員和一名警方的微量證據分析師，資金來源更是令人意想不到。

一九七〇年代中期，瑪莎．戈達德（Martha "Marty" Goddard）在芝加哥成立了名為被害者援助公民委員會（Citizens Committee for Victims Assistance）的非營利組織。當時不敢報案指認的被害人眾多，強暴案件獲得的關注不高；這類案子得到關注後往往沒有太大正面影響。戈達德自認具有A型人格，住在辦公室附近，週末和假日也不休息，花了幾百美元加入健身房會員，卻永遠沒有足夠的時間踏進大門。她決定要改變這個風氣。

她遭受的挑戰部分來自社會大眾對於強暴的認知。一名委員會成員從店裡挑了張卡片打算送給戈達德，然而上面的文字把她嚇壞了。卡片正面印著「幫我阻止強暴」，裡頭的文字竟然是「答應我」。戈達德寫信給卡片公司：「相信你們一定覺得這樣很好笑，可是一點都不好笑。」對方只得懊惱地把這項產品下架。她在報紙上看到一則芝加哥報導，裡頭有個報警說自己遭到強暴的女性，雖然沒寫出她的姓名，可是記者無意間透露的大量細節——具體的外觀描述、她的職業（女服務生），以及她上班的地方（連餐廳的名字都寫出來了）——早就曝露了她的身分。戈達德走進報社，與編輯和他的手下員工對談。他們先是忙著辯解，最後終於道歉。「跟你說，他們再也沒有幹過這種好事。」戈達德說。她的每一天都是如此：「小事接二連三發生，要花一輩子的時間處理。」

戈達德也把焦點放在改善性侵相關法規上頭。她與警官、檢察官、急診室醫生和護理師等人談過，發現強暴案件調查過程中有個大問題。採集物證的執行不夠徹底。就算真的採集了毛髮、纖維、血液、精液、指甲下的碎屑、衣物之類的證據，相關單位也往往不會妥善保存或是標記，嚴重影響了它們的價值。警官對戈達德說急診室工作人員拿橡皮筋把兩塊玻片綁在一起，檢體那一面相對，使得兩邊的證物都受到污染。有時候玻片上不會標明檢體的來源。急診室人員受過的訓練要他們把強暴被害人當成患者看待——而非患者兼犯罪現場。醫院也通常不會準備替換衣物。被害人的衣服被警方當成證物扣留，她們可能得要搭乘警車回家，身上只有醫院的拖鞋跟後開式的病患袍。要鄰居不多想也難。

芝加哥警局裡有不少戈達德的盟友，其中出力最多的當屬路易斯・維圖羅（Louis Vitullo）警長，這位微量證據專家是犯罪實驗室的老大。警局在市中心，但他家在一小時車程外的北方市郊。芝加哥這座城市讓他神經緊繃（他在女兒滿二十歲前絕不讓她自己進城），看看滿實驗室的血跡和刀刃，他的顧慮相當符合邏輯。一九六〇年代時他曾參與理查・史派克（Richard Speck）一案的調查，這個惡名昭彰的傢伙殺害了八名護校學生。兩人共事後，戈達德表示：「犯罪實驗室成了我第二個家，我沒在開玩笑。」維圖羅設計了一個藍白配色的紙盒，給性侵案件中收集到的證物訂定標準，裡頭裝著要用在各個部位的棉花棒和玻片，也準備了貼好標籤的檔案夾，裝入證物後可以直接封上。

得到維圖羅的協助，戈達德有了蒐證工具的藍本，只缺購買零件和組裝的經費。許多基金會慷慨贊助研究型醫院跟交響樂團，若他們選擇資助與女性相關的企劃，資金流向YWCA或是女童軍團的機會比較高，但他們一點也不想與強暴這個題材扯上關係。「那些基金會跟大公司多半是男性掌權。」戈達德說：「荷包掌握在他們手上，絕不輕易放鬆。」最後她找上負責經營花花公子基金會的朋友瑪格瑞特．史坦迪許（Margaret Standish）。這個基金會是修．海夫納（Hugh Hefner）出版王國中的行動派，提供了一萬美金，也同意借用《花花公子》的辦公室作為裝配工廠，給志工（幾乎都是上了年紀的退休人士）幾張折疊桌、免費的咖啡跟三明治，讓他們組裝出第一批革命性的工具組。「女性運動對我多有批評——很遺憾。」戈達德說：「如果是《閣樓》或是《好色客》，我沒話說。但是《花花公子》？拜託，真是夠了。」

一九七八年九月，芝加哥一帶的二十六間醫院開始使用這些蒐證工具組。隔年，兩千七百七十七份工具組送進芝加哥的犯罪實驗室等待檢驗。到了一九七九年的夏天，檢方運用了其中一組鑑識報告起訴一名被控強暴芝加哥交通管理局公車司機的男子。陪審團投票判定被告有罪，之後法官讓戈達德的委員會成員詢問陪審員這項證據是否幫助他們下定決心，九個人表示同意。

同一年，戈達德認識了一名西北大學畢業生蘇珊．艾里翁（Susan Irion），她的本業是公關，自願協助名叫強暴受害者輔導員（Rape Victim Advocates）的新興團體。艾里翁一次值班十二小時，有七間急診室隨時都可能呼叫她前去引導性侵被害人接受醫療檢驗以及警方訊問。戈達德僱用艾里翁擔任被害者援助公民委員會的副主任。在兩年半內，艾里翁四處訓練醫院人員和員警，指導他們如何使用強暴採證工具和處理複雜的心理創傷。她教他們不要被自己的成見侷限。有時候心理創傷跟你的預期差了十萬八千里。

在專業領域方面，艾里翁諮詢了芝加哥的社工教授瓊・康特，之後他轉到華盛頓大學，評估瑪莉的心理狀況。艾里翁也替一九七九年出版的《強暴：危機與復原》（*Rape: Crisis and Recovery*）一書提供資料，這本書由精神科護理師和社會學家合著，他們曾給予波士頓市立醫院的一百四十六名強暴受害者緊急協助。兩位作者發現強暴受害者的情緒反應幅度極大，有人極度憤怒或是焦慮，有人冷靜自持，有人陷入震驚。「我記得自己會在他離開後做一些怪事，比如說咬自己的手臂……證明我還有感覺……證明我真的存在。」一名女性如此陳述。生理反應涵蓋了各種睡眠障礙、揮之不去的痛楚。「我覺得肋骨下面酸痛難耐。」另一名被害人說道。「痛楚一直留在那裡，沒有消失過。我猜他真的傷害了我，雖然X光照不出任何異狀。」有的被害人會做噩夢，夢中情境與強暴過程雷同，她們無法脫離。有人採取自我孤立的作法，很少出門，蹺課或是離職。

到了一九八〇年，伊利諾州有兩百一十五間醫院採用了戈達德跟維圖羅設計的採證工具。這股風潮漸漸吹遍全國，成為標準配備。八〇年代晚期，DNA檢驗技術問世，鑑識科學超越了血型和顯微鏡的限制，採證工具的威力更加強大了。

或許證據確實極有價值，持續三至六小時的採集過程卻是另一波傷害。階梯計畫的督導珍娜到普羅維登斯陪伴瑪莉，在檢查過程中穩定她的情緒。她摸摸瑪莉的背，跟她說這不是她的錯。

醫療人員中有一名受過特別訓練的護理師，她知道要如何操作檢驗工具，也因為她曾是性虐待受害者，能夠對瑪莉的遭遇感同身受。一名受害者輔導員也全程在場，給予心理支持，回答瑪莉的一切疑問。醫療報告中描述瑪莉「清醒、有條理，沒有表現出強烈的負面情緒」。

一名醫師評估瑪莉的狀況，護理師從旁協助。

他們要瑪莉描述性侵的過程。

他們替瑪莉抽血。

他們取了尿液檢體。

他們沾取陰道分泌物，塗在玻片上。

他們檢驗瑪莉是否罹患淋病、肝炎、梅毒，是否感染披衣菌。

他們檢查她是否感染酵母菌。

他們驗了ＨＩＶ病毒。

無論是哪一項檢驗，他們都跟瑪莉說結果晚點才會出來，她得要等一陣子才能知道。

這些檢驗也涵蓋了採證，希望能協助未來的案件調查。

他們收起瑪莉的每一件衣服，之後要交由犯罪實驗室檢查。

他們檢查瑪莉全身上下，尋找受傷處，一一記錄位置。

「雙手手腕受傷。」他們在報告中寫道。他們給她的雙腕拍了照，測量傷口的長寬，使用的量尺單位小至十分之一公釐。最長的一條擦傷是七公分長，泛紅腫起。

檢查陰道傷口時，他們使用甲苯胺藍這種染劑來突顯健康和受傷組織的差異。他們在報告中寫下「小陰唇內側擦傷」。

他們用棉花棒擦拭瑪莉的口腔內側，收集DNA。鑑識科學家將會需要瑪莉的基因資料，確認採證工具取得的樣本中是否有其他人的DNA。

他們用四根棉花棒擦拭陰道。

他們用四根棉花棒擦拭肛門內側。

他們用四根棉花棒擦拭會陰。

這些棉花棒收在乾燥盒裡，跟其他的證據一起鎖進保險箱，等待送交林伍德警局。

他們替瑪莉治療可能透過性行為傳染的疾病，開了一公克日舒錠跟四百毫克的速富康適。

他們開給她緊急避孕藥——要她在醫院時服用一顆，另一顆帶回家，隔十二個小時服用。

他們要她如果有大量出血，或是陰道分泌物異常，或是停經的狀況，務必告知院方。

他們建議她要是出現呼吸急促，或是吞嚥困難，或是起了疹子，或是有輕生念頭，就回急診室一趟。

佩姬開車送瑪莉到醫院，她一直陪伴在旁邊，看著他們給瑪莉的手腕拍照。她握著瑪莉的手。

可是檢驗太過漫長，佩姬不得不提早離開。現在她家寄養了兩個孩子——都是十多歲的女孩——過了三個小時，她回家照顧她們。

檢驗結束後，瑪莉換上她帶來醫院的乾淨衣服。她離開普羅維登斯時已經是下午了。

＊＊＊

在瑪莉通報強暴案的二〇〇八年，性犯罪專家已經研究出一套調查流程，核心概念非常簡單：證據優於假設。二〇〇七年，一個訓練警員的非營利組織——國際終結對女性施暴團體（End Violence Against Women International）——針對強暴案的調查，規劃了簡潔易懂的線上課程。其中一名主導者是退休警長瓊安・艾沙包特（Joanne Archambault），她曾經職掌聖地牙哥警局的性犯罪部門長達十年。

艾沙包特在警界縱橫多年靠的就是挑戰假設。七〇年代晚期，她在聖地牙哥的教育文化中心服務，幫民眾找工作。當時兩名警方的徵募人員跟她說只有男人適合當警察。「我快氣死了。」艾沙包特說。她氣到自己跑去應徵。「我完全沒想過要當警察，只打算讓他們看看我也是有當警察的本事。」當年警察學院招收了一百二十名訓練生，其中只有四名女性。在艾沙包特眼中，訓練課程擺明了就是要刷掉女人。比如說引體向上的單槓對大多數女性而言太粗。經過一年，只有艾沙包特留下來。她在一九八〇年春季獲得聖地牙哥警局錄用，熬過專屬於菜鳥的巡警期，經歷五、六個單位，成為局裡的第一個女性掃黑組警探。

在警界的二十三年成為艾沙包特研究疑慮是如何擴散、毀壞的歷程。調查虐童案件時，她很訝異竟然會有那麼多母親不相信她們的孩子。加入性犯罪部門之後，一九九五年由國際警察首長協會（International Association of Chiefs of Police）公開刊登的文章中某段建議，令她火冒三丈。

> 基本上，正當的強暴受害者的行為與外表不會讓人質疑發生在他們身上的罪行。在那樣的狀況下，被害人會極度激動、情緒痛苦，往往會陷入歇斯底里，身上可能有外傷、創口、瘀血。被害人的衣物通常會被撕破或是扯掉，顯示遭受強力逼迫。如果案發現場在戶外，被害人大多會被壓在地上，外衣沾上塵土污垢。如果缺乏以上徵象，或是僅具備少數徵象，可以合理質疑強暴控訴的有效性。

艾沙包特知道這樣不對——大錯特錯。她知道警察部門不怎麼重視破解性犯罪案件，沒有給予調查人員足夠的訓練或是資源。警方辦案的優先順序反映了社會大眾的關注目標。執法機關之外的民眾不願談論性侵。人們希望警方專心掃黑、調查謀殺案就好。

她協助建構的線上課程特別提醒某些受害者的證詞會前後不一、混亂不堪，甚至撤回控訴。教材內容要求警方不能受到刻板印象限制——比如說認定青春期的受害人比成年人要不可靠。盤問被害人是「極度不合適」的作法。警方更不該使用，或是威脅要使用測謊器材。這樣會摧毀被害人對執法機關的信任，更何況測謊機「根據研究報告，使用在危機狀態下的人身上時，其結果並不可信」。

艾沙包特曾經見證衝動能夠誤導調查行動。在訓練過程中，她播放一段報案錄音，一名女性說她剛才在自家公寓裡遭到強暴，背景音樂大作。報案人說強暴犯把她綁起來，她提高音量壓過音響。艾沙包特班上受訓的員警聽到這段錄音多半會覺得這是謊報。他們不相信對方能在雙手被綁的狀態下打電話。（她其實是用腳趾撥號。）他們也無法理解為什麼音樂這麼大聲。（犯人調高音量，蓋過呼救聲。）然而這通電話不是謊報，報案人真的被強暴了。「研究顯示越是私密的罪行，人們就更會關注受害者的行為，世界上沒有比性侵還要私密的罪行了。」艾沙包特說。

二〇〇五年，國際警察首長協會刊出調查性侵案件的標準方針，刪去了十年前深入文字的過時思想。艾沙包特接受協會委託，撰寫新版的調查方針。其中有一段經典名句：「被害人因為性侵的心理創傷引發的各種反應，全都不該用來測度證詞的可信度。」

＊＊＊

離開醫院後，瑪莉讓韋恩送她到林伍德警局，兩人抵達時已經將近下午三點。馬森警長送瑪莉進偵訊室，房裡只有他們兩人。馬森覺得瑪莉一臉疲憊，她說她昨晚睡不到一個小時，她說她頭好痛。

馬森給瑪莉喝了點水，解釋他為什麼現在需要她的證詞：盡早取得最詳細的陳述是很重要的。現在瑪莉提供的情報或許蘊藏著更多證據，引導警方逮捕犯人，保護社會大眾。

他要瑪莉回想前一天，鉅細靡遺地描述在她的公寓裡發生的一切。

這是瑪莉第四次敘述性侵過程。她向邁爾斯說過一次。還在公寓裡時，她對馬森跟里特岡說過一次。她在醫院裡跟護理師說過一次。現在她又要重頭再說一次。

瑪莉說她幾乎一整晚都在跟她的朋友喬丹講電話。她說她六點四十五分還是七點醒過來，看到有個男人站在她臥室門口，手裡拿著刀。她描述男子的外貌。稍早她對邁爾斯說男子有著藍眼珠，穿灰色運動衫。現在她對麥森說男子的眼睛可能是藍色的，他穿著連帽上衣，忘記是灰色還是白色。

瑪莉說男子看起來不到三十歲。

他的身高在五呎六吋到五呎九吋之間。

他體格單薄。

瑪莉回想她的雙手被綁在背後，她描述男子拉起她的上衣拍照。她描述男子強暴了她大概五分鐘。

瑪莉一一敘述她在強暴犯離開公寓後做的每一件事。

她衝到前門，上鎖。

她衝到玻璃滑門旁，上鎖。

她進廚房，拿了把刀，試著割斷綁住雙手的鞋帶。

這招行不通，她回房間，用腳從櫃子底層的抽屜抽出一把剪刀，終於解開束縛。

她拿手機打給喬丹，可是他沒接。

她打給佩姬，對方答應要過來。

她打給樓上的鄰居，對方下樓來幫忙。

瑪莉邊說，馬森邊抄筆記。他沒有錄音。

等她說完，他送上一份文件，內容是授權給醫院將醫療紀錄交給警方。她簽名同意。

馬森還遞來另一張紙，那是「事件陳述表」，上頭有空白的二十多行篇幅，他要瑪莉寫下發生的一切。這份表格——最下方印著警語，向警方提供造假或是造成誤導的陳述等同犯罪——是瑪莉第五次描述強暴過程。

瑪莉說她累壞了，腦袋陣陣抽痛。他要她休息一下——然後填好表格，打電話給他。

離開警局前，瑪莉遇到喬許．凱西，也就是今天早上在她家公寓採集證據的犯罪現場技術員。距離瑪莉剪斷鞋帶脫困，至少已經過了七個小時。凱西給瑪莉的手腕和雙手拍了十多張照片。一個多禮拜後，他寫報告時想到她手腕上的痕跡，補上一句：「雖然有一些泛紅的痕跡，不過看起來沒有擦傷或是瘀血。」

韋恩載瑪莉離開警局。

就在這一天，瑪莉先回公寓，參加階梯計畫參與者的聚會。瑪莉告訴其他人發生了什麼事，要大家多加留意。她要大家鎖好門。她只說了幾分鐘就崩潰大哭。

當晚，瑪莉在朋友家過夜。

＊＊＊

報案後至少過了二十四小時，調查行動正常展開。警方沒在任何報告中提及他們認為瑪莉可能在說謊。瑪莉也不覺得有誰這麼想。她覺得自己獲得支持——警方、醫院人員、朋友、寄養家庭、階梯計畫的管理者。

八月十二日星期二，瑪莉報案的隔天，馬森警長傳真給進行性侵檢查的醫院，要求院方回傳瑪莉的醫療報告。這是標準程序。

但就在這一天，馬森接到一通神祕兮兮的來電（多虧他稍後在報告中含糊的摘要）。他沒有寫出來電者的身分，雖然他知道是誰。他以簡單的三句話概括了全案最關鍵的一刻：

「希望匿名的人士來電。對方表示瑪莉曾有試圖獲得關注的行為，質疑『強暴』是否真有其事。」

馬森跟來電者約好當面詳談。

第七章　好姊妹

二〇一一年一月六日
科羅拉多州，威斯敏斯特

艾德娜・韓德蕭警探坐進威斯敏斯特警局的辦公隔間裡，手上端著的星巴克還是老樣子：特大杯低脂顛倒焦糖瑪琪朵。上午九點零七分，一封電子郵件送達，收件人是丹佛地區所有的警官。標題相當引人注目：「類似的性侵案？」

內文描述昨晚發生在戈爾登的強暴案。犯人將被害者的雙手綁住，事後命令她沖澡，威脅要把她的照片貼到網路上。說明案情之後，附上針對特定人士的請求：「可以請韓德蕭警探跟我討論這個案子嗎？」寄件者是戈爾登警局的史黛西・蓋博瑞斯警探。

韓德蕭不認識蓋博瑞斯，但她心中浮現不祥的預感，隱約猜到這封信的目的。莎拉的強暴案是五個月前的事情，朵莉絲是在十五個月前遭到襲擊。她打給在奧羅拉的聯絡人貝吉斯，把消息傳給他。

看來最糟的狀況還是發生了。那個強暴犯再次出手。

警方多半會對自己手邊的案情保密到家，生怕走漏風聲會打草驚蛇，影響他們的調查工作。但是韓德蕭馬上就判定有必要跟蓋博瑞斯還有貝吉斯合作。「不是說團結力量大嗎？」她想。蓋博瑞斯也有同感。她待的警局不大，四十多名警官要守護兩萬居民的城鎮。跨區合作是很合理的作法。「我毫不遲疑。」蓋博瑞斯說：「看看我們要如何逮住那傢伙。」

我們需要援軍，蓋博瑞斯對韓德蕭說。把科羅拉多州調查局扯進來吧。來通知聯邦調查局。「這個案子影響的範圍超出小小的戈爾登，超出整個傑佛遜郡。」她說。韓德蕭比較謹慎，她的上司希望能慢慢進行。來我局裡見個面吧，她對蓋博瑞斯說。我跟妳還有貝吉斯，我們把手邊的資料攤開來討論。「現在什麼都無法確定，需要調查的事情多著呢。」

兩、三天後，三名警探圍著威斯敏斯特警局會議室的桌子，手中各有一個資料夾。每個資料夾裡的案子都極度相似。

受害者對犯人的描述相互重疊。她們目測他的身高介於五呎十吋到六呎二吋之間，體重大約一百八十磅。安珀看得最清楚。他有淺褐色雙眼，頭髮接近金色。

犯人在施暴過程中似乎很放鬆，幾乎像是服用過贊安諾。他會與被害人說話，感覺受過教育，腦袋不差。他相當內斂。他知道她們的私人情報——只有親近的朋友或是另一半才會知道的事情。說來很不可思議，這些女性都說他有時頗具紳士風範。

那傢伙是機械性地犯案，每一次襲擊都重複同樣的流程，極有效率。他戴著黑色面罩，只露出眼睛。他會綁住被害女性，不過沒有綁得很緊。他的強暴持續幾個小時，切分成好幾個回合。最後，他逼迫每一名被害人淋浴。

韓德蕭跟貝吉斯描述犯人要求莎拉跟朵莉絲擺姿勢讓他拍照，還有他是如何在強暴過程中拍下大量照片。兩名女性都記得他手中那台笨重的黑色相機跟啪嚓啪嚓的快門聲。

等等，這裡不太一樣，蓋博瑞斯提出她的發現。犯人也拍了安珀的照片，但他用的是一台粉紅色數位相機。

韓德蕭馬上想起她跟莎拉討論到的遺失的第二台相機。粉紅色的索尼。被強暴犯偷走。這項失物與安珀案子裡的敘述吻合。韓德蕭難以抗拒顯而易見的結論：是同一個人犯下所有的案子。

三人繼續抽絲剝繭。這些女性是否有相似處呢？是不是有什麼特徵能幫助警方逮到犯人？她們都習慣在科羅拉多州東部跟懷俄明州的連鎖企業金蘇柏超市購物，都與當地大學有些關係。奧羅拉的受害者朵莉絲是男生宿舍的舍監。威斯敏斯特的受害者莎拉搬家前住在社區大學附近的公寓。安珀則是研究生。

相似處僅止於此。朵莉絲六十五歲，家在住宅區裡。莎拉五十九歲，最近才搬進新家。兩人都是年長的白人女性，獨自居住。不過安珀二十幾歲，是有色人種，她有室友也有男友。

這些差異性——年齡、種族、外貌——全都與有固定模式的強暴案相互牴觸。針對受害者屬性的研究（警方稱為「受害者學」）指出連續強暴犯傾向於襲擊類似的目標。年紀可大可小，職業各式各樣，膚色有黑有白，但是同一個犯人的喜好通常會有統一的方向。

然而他們手邊的案件被害人差異不小，三名警探判定不能排除有多名強暴犯四處橫行的可能性。雷同的犯行過程可能只是巧合。還有更多令人不安的情境：說不定是一群男性合作犯案，試圖干擾警方調查；說不定是某種色情照片群組的犯行；說不定丹佛市郊正遭受一組經驗豐富、四處移動的強暴犯染指。

他們還注意到另一個趨勢：二〇〇九年十月在奧羅拉的第一個案子跟二〇一〇年八月在威斯敏斯特的第二次犯案之間相距十個月。過了五個月，戈爾登的案子在二〇一一年一月發生。犯下前兩起案件時，強暴犯以槍枝威脅受害者，但他沒有真的亮出武器。到了戈爾登，他確實出示了一把槍，直接指著安珀，威脅要開槍。

犯人的犯案頻率和暴力程度都越來越高。在警探們看來，這代表他越來越有信心，也代表他的手法越來越高明。警方把這種現象稱為「得寸進尺」。罪犯靠著固定的流程獲得自信後，他往往會跨越原本的界線，尋找更多機會。

散會後，一個疑問壓在貝吉斯心上。

「我們要如何在他繼續犯案前阻止他？」

＊＊＊

蓋博瑞斯掌握了有力的線索。安珀公寓對面的店家裝設了監視攝影機，鏡頭就對著公寓出入口。店主把檔案交給警方分析，這個任務落到她在戈爾登警局的搭檔麥特・科爾警探頭上。

科爾曾經到過強暴案現場，他盯著低畫質的影片看了整整一天，反覆播放又倒帶。他看到有個騎腳踏車、背著深色背包的男子。他是不是盯著安珀的公寓看？那輛銀色雪佛蘭Celebrity為什麼要更換停車格？

他記錄到一月四號晚間到一月五號清晨間，總共有兩百六十一輛車子經過公寓前。其中一輛白色小貨車在日出前晃過螢幕十次，緩緩駛過積雪的停車場。

科爾標出車輛登場的時間。

00:37:44
01:16:25
02:30:03
05:03:00
05:05:26
05:14:02
05:16:30
05:17:14

05:19:19

05:19:59

這輛小貨車會不會是犯人的交通工具？科爾跟蓋博瑞斯倒帶好幾次，努力辨識那輛車。車尾上的「馬自達」清晰可見。副駕駛座的照後鏡似乎破了。車款感覺有點舊。可惜車牌完全看不清楚。他們把影片送給專精影像處理的分析人員，對方把影片分解成一千兩百個影格——這項技術稱為平均化。沒用。影片太模糊了。

影片也有時間上的問題。畫面上標示小貨車是在清晨五點二十分最後一次出現，可是案發時間是兩個小時後的七點三十分左右，小貨車沒有再次登場。說不定是哪個熬夜的學生，出門買咖啡或是宵夜什麼的。蓋博瑞斯放棄了，把小貨車趕出腦海。以目前的狀況來說，這條路行不通。

戈爾登警局發布新聞稿，附上簡略的案發經過。犯人是白人男性，六呎二吋高，淺褐色眼睛，除此之外沒有更多外表特徵了。「嫌犯戴著面罩，因此無法取得有效的容貌素描。」蓋博瑞斯確認新聞稿中提到安珀特別留意到的細節：「嫌犯的小腿外側有獨特的印記或是刺青，尺寸跟形狀類似雞蛋。」這是大膽的嘗試，安珀的記憶絕對不能出錯。

幾天後，丹佛附近的一名大學生撥打了警方熱線，錄音中的聲音有些顫抖。他說他覺得有義務要向警方通報。他的一個同學身上就有類似的痕跡，那人名叫法蘭克・塔克（假名）。

透過通報者的協助，蓋博瑞斯找到塔克的臉書頁面，有張照片拍到他的腿，影像很暗，上頭是不是有塊胎記？蓋博瑞斯聯絡安珀來警局一趟，讓她看看那張截圖。她無法確定，對蓋博瑞斯說她印象中犯人腳上的色塊好像要再低一點，不過形狀跟大小都一樣。

蓋博瑞斯調查了塔克的前科：四年前，該所大學的駐警接獲一名女學生的通報，她在派對上喝醉，黏在塔克身上。兩人醉意朦朧地聊了一陣，塔克命令她跟他發生關係，要是她不聽話，他就要跟大家說她有多隨便。女學生逼不得已點了頭，但性行為開始後，她改變心意，塔克沒有理會。她向校園駐警通報強暴，不過最後拒絕提告。

蓋博瑞斯很慶幸那名女學生願意報案遭到性侵，許多女性對此是退避三舍。根據全國性的調查，只有五分之一的女性會在遇上強暴後報警，這項罪行的污名仍舊是阻擋受害者的高牆。女性生怕朋友或家人察覺她們的遭遇，或者是怕旁人不把她們的控訴當一回事，又或者是她們不認為性侵有罪大惡極到需要執法機關介入。另一個原因是她們不想讓警察抓住身為她們的男友、丈夫、孩子父親的男人。

對蓋博瑞斯而言，女學生的通報足以將塔克列為嫌犯，她發傳票向電信公司索取他的手機通聯紀錄，還提出要求，想在塔克車上裝設ＧＰＳ追蹤器。她的訴求很簡單：必須要掌握塔克車子的行蹤，「這樣才能鎖定未來的受害者。」她對法官這麼說。

＊＊＊

韓德蕭猜想她可以利用安珀的案子，重新調查過去令警方失望的某條線索。

電視劇往往把DNA塑造成解開一切謎題的關鍵。調查人員在凶器上找到一點血跡，或是菸屁股上的唾液，將檢體送進實驗室。實驗室拿檢體跟嫌犯的DNA比對，鏘鏘，恭喜中獎，扣除廣告時間，不用一個小時就能破案。

現實絕非如此。聯邦調查局手邊有全國最大的懸案資料庫，也就是DNA綜合索引系統（簡稱CODIS）。這個資料庫收集了一千五百多萬人的基因資料，其中大多是宣判有罪的犯人。資料中的DNA檢體是在司法程序的某個時間點，在經過控管的環境下採集——比如說犯人入獄時，會採集他的口腔內側組織，接著分析人員把檢體分解成片段，匯入該名犯人的檔案，構成條紋狀的圖形，看起來類似X光底片上的條碼。這份檢體必須涵蓋十三個不相連的基因座的基因訊息，否則聯邦調查局是不會輕易收下的。

資料庫能在警探從犯罪現場收集到某種體液（血液、精液、唾液）時大顯神威。進入分析程序的犯罪現場體液檢體可以跟其他數百萬個樣本比對。不過呢，除非那份檢體集滿了那十三個基因座的訊息，聯邦調查局不會開放比對（僅有少數例外）。假如這份檢體品質不夠好，或是分量不足，只分析出五個或是十個基因座，聯邦調查局便會退件。設下如此高的標準，比對錯誤的機率大約是十億分之一。

韓德蕭認為犯人一定了解這套程序的規則。警方將此種狀況稱為「ＤＮＡ警覺」。他努力抹除自己的存在感，目前為止還沒有出過錯。

第一個希望落空的人是貝吉斯。奧羅拉的強暴案發生後，隔了兩三天，一名犯罪現場調查員蘭迪．涅利（Randy Neri）陪朵莉絲在屋裡走了一圈。每進到一個房間，涅利就會問：「妳當時看到什麼？妳有沒有看到他往哪裡走？有沒有看到他摸了什麼東西？」來到她的臥室時，朵莉絲看到床邊木頭梳妝台上的電視機，頂端放了三個泰迪熊布偶，兩個白色，一個黃色。看到泰迪熊，朵莉絲停下腳步，對涅利說：黃色那隻，犯人把它撞到地上，然後彎腰撿起。

涅利在布偶上採集ＤＮＡ，將檢體裝進證物袋，送去科羅拉多州調查局的犯罪實驗室。調查局的總部是一間低矮的磚造建築，周圍種滿松樹，隔著車水馬龍的十字路口，對街有間 Hooters 餐廳。跟聯邦調查局一樣，此處專門利用科技的力量破解最棘手的案子。總部的兩百五十名人員加上散布州內各處的辦公室，局內的實驗室替當地的警局和警長辦公室服務，分析指紋和ＤＮＡ、進行毒物檢驗、追蹤槍枝買賣。科羅拉多州犯罪實驗室經手過最聳動的案件是瓊貝妮特．藍西（JonBenét Ramsey）的命案。一九九六年，這名六歲的選美小皇后在波德的自家遭到謀殺。為了該起案件，局內的分析團隊收到兩千五百零九件檢體，在三千一百一十六小時內執行了兩萬五千五百二十次檢驗，可惜最後還是無法破案，不過科羅拉多州警方仍舊把最大、最終的破案希望寄託在調查局上頭。

二〇〇九年十二月七日，距離朵莉絲的強暴案已經兩個月了，科羅拉多州調查局的分析員莎拉．路易斯透過電話告知貝吉斯喜憂參半的消息。強暴犯確實極度謹慎，但還不到滴水不漏的程度。從朵莉絲的泰迪熊布偶上採集到細微的蹤跡——不到七八個表皮細胞，大概是他徒手抓起泰迪熊時從指尖剝落的。觸碰時沾染的ＤＮＡ，這種超級渺小的檢體分析技術是近年革命性的突破，以傳統的ＤＮＡ檢驗法根本做不到，警方得以從微量的基因找出線索。不過這項新技術有個缺點：幾個細胞上攜帶的基因訊息量不符合聯邦調查局的比對標準。

路易斯只得動用更受限的ＤＮＡ測試：Y-STR分析。這項檢驗要在男性ＤＮＡ的Ｙ染色體上尋找名為短片段重複序列的模式，並不適用於女性嫌犯的檢體。即使嫌犯是男性，這種分析法也只能找出有限的情報，比如說確定嫌犯是否是某個特定家族的成員，但還不足以當成基因指紋。路易斯將檢驗報告傳給貝吉斯：泰迪熊上的ＤＮＡ「沒有決定性的結果。基因資料不足以輸入CODIS資料庫」。

得知莎拉看到強暴犯拿起她的廚房計時器，威斯敏斯特警局的韓德蕭大為振奮，這是警方少數能確定犯人碰過的物品。莎拉沒有記錯，科羅拉多州調查局的分析員岡區．羅斯（Gentry Roth）在計時器上找到些許殘留基因，不過正如朵莉絲家的泰迪熊，他只能取得足以進行Y-STR分析的細胞。「ＤＮＡ的分量不足以進行完整的ＤＮＡ比對。」韓德蕭寫道。

在戈爾登，蓋博瑞斯曾經在警車前座拿棉花棒從安珀臉上取得幾個強暴犯的細胞，然而跟朵莉絲的泰迪熊還有莎拉的廚房計時器一樣，那些細胞的基因資料無法構成完整的檔案。

科羅拉多州調查局的技術人員也只能進行Y-STR分析。DNA的魔法辜負了韓德蕭、蓋博瑞斯、貝吉斯。他們沒辦法從聯邦調查局的資料庫榨出半點情報。

某位科羅拉多州調查局的技術人員向韓德蕭獻上妙計。或許無法透過這三份檢體揪出特定嫌犯，但它們並非毫無用途。實驗室可以比對Y-STR的分析結果，要是不一樣，警方就能知道他們要找的是不同的嫌犯。假如結果吻合，三名警探便知道有個男人——或者至少是有血緣關係的幾個男人——正在市郊地區蠢動。

至少他們能知道要追查的對象是一家人，而不是一群陌生人。

韓德蕭同意了這項提案。

＊＊＊

三名警探對彼此不太熟悉，不過韓德蕭跟蓋博瑞斯的背景有些交集。她們等同於隸屬兄弟會內部的同一個姊妹會：她們都是女性警官。

蓋博瑞斯在巡警時期，曾經受到一名女性警探啟發。某天早上戈爾登警局局長集合手下警官，通知今天將要在某間當地速食店進行緝毒行動。由丹佛區域各處警局的精英分子組成的緝毒部隊——西區緝毒部隊——準備衝進店裡將黑幫成員一網打盡。蓋博瑞斯的視線離不開某位前來參加簡報的部隊警官，她散發出沉靜而專注的氣息。蓋博瑞斯一直猶豫要不要申請加入緝毒部隊，就在那一刻，她下定了決心。「她是個女的。」蓋博瑞斯心想：「既然她做得到，那我也做得到。」那位警探就是艾德娜・韓德蕭。

一百多年來，美國的女性警官一直都是踏著前輩的成就前進。女性曾經只能在警局裡負責協助平民，多半是協助跟小孩或是女性有關的案子。愛麗絲・史特賓斯・威爾斯（Alice Stebbins Wells）改變了這個景況。一九一〇年九月十二日，她成為洛杉磯警局的警官——當時的稱呼是「女警官」。她的警徽上印著「女警」，底下是她的編號：一號。她加入了局裡所謂的「掃雷部隊」，到電子遊樂場、舞廳、溜冰場等各種龍蛇雜處的罪犯巢穴巡邏。威爾斯組織了國際女性員警協會（International Association of Women Police），協會網站的創辦人介紹中有這麼一段：「她努力建立女性在警局裡，特別有能力保護並防範年幼者和女性罪犯的形象。」威爾斯獲得錄用後過了兩年，又有兩名女性加入洛杉磯警局。

威爾斯主張女性能將不同的特質融入執法工作，並不是所有的男性同僚都贊同這個論調。但是經過一段時間，研究調查顯示女性警官對於警局和服務的區域都有長足的幫助。跟男性警官相比，女性通常不會使用過度的暴力來達成任務，也比較少捲入濫用警力的訴訟案件。民眾往往認為女性警官更有同理心，溝通能力更好，而且她們更有辦法達成社區警政（強調與民眾合作互動的執法方式）的目標。

女性警官對於女性遭到施暴的案件處理態度也更積極。比如說在一九八五年的研究指出女性警官面對家暴受害者時，能展現出更多的耐性與理解。一九九八年有研究單位在全國挑出一百四十七間警局作為代表，發現女性警官逮捕的家暴施暴者比男性警官多。再來是二〇〇六年調查了美國都會區最大的六十間警局，結果顯示女性警官的人數每增加百分之一，轄區內通報的強暴案就會增加百分之一。

這些研究絲毫沒有貶低每年追查逮捕數千名強暴犯的優秀男性警官，也沒有暗示女性警官遇上針對性別的暴力，表現會比男性同僚好。某些女性受害者比較想跟女性談話，因為她們覺得同性之間比較有共鳴；還是有一些受害者表示在男性警官面前，她們比較有安全感，能夠冷靜下來。提供警察訓練的國際終結對女性施暴團體也主張與被害人談話最重要的一環，在於調查人員是否真心投入。他們強調：「毋庸置疑，比起性別，警官的能力與熱情才是決定他們與性侵被害者談話效率的要素。」

性別多樣性的好處不少，然而女性警官仍舊要面對不少難關。某些男性警官——從巡警到局長——還是對僱用女性有所抗拒，認為她們不夠強壯堅韌，難以勝任警察職務。根據研究，百分之六十三到六十八的女性警官回報她們曾在職場遭受性騷擾或歧視。女性警官最不滿的是來自同僚的敵視、缺少升遷機會、對應懷孕和其他家庭狀況的措施不足。

即便是特別提昇局內女性警官人數的警局也有些窒礙難行之處。大部分的女性對於這種充滿槍枝暴力的行業（至少在流行文化框架下是如此）興趣不高——因此美國沒有一間警局的男女人員比例接近平衡。國稅局的刑案調查分部內女性執法人員的比例最高，但也只有百分之三十二。許多大城市的警局（像是費城跟洛杉磯）中，女性警官的比例大約在四分之一。整體而言，美國目前有十萬名女性警官，只占了總數的百分之十一。警界還是瀰漫著女性止步、陽剛、階級分明、軍事化的氣氛。女性警官少之又少。

＊＊＊

透過追查強暴犯的任務，蓋博瑞斯跟韓德蕭很快就產生了牢不可分的羈絆。兩人都是外向的性子，滿口笑話、滿臉笑容。蓋博瑞斯稍微年輕一些，精力充沛。韓德蕭的豐富經驗與蓋博瑞斯的衝勁形成互補。

她們在充滿睪酮素的警界可說是如魚得水，戈爾登跟威斯敏斯特的轄區內的男性警官占了九成，不過她們從未感受到自己不受歡迎、遭到排擠。她們家裡都有兄弟，親近的女性朋友不多，跟男性比較處得來，對於自己堅毅的個性引以為傲。「我無法忍受大驚小怪的表現，我覺得那樣很噁。情緒化也是。」蓋博瑞斯說。

兩人在警界橫衝直撞的經驗相當雷同。踹開那扇門，證明自己的能力，獲得兄弟們的接納——每一個警察都是這樣走過來的。性別不是什麼大事。「剛踏進警局時，妳會覺得什麼事情都是衝著妳來。」韓德蕭說。「不過只要在巡警時期稍微立下一點功勞，那些鳥事就消失了。事情就是這樣。」

她們很享受警局、急診室、公關新聞室裡的黑色笑話。她們分享犯罪現場和車禍意外的細節。她們一起罵髒話。她們交換一堆噁心的經歷：在口罩裡塞芳香烘衣紙，抵擋腐爛屍體的臭味；在臥底緝毒任務中看著某個傢伙打手槍。

「他跑來應門，身上只有一條黑色內褲跟電子腳鐐，沒有上衣。」韓德蕭對蓋博瑞斯說。

「真是性感。」

「真的性感到爆。最好有人忍得住。」

有時候她們會暢聊如何開黃腔逗弄年輕男性同僚，把女性的肉體機能或是性器官發揮到淋漓盡致。

「說真的，看他們能忍多久實在是太好玩了。」韓德蕭說。

「然後他們會去找人事抱怨。」蓋博瑞斯說。

「連滾帶爬喔。」

兩人笑翻了。

有時候她們的上司會擔心男性同僚會不會出言冒犯。某次蓋博瑞斯的上司把她拉到一旁，他覺得同事間的對話內容越線了。他問蓋博瑞斯是否會感到不舒服。「我就說：『天啊，那是我開的頭啊。』」

她們自然也有身為女性警官的問題。蓋博瑞斯得要把頭髮綁成髮髻，不然會沾上泥巴或是血跡。韓德蕭永遠找不到藏槍的好位置。她們都不覺得穿防彈背心有多好看。「一點都不光鮮亮麗。我沒辦法穿可愛的鞋子。這份工作的一切都不符合社會大眾對於女性的外表、行為、思維的期待。」韓德蕭說。

這兩位女性警官還有另一個共通處。警界其實很小，每個警察都彼此認識，婚姻與友誼在家庭中混雜。韓德蕭的第二任丈夫麥克，還有蓋博瑞斯的第二任丈夫大衛，這兩人曾在戈爾登警局共事。目前大衛轉調到威斯敏斯特警局，成為韓德蕭的同僚。

＊＊＊

二〇一一年一月十八日，三人再次碰頭。現在這些案子的重要性大增，從與會人數就能看出來。聯邦調查局、科羅拉多州調查局、傑佛遜郡檢察官辦公室，各個單位都派出專員，來到位於古蹟保護區的戈爾登消防隊二樓。

其中一張新面孔是聯邦調查局資深探員強尼・古魯辛（Jonny Grusing），他在丹佛分部服務，身材高瘦結實，笑點很冷，是個完美無缺的政府人士。他已經派駐丹佛十五年，對時常轉調的聯邦調查局探員來說不太尋常。入局以來，古魯辛專門追查銀行搶案，現在他調到九一一事件後成立的街道安全組，將聯邦調查局的技術導入地方警局。他與在場大部分的人員共事過，大家都知道他不會強制插手，接管地方的案子。「一踏進某間警局或是某個轄區，他們就大叫『喔，不，是ＦＢＩ！』這種狀況我還沒遇過。」古魯辛說。

他帶來了或許能幫上忙的強力工具：收納數千種罪行的聯邦調查局資料庫 ViCAP（暴力

犯罪逮捕計畫）。這個資料庫專門用來追捕連續殺人犯和強暴犯，運作原則是連續犯案者——專家稱為連續犯行者——各自擁有專屬的行為模式，幾乎跟指紋或是DNA序列一樣獨一無二。在某個轄區使用愛刀犯案的連續強暴犯，到了別的轄區或許也會用同一把刀。只要地方調查人員懷疑連續犯案者正在活動，他們就會盡量將犯行的細節上傳到ViCAP資料庫，接著聯邦調查局分析員徹底搜索懸案的資料，希望能找到相符的案件。要是運氣夠好，這個系統能夠聯繫兩邊的調查人員，幫助他們分享案情細節，聯手逮到同一個犯人。

奧羅拉的犯罪資料分析員唐恩．托洛克森（Dawn Tollakson）已經將科羅拉多州的三起強暴案輸入資料庫。聯邦調查局總部匡堤科的分析員也拿他的報告跟ViCAP資料庫裡的數千筆資料比對。現在古魯辛帶來搜尋結果：分析員找到一筆相符的資料。科羅拉多州的強暴犯似乎與將近十年來，將魔爪伸向堪薩斯大學學生的強暴犯有許多共同之處。他在二〇〇〇年到二〇〇八年間強暴或是襲擊了十三名年輕女性。

受害女性描述犯人是白人男性，大約二十六到三十五歲，身高介於五呎九吋和六呎之間。他總是在清晨犯案，攻擊還在床上的女性，跨坐在她們身上，用繩索綁住她們的雙手。他穿得一身黑，戴著黑色面罩跟手套。他揮舞手槍威脅受害者。

犯案時，他的命令簡短而直接，語氣冷靜。他會強制進行口交、肛交、陰道性交。他隨身攜帶的袋子裡裝著潤滑液跟錄下強暴過程的小型攝影機。事後，他會命令被害人沖澡，洗掉身上所有的證據。他要她們等二十分鐘才准離開浴室。

他在二〇〇〇年十月一日首度犯案。被害人醒過來，發現他站在她房間裡，她想按下警鈴，但他拿槍抵著她的頭，叫她別動。犯人顯然受到驚嚇，沒有強暴該名女性就離開。臨走前，他警告道：「行行好，下次鎖好妳家的門。」

二〇〇四年七月十四日，他強暴了一名女性，她被站在她床腳的犯人嚇醒。「我有槍，不准說話，不然我就殺了妳。」他帶來的黑色提包裡裝了潤滑凝膠。性侵得逞後，他命令她進浴室，逼她刷牙。

最後一名受害者是在她的室友趁著感恩節假期外出期間遭到強暴，他的行為比之前幾次都還要暴力。犯人打了女性的臉頰，往她嘴裡塞了襪子，不讓她尖叫。他反覆強暴她好幾次。被害人無法描述男子的外表，她怕到不敢睜開眼睛。

在二〇〇八年十二月這最後一起攻擊之後，男子消失無蹤。古魯辛提出疑問：事隔十個月，那傢伙是不是跑到科羅拉多州奧羅拉重振旗鼓？

古魯辛相信是如此。

「經過之前的暖身，他的犯案手法又更上一層樓了。就像是打籃球或是棒球，可以看出誰曾經進過校隊。」古魯辛說。

「我們認為他就是我們的目標。」

＊＊＊

這群警探把運氣押在ViCAP這個聯邦調查局中每每遭到遺忘的系統上。

皮爾斯・布魯克斯（Pierce Brooks）這位傳奇警探正是ViCAP之父。他下顎方正、高額頭、眼神極度認真。在洛杉磯警局的二十年間，他把十個人送入死刑名單。他也曾擔任《警網》（*Dragnet*）電影中，飾演喬・佛萊帝（Joe Friday）警長的傑克・韋伯（Jack Webb）的技術顧問。令他聲名大噪的是將一對殺警凶手緝捕歸案，這場精彩的追捕記錄在約瑟夫・翁保（Joseph Wambaugh）於一九七三年出版的非小說暢銷書《洋蔥田》（*The Onion Field*）之中。「布魯克斯的想像力值得敬佩，但他一絲不苟的辦案態度更是經典。」翁保如此寫道。

五〇年代晚期，布魯克斯忙著調查兩起謀殺案，兩名被害人都是女模特兒，她們遭到姦殺，屍體以技術高超的綁縛技術捆綁。布魯克斯直覺認定該名凶手還會犯下其他案件。接下來的一整年，他在當地圖書館翻遍外地報紙，直到他讀到一篇報導，裡頭提到一名男子試圖用繩索綁架女性，遭到逮捕。他把這些案子拼湊在一起。該名凶手哈維・葛雷特曼（Harvey Glatman）被判處死刑，並在隔年伏法。

這段經驗讓布魯克斯相信連續殺人犯通常擁有某種「特徵」——足以辨識的獨特行為模式。布魯克斯是很早就接受仰賴資料辦案的警官，他察覺電腦資料庫可以裝載全國各地懸案的細節，從中尋找雷同的行為。

他花了好幾年宣傳這套系統，引起國會的關注。在一九八三年七月，布魯克斯當著參議院司法委員會成員，提起坦承橫跨七州殺害三十名女性的連續殺人犯泰德・邦迪（Ted

Bundy），他說ViCAP系統或許可以阻止許多人遇害，「只要採用ViCAP，我們可以終結長久以來的問題，聯繫相隔千百哩的調查人員，不讓關鍵情報漏網、遭到忽視、延誤。」布魯克斯對立法委員如此報告。聽證會結束後，布魯克斯收到委員會來信表示他們將提撥一百萬美金投入這項提案。

承辦單位運用這筆錢採購了當時號稱「電腦中的凱迪拉克」的AVAX 11/985（又稱「超級巨星」）。記憶體有五百一十二ＫＢ。這套革命性的電腦系統幾乎塞滿了維吉尼亞州匡堤科聯邦調查局學院防空洞的一個房間。位於學院餐廳地下二樓的電腦室也是另一套嶄新計畫的誕生地：行為分析小組（The Behavioral Analysis Unit，簡稱ＢＡＵ）。未來，透過湯瑪士·哈里斯（Thomas Harris）的小說《沉默的羔羊》（*The Silence of the Lambs*），側寫員這個職位將會獲得大眾關注，不過在當時其他聯邦調查局探員眼中，這個非正式單位跟ViCAP電腦系統都是邪魔歪道。他們認為這群心理學家、警察、行政人員是「聯邦調查局的次級品」，或是「怪咖居留地」。充滿霉味的地下室裡只有辦公桌、書架、檔案櫃。「我們埋得比死人還深十倍。」一名探員回想道。

聯邦調查局探員亞特·麥斯特改良了ViCAP系統，增加追查連續強暴犯的功能。麥斯特曾是康乃狄克州的巡警，一頭黑色卷髮，戴著眼鏡。他認為這項升級非常有意義，研究顯示強暴犯中的連續犯行者比殺人犯還多，也發現大約有四分之一到三分之二的強暴犯曾犯下多起性侵案；只有百分之一的殺人犯是連續殺手。

等到科羅拉多州的強暴案發生時，ViCAP已經累積了大量稀奇古怪的暴力案件——足以勾起學者的興趣，想使用資料庫撰寫食人行為的學術論文（麥斯特回絕了這項申請）。然而這項計畫就像是沒人疼愛的小孩，辦公室從學院地下室遷移到維吉尼亞州鄉間，某條雙線道公路旁的迷你購物賣場內，長期缺乏資金。資料庫本身也不太好用——警探得要填寫九十五項不同的情報才能輸入某個案件。計畫惹來不少非議：警方唾棄它只會提出一堆毫無幫助的建議。更嚴重的問題在於ViCAP被聯邦調查局的ＤＮＡ比對系統CODIS壓著打，關聯行為的分析永遠比不上鐵錚錚的基因證據，CODIS的成功紀錄不容爭辯。幾年下來，它已經完成三十四萬六千件案子的比對。九〇年代的回顧發現ViCAP在十二年間只有找出三十三起案件間的聯繫。

因此ViCAP極少登場，美國約有一萬八千間警局，其中只有一千四百間左右曾經將情報輸入資料庫，裡頭登錄的強暴案跟謀殺案還不到每年案件的百分之一。資料庫帶來難以實現的悲慘承諾。只有一半的強暴案能採集到ＤＮＡ，至於另外一半的案子裡，某些連續強暴犯戴著特定的面罩，或是說話帶著某種口音，或是習慣打某種繩結，想要逮到他們，ViCAP是最優秀，也是唯一全國性的工具。「需求相當迫切。」國際執法情報分析專員協會前任會長李奇．馬丁尼斯表示：「然而ViCAP無法達成這個目標。」

＊＊＊

韓德蕭不擅長電腦，但她知道這份資料就跟DNA序列一樣能幫他們逮到犯人。蓋博瑞斯跟古魯辛負責追蹤堪薩斯州的蛛絲馬跡，她找上近在眼前的辦案資源：自家警局裡的犯罪資料分析員，蘿拉．卡羅爾（Laura Carroll）。

卡羅爾跟犯罪現場技術員艾利斯都是韓德蕭在局裡的好夥伴。她算是誤打誤撞踏入這一行，原本為了當老師而上大學，最後卻拿到犯罪學的學位，單純只是因為加入執法機關好像，嗯，更有意思。「抓到壞人，為執行正義出一份心力。」她如此解釋。她不是拿槍在街頭狂奔的料，感覺太危險了。因此她從事務工作開始，到鄰近的阿瓦達整理警方紀錄，接著跳到威斯敏斯特法院當書記員。工作本身不太刺激，但她很喜歡協助眾人完成大事的感覺。

然後，她找到自己真正的天賦，進入威斯敏斯特警局的交通部門，為此，她得要進修繪圖跟分析軟體。她成為犯罪資料分析員，研究一大堆資料跟數位化的地圖，提醒外勤人員哪些十字路口比較危險，或是哪些街道的駕駛容易忽略速限。她成為打擊犯罪的團隊一員，真是太棒了。

不過這份工作相當孤單。大部分的小型警局沒有設置犯罪資料分析員，就連大型警局也只有兩、三人負責這一塊。卡羅爾意識到與其他警局的分析人員合作是關鍵，於是她參加了科羅拉多犯罪資料分析員協會的每月聚會。活動內容很單純：一群分析員（大多是女性），聚集在某間警局的閒置會議室，回顧案件和資料模式。同行之間的對話能帶來強大的啟發。大家提供的資料放在一起就是強大的工具，她想。「身為分析員，我們真的很努力與夥伴溝通、合作。」卡羅爾說：「犯罪沒有邊界。」最後她成為協會的會長。

韓德蕭先請卡羅爾根據安珀對於強暴犯的描述——小腿上的蛋形印記——追查莎拉案子中可能的嫌犯。她猜測那可能是刺青，也知道卡羅爾能夠取得待過威斯敏斯特監獄的罪犯身上的刺青紀錄。逮捕嫌犯後，警方會仔細登記對方身上的刺青——尺寸、形狀、顏色、部位——輸入資料庫。卡羅爾找到三十二個傢伙，他們腿上總共有一百二十四塊刺青圖案。其中兩人的刺青形狀接近蛋形，給予卡羅爾繼續挖掘的希望。一個人的外表不符合敘述，另一人在莎拉的案子發生時還沒出獄。「接下來要怎麼辦？」卡羅爾納悶不已。

隔了一個禮拜，解答來了。在犯罪資料分析員協會的月會上，她列出這起強暴案的細節，有人覺得眼熟嗎？來自附近萊克伍德的分析員想到一起闖入民宅的通報。一名男子趁著女屋主睡覺時闖進她家。他戴著黑色面罩。女屋主奮力逃脫，男子也溜了。值得深入調查，她想。

隔天早上收到報告時，她知道這條線索沒錯。萊克伍德的警探將那起案件歸類為竊盜未遂以及強暴未遂。他們沒有多少進展，不過萊克伍德的犯罪現場技術員採集到鞋印跟手套的印子。

卡羅爾將報告轉交給韓德蕭，這位警探興奮不已。安珀在戈爾登的公寓外雪地裡有個鞋印。韓德蕭傳訊息給艾利斯，問她能不能聯繫萊克伍德的同伴，比對兩起案件的鞋印。

當天下午，艾利斯在犯罪實驗室的座位上吃午餐時收到來自萊克伍德的電子郵件，寄件者是該局的犯罪學家，也是她的老朋友。手套印痕跟鞋印占滿她的螢幕，她忍不住跳起來，不敢相信自己看到的畫面。她衝進韓德蕭的辦公隔間，大聲嚷嚷：「艾德呢？艾德在哪？」

得知她正在開會，艾利斯傳簡訊給韓德蕭。這事可是十萬火急。

「打給我。急。」

第八章 「她說話的態度」

二〇〇八年八月十二日星期二

華盛頓州，林伍德

馬森警長記得昨天見過這名女性。

第一次踏進瑪莉的公寓時，她陪著瑪莉坐在沙發上。她是瑪莉最早求助的對象，隨後也跟瑪莉一起去醫院。

事隔一天，他來到她位於彎曲街道旁的單層樓住家，四周種滿冬青樹。她坐在他面前，說她不知道這些事情是否都是瑪莉的瞎掰。

告密的不是想要挑撥離間的朋友，不是心懷怨恨的前男友，竟是瑪莉的養母。

佩姬稍早打電話給馬森時，她報上自己的名字，卻說希望警方不要公開。她不希望自己說的話傳進瑪莉耳中。馬森在充滿祕密的緝毒組打滾多年，早就習慣這種顧慮，同意隱瞞佩姬的身分。關於那通電話，他不會在報告中提起她的名字——至於今天的面談，他不會留下任何紀錄。

談話地點是佩姬家舒適的起居室，她仔細挑選措辭，沒有直說：瑪莉撒謊。她不能這麼說，不能如此斷定。佩姬提出的是她的懷疑，她感覺有哪裡不對勁。

佩姬的疑心並非空穴來風，反而可說是根深蒂固。撫養瑪莉多年來對她的認知、前一天觀察到的狀況、從瑪莉身旁朋友口中聽到的說詞，這些全都糾結成團。

佩姬擁有心理健康諮商的碩士學位，曾擔任寄養個案管理員，現在以孩童輔導員的身分在遊民之家工作。接下來她要進入學校，協助特教學生。她在家裡收了一本《精神疾病診斷與統計手冊》（*The Diagnostic and Statistical Manual of Mental Disorders*，簡稱ＤＳＭ），美國精神醫學學會（American Psychiatric Association）出版的大部頭專書，內容將各種精神疾病分門別類，在臨床和各個領域獲得廣泛使用。她相信能在那幾百頁中找到瑪莉——她相信瑪莉紛紛擾擾的過往醞釀成某種人格障礙，使得她難以與人深交，也常做出誇張表現。「這是可以理解的。她的過去——大概就是她得要一輩子吸引旁人注意的原因。」佩姬說。或許是戲劇性人格障礙？佩姬無法斷定，不過她有時會如此猜測。

在她報案說遭到強暴前幾天，瑪莉跟佩姬、佩姬的男友、現在寄養在佩姬家的兩個青春期女孩一起去野餐。「她的行為超級誇張。」佩姬說：「感覺她想獲得我的關注。」佩姬認為或許瑪莉對新的寄養孩子起了競爭、忌妒的想法。她擔心瑪莉不知道這會有什麼影響。「有個男生一直在看她，因為她不斷搔首弄姿。我想跟她談談，希望她收斂一點。『妳看有多少人在看妳。』我這麼說。『首先，這樣很不雅觀。再來，那個男的一直盯著妳看，妳不知道……』」

昨天，瑪莉打電話跟她說自己被人強暴的時候，佩姬內心天人交戰。她知道必須認真看待此事，而她也真的這麼做了——趕往瑪莉的公寓，跟第一批員警同時抵達。不過一路上，她努力與另一個念頭搏鬥。「心底有個角落對我說——她有一部分的性格真的真的很可惡，喜歡亂講話惹得其他人雞飛狗跳。這是她人格的一部分。」就連那通電話——瑪莉的語氣——也加深了佩姬的猜疑。「她的聲音有點小，我說不上來，總之聽起來不太真實。聽起來像是她有什麼盤算……像是在演戲。感覺就像『喔，老天爺啊！』」

來到公寓，佩姬看到瑪莉坐在地上哭泣。「可是感覺超怪，我坐在她旁邊，她跟我說發生了什麼事，我覺得——我是《法網遊龍》（*Law & Order*）的戲迷，就覺得很怪。感覺她是在念劇裡的台詞。」她的疑心部分源自瑪莉的描述。強暴犯幹嘛拿鞋帶綁她？太詭異了。鞋帶有堅固到能綁人嗎？他為什麼不帶繩索或手銬？另外也跟瑪莉說話的態度有關。「她抽離了現實，離得好遠。情緒跟她說出口的話完全是兩回事。」

瑪莉說強暴犯拍下照片時，佩姬也是一愣，疑心變成猜測。她猜瑪莉是不是惹上了什麼麻煩。說不定她讓別人拍了她的私密照片，現在那些照片要貼到網路上了，所以瑪莉要用這招來掩飾。

這番假設令佩姬膽寒。她不願相信瑪莉說了謊，不過無論她抱持著多大的疑心，在瑪莉的公寓裡，看著警方蒐證，看著別人安慰瑪莉，她發覺會這麼想的只有她一個。

之後她得知自己並不孤單。

＊＊＊

對雪儂來說——她是瑪莉的另一位養母，在她的寄養生活中帶給她歡樂——一聽到消息，她就滿肚子疑竇。

「我記得很清楚。」雪儂說：「我站在陽台上，接到她的電話，她說：『我被強暴了。』語氣很平淡，不帶情緒。」

瑪莉星期一離開醫院後打了通電話給雪儂。雪儂問她還好嗎，瑪莉說還好，她要去朋友家過夜——大概只說了這些。等到雪儂的丈夫回家，她說起瑪莉的來電，還說不知道該不該相信瑪莉。「她說話的態度讓我質疑她是不是真的被人強暴了。她的語氣完全沒有情緒，感覺像是她說她做了個三明治。『我做了雞肉三明治。』」

雪儂知道瑪莉是個情緒豐富的女孩。她知道她會哭。壓抑自制不是她的個性。

此外，雪儂還有一個質疑瑪莉的個人因素。

她不需要想像瑪莉的處境。她自己也曾經陷入那般境地，至少是非常類似的狀況。「我小時候曾經遭到性虐待。長大以後碰過性侵。」她說以往提起這兩件事——比如說小時遭受虐待後過了九年——她完全無法克制。「我會歇斯底里、情緒崩潰、哭個不停。是啊，因為我覺得很丟臉。」雪儂跟瑪莉是如此相像，瑪莉現在的反應怎麼會差那麼多？

星期二佩姬打電話找馬森之前，雪儂跟她通過電話——大約是星期一晚間或是星期二清晨。這兩名家長分享心中的猜疑。佩姬說瑪莉宣稱她遭到強暴前沒多久，她們曾經吵過一架。瑪莉有一台腳踏車放在佩姬家，她想過去一趟牽回去，可是佩姬拒絕了，因為她假日想喘口氣，結果瑪莉就火冒三丈。佩姬跟雪儂說她不願意這麼想，可是說不定瑪莉認為捏造強暴的謊言可以獲得她夢寐以求的關注。

我真的不懂到底是怎麼一回事，佩姬說。我想不通……

佩姬，不是只有妳不相信她，雪儂說。

兩人仔細思量瑪莉是如何向大家宣傳自己遇上的糟糕事——打電話給每一個朋友，說我被強暴了。其中某些人以前跟她不是特別親近，甚至對她很惡劣。她沒有把這件事當成私密、個人的事務，沒有挑選分享的對象。佩姬跟雪儂都知道瑪莉並非撒謊成性——對，她說話是有些誇張，對，她希望獲得關注——但現在兩人知道懷疑瑪莉扯謊的人不是只有自己。

雪儂的疑心加深了佩姬的疑心。佩姬的疑心加深了雪儂的疑心。

雪儂的疑慮在星期二更上一層樓，正是佩姬打電話到警局的那一天。階梯計畫幫瑪莉跟樓上鄰居娜特莉安排了新的公寓，以防強暴犯可能會再次上門。雪儂到瑪莉家幫忙打包。雪儂走進廚房，發現瑪莉沒有直視她的雙眼。「感覺很怪。」雪儂說：「我們每次都會擁抱，她也會看著我的眼睛。」在臥室裡，瑪莉看起來沒有特別變化，看不出她前一天早上就在這裡遭到強暴。「她當作什麼事情都沒有發生似的，自顧自整理行李。」瑪莉的幾個朋友，還有她的個案管理者一起來訪，一群人移動到屋外。「她像是在跟這個計畫的負責人打情罵俏。她在草地上滾來滾去，笑笑鬧鬧。這個行為真的很奇怪。」

雪儂整天都在瑪莉家，記下一切不太尋常的舉動。引爆點在晚間出現，兩人外出購物，瑪莉需要新的寢具，她原本的被子床單都被警方收去當證物了。她們來到先前瑪莉買床被的店家——她宣稱自己遭到強暴時，床上的那一套床被——瑪莉找不到同樣的花色，氣得直跺腳。雪儂這天第一次看到瑪莉展現怒氣，她完全無法理解。

妳為什麼想買會勾起妳記憶的寢具？雪儂問。

我就是喜歡那一套啊。瑪莉說。

瑪莉的舉止惹得雪儂心煩意亂，她想打電話到危機諮詢中心，好好了解強暴受害者會有什麼樣的反應。她上網查到電話號碼，可是沒有人接。

＊＊＊

同一天，馬森雖然只面對佩姬，但他實際上聽到的是瑪莉的兩位養母的疑慮。在馬森看來，佩姬的態度相當誠懇、直率。她表達對瑪莉的關切，同時又覺得應該要報告這些內情。

她分享了自己對於瑪莉性格的看法，分享了她對於那些照片的猜測。

佩姬是瑪莉獨立前的最後一名養母，應當是相當了解她。支援她的階梯計畫人員也是。其中一名管理者向馬森提到，在瑪莉報案前，她一直要求更換公寓。管理者沒有直接明說：我覺得她騙人。我想她編了這個故事是為了得償所願。馬森甚至沒在報告中提起管理者的意見，代表當時對他來說這沒有多大意義，但他仍然把這件事記在心裡。現在他把那番話跟佩姬的懷疑疊在一起。兩者分開來看無足輕重，放在一起就非同小可了。

馬森離開佩姬家時，他無法判斷瑪莉是不是說了謊，不過他心中已經植下猜疑的種子。

「必須要釐清這些疑惑。」他說。

＊＊＊

到了星期三，瑪莉來到林伍德警局，交出她的手寫陳述。她填滿了表格上的二十四行欄位，針對強暴的過程和事後行為寫了大約四百字。

「他離開後，我用嘴巴咬住電話（就放在我頭邊），想要回撥給喬丹。」

喬丹沒接，瑪莉寫道。於是她打給養母。

「跟她講完電話，我試著解開束縛，試過廚房裡的刀子，可是沒有用，所以我找到剪刀，才終於脫困。」

這段敘述吸引了馬森的注意，跟瑪莉先前的陳述有些出入。兩天前，她接受完醫院檢查，在警局裡說她先剪斷鞋帶，然後才打給喬丹、佩姬。她的手寫陳述調動了順序，說她打電話時雙手還是被綁著的。

馬森默默記下這個前後不一的狀況。他又問瑪莉幾個問題——比如說她跟喬丹的關係（前男友，現在是好朋友，瑪莉說），還有強暴犯戴的手套（我想是乳膠手套吧，瑪莉說）——接著感謝她特地來一趟，說會隨時告知調查進展。

＊＊＊

星期四早上，馬森到喬丹家拜訪。這天是八月十四號，離瑪莉報案已經過了三天。喬丹向馬森說明他跟瑪莉的關係。他們沒在交往了，不過還是好朋友。他一個禮拜會在教會的讀書會見到她一兩次。他們每天講電話，無話不聊。案發前的深夜談話內容沒有任何異狀，喬丹對警長說。

馬森詢問瑪莉是否在星期一早上——她遭到性侵之後——打過喬丹的電話，但他沒接到。喬丹確認了他的手機，沒錯，七點四十三分，一通來自瑪莉的未接來電。時間軸沒有問題：瑪莉在七點四十三分試著打給喬丹，接著聯絡佩姬、她的鄰居。鄰居下樓報警的時間是七點五十五分。

馬森又問瑪莉有沒有向喬丹提起當天早上發生的事情。喬丹說瑪莉告訴他，她是用腳趾頭撥號，因為她的手被綁著。後來警長在報告中註明這一點。如果瑪莉在星期一的說詞是第一版（先脫困再打電話），星期三交出的陳述是第二版（先打電話再脫困），那喬丹聽到的情報像是第二版的變形：打電話，然後脫困，只是加上了她用腳趾撥號的細節。

喬丹完全沒說他認為瑪莉騙人。馬森也完全沒問。

＊＊＊

星期四下午，馬森打電話找瑪莉，問她能否來見個面。他說他可以去接她，載她到警局。

「我惹上什麼麻煩了嗎？」瑪莉問。

＊＊＊

去接瑪莉的不只馬森一個人。他找上同僚傑瑞・里特岡同行。

馬森跟里特岡說他不再相信瑪莉了。他提到瑪莉的疑問：我惹上什麼麻煩了嗎？根據馬森的經驗，要是有人這麼問，他們幾乎是真的麻煩大了。馬森也提出其他理由，不過里特岡在報告裡對於這一段的描述完全失焦。「他跟我說，根據案發後的訪談，報案前她跟養母還有朋友喬丹的通話內容與她的陳述有所出入，因此他跟其他人都相信瑪莉編造了這起案件。」

調查重點改變了。今天馬森跟里特岡不是把瑪莉當成被害人，而是要把她視為嫌犯來訊問。

從半個多世紀前開始，美國警方的訊問方式已經建構成固定的套路。正如強暴採證工具，這套訊問技巧的源頭也是芝加哥——同時也要歸功於一位警官。約翰．E．雷得（John E. Reid），他以不靠強迫手段獲得犯人認罪出名。雷得致力於透過言語、破綻、流露同情來取得口供，而不是傳統的警棍跟電擊。他離開芝加哥警局後，靠著這套獨門招數來訓練其他警官，「雷得訊問技術」（Reid Technique）就此流行起來。

一九六二年，雷得在他參與撰寫的著作《罪犯訊問與認罪》（*Criminal Interrogation and Confessions*）中，向社會大眾披露了這套技術的基本原則。從此以後，雷得技術的信徒人數暴增，根據官方紀錄，美國、加拿大、墨西哥、歐洲、南美、亞洲各地有數十萬名調查人員參加過訓練研討會，這套技術「經過數個世代，成為員警的本能技術、強大的公眾智慧。」《連線》（*Wired*）雜誌的一篇文章如此介紹：「儘管相當符合科學邏輯，這套技術幾乎沒有科學理論撐腰。」馬森跟里特岡都受過雷得技術的訓練，馬森是一九九四年在奧勒岡受訓，當時他還是基層員警，接受路易斯．瑟納希（Louis Senese）的指導。瑟納希有數十年的授課經驗，在三天的課程中，針對你認為在撒謊的對象，他強調一項原則：「永遠不要給他們否認的機會。關鍵在於讓他們閉嘴。」

警方的面談並非指控，其目的在於收集情報。訊問則不然，警官在偵訊過程中得要說服嫌犯。在《雷得技術的精髓：罪犯訊問與認罪》（*Essentials of the Reid Technique: Criminal Interrogation and Confessions*）一書中提到：「除非調查人員合理地確定嫌犯有罪，否則不該施行訊問。」

藉由雷得技術的威力，負責訊問的警官運用挑撥性的疑問，同時估測嫌犯的回應。最受歡迎的提問是：你認為犯下這種罪行的人該受到怎樣的懲罰？答案越是模稜兩可——嗯，看狀況吧——嫌犯有罪的機率就越高。套話或是欺瞞也是訊問人員的工具。警官可以捏造某個目擊證人說過某些話（他說他看到是你幹的），或是物證的分析結果（我們在手槍上找到你的指紋）。無辜者應當不會上鉤。訊問人員知道要如何評估言語行為。肯定的回覆可信度高。如果用了「基本上」、「原則上」這種虛詞呢？那就不太好說了。斬釘截鐵的清楚回應很好：**我**、**真**、**的**、**沒**、**有**、**幹**。含糊的低喃不妙——那暗示著撒謊。

雷得技術也很重視解讀肢體語言。訊問人員會觀察腳掌、姿勢、眼神的變化。「不老實的嫌犯基本上不會直視調查人員，低頭看地板、轉頭看旁邊、抬頭看天花板，彷彿能得到上天的指引，教他們如何回應。」《雷得技術的精髓》寫道。若是嫌犯雙手往臉部移動——比如說遮住嘴巴——這也是撒謊的訊號：「如此一來，嫌犯是隔著手指說話，彷彿他的手可以從空氣中抓住對自己不利的證詞。」

警官一旦認定嫌犯有罪，他們必須知道如何中斷話題（類似推銷員的手法）。如果嫌犯開始否認有罪，訊問人員得要打岔——舉起手掌，擺出大家都知道的「閉嘴」手勢，或是撇開頭代表興趣缺缺。「有罪的嫌犯越是頻繁否認涉案，他就越不可能說出真話。」《雷得技術的精髓》寫道。這時訊問人員要給嫌犯一點台階——老兄，你才拿那麼點薪水，往自己口袋裡多塞點錢也是無可厚非嘛——降低嫌犯的道德罪惡感。至於認罪後要接受的法律制裁，警官受過的訓練要他們避談此事：「若是嫌犯決定吐實，心理層面來說，提到他可能遭受的後果或是負面影響是不恰當的。」

要是嫌犯同意認罪呢？警官會白紙黑字記錄下來。

＊＊＊

馬森跟里特岡在瑪莉的公寓外與她碰頭，她坐在草地上，時間接近傍晚。兩人送她到警局，帶進一間會議室。

根據馬森事後撰寫的報告，他沒有浪費太多時間便開始質問瑪莉，說他發現她的陳述跟證人的說法有所出入。瑪莉沒有立刻反駁，或者該說是她的反應不像是警官心目中無辜民眾該有的樣子。她沒有「站穩立場，堅持她遭到強暴」。里特岡的報告是這麼寫的。瑪莉跟兩人說她沒有察覺到任何前後不一的地方，她又把自己的遭遇說了一遍——只是這回，兩名警官都覺得她的說詞很可疑，因為她說的是她「相信」強暴確實發生過，而不是「發誓」真有此事。

瑪莉哭著說起她的過去——充滿虐待的童年、漂泊不定的生活——以及她獨立之後心中的孤寂。

事後瑪莉回想起這場偵訊，其中的轉折點在於警官告訴她有兩個人質疑她的誠信。佩姬不相信妳的說詞，警官對瑪莉說。

喬丹也不相信，他們說。

這兩個名字帶給瑪莉強大的震撼，使得她無法思考。

喬丹為什麼要這麼說？她問。

但她只得到不痛不癢的回覆：天知道，要問妳啊。

里特岡跟瑪莉說她的說詞跟證據衝突。他說採證工具的檢驗結果不符合她的陳述。他說他相信她捏造這起案件——是一時衝動，而非經過長期籌劃。里特岡認為瑪莉似乎同意他的說法，於是他又問：真的有個強暴犯在外頭亂跑，要動用警力去追捕他嗎？

瑪莉垂下視線，輕聲說：沒有。

「根據她的回應跟肢體語言，顯然她謊報了整起強暴案。」里特岡寫道。

兩名警官沒有替瑪莉宣讀她的米蘭達宣言——她有權請律師，有權保持緘默——要求她寫下真正的事發經過，承認她撒了謊，承認她犯了罪。她同意了，於是他們讓她自己靜一靜。她在表格上填入名字、住址、社會安全碼。接著她寫下：

那天晚上我跟喬丹講電話，聊他今天做了什麼，聊一堆東西。掛斷電話後，我想到自己承受的各種壓力，我好怕自己一個人住。然後我睡著了，夢見有人闖進來強暴我。

警官回到會議室，看到瑪莉的書面陳述裡把強暴當成夢境，而非謊言。

妳為什麼不寫自己捏造了整件事？里特岡問。

瑪莉哭著說她相信真的有強暴這回事。

我們已經談過了，里特岡說。妳已經說沒有強暴犯在外面跑給警察追。

瑪莉一捶桌面，說她「相當肯定」強暴真的發生過。

馬森不知道該如何解讀。緊握的拳頭。斬釘截鐵的回應。兩種完全不同的訊息。

相當肯定還是百分之百肯定？里特岡問。

說不定強暴真的發生了，只是我記不清楚。瑪莉說。

要是有人撒這種謊，妳認為他該受到什麼懲罰？里特岡問。

我應該要找法律顧問。瑪莉說。

馬森把焦點拉回證據。他說關於事後她打給喬丹的那通電話，她跟喬丹的說詞不一樣。

瑪莉雙手掩面，低下頭，接著「她的視線左右飄移，像是在思考如何回答」。里特岡寫道。

兩人又回到她先前的供詞——她說她很焦慮、孤單——瑪莉終於放鬆一些，停止哭泣，甚至笑了一下。她道歉，也同意再寫一份陳述，肯定她過去的說詞都是謊言。

我壓力很大，想要跟人一起出門放鬆一下，可是沒有人能陪我，所以我編出這件事，不知道會鬧得這麼大……沒想到會這麼嚴重……我不知道為什麼我會這麼做。這種事根本不該發生。

這次的陳述讓警官心滿意足。「根據面談結果，以及馬森警長在部分陳述中發現的矛盾，我們肯定瑪莉現在說的是真話，她沒有遭到強暴。」里特岡寫道。

瑪莉感覺這場偵訊持續了好幾個小時。她做出了自己平時碰上壓力時常有的反應。她說那叫做切換開關，壓抑她無法處理的情感。在她坦承自己編造了整起強暴案前，她無法直視兩名警官，那兩個男人。之後她就做得到了。之後她就笑得出來了。她去洗手間好好洗了把臉。切換開關讓她鬆了一口氣——也讓她得以離開壓力來源。

至於馬森呢，現在他有了白紙黑字的撤銷報案文件，在有人見證的狀況下取得簽名。他想這個案子可以終結了。

＊＊＊

星期五，無比動搖的瑪莉打電話給她在階梯計畫的個案管理者，跟韋恩說她昨天和警方談過了——警方不相信她，他們不相信她被強暴了。她不想在電話裡講太多細節，希望能當面詳談。但是她說她想要找律師。

結束通話後，韋恩打給階梯計畫的督導珍娜。她建議他聯絡馬森警長。

韋恩乖乖照辦，打電話找警長，對方說證據並不支持瑪莉的說詞。他說瑪莉已經在書面陳述上簽名，承認一切都是她的謊言。

韋恩向珍娜回報，認為她該親自跟馬森談一談。她打了這通電話。之後，珍娜指示韋恩讓瑪莉週末跟朋友一起過。星期一再來處理這件事。

結束在警局的訊問之後，瑪莉還打給另外兩個人，想知道究竟是怎麼一回事。

你不相信我？她問喬丹。

妳在說什麼？喬丹如此回答。妳在說什麼鬼話？我當然相信妳啊。

警官不是這麼說的。

我當然相信妳。妳知道的。

打給佩姬的電話換得了不同的答案。佩姬說沒錯，她對瑪莉的說詞存疑。佩姬說那天早上，瑪莉打電話跟她說自己被人強暴時，第一句話不是「我剛才被強暴了」，而是「我剛才被搶了」。瑪莉不記得自己是這麼說的。但是她的包包被丟在地上，瑪莉猜她可能有提到學習駕照或是錢包。佩姬還提到她們因為腳踏車吵的那一架，那時佩姬想要清靜一下，瑪莉就氣炸了。說不定她是想靠著謊報來扳回一城。

瑪莉無法相信自己的耳朵。她認為我會為了這種事扯謊說自己被強暴了？

＊＊＊

八月十八日星期一，珍娜跟韋恩在瑪莉的新住處門口集合，她搬到對街的公寓去了。現在離瑪莉通報說她遭到強暴隔了一個禮拜。

珍娜說馬森警長告訴他們瑪莉撤回她的陳訴。瑪莉說她受到壓迫才會這樣反應。警方把她困在局裡那麼久，她簽名只是為了脫身。

所以警察真的應該要去抓那個強暴犯嗎？珍娜問。

對，瑪莉說。

那妳一定要跟他們講清楚，珍娜說。

韋恩不相信瑪莉——事後他也在個案紀錄中如此寫道。聽過警方對於證據的看法，韋恩深信瑪莉沒有遭到性侵。他跟她說要是向警察謊報，她就等於犯了罪，可能會被踢出階梯計畫，失去她的住處。

瑪莉沒有退縮，於是三人前往警局，讓瑪莉撤銷她上禮拜四簽下的撤銷報案文件——跟警官說她一開始說的是真話。

到了警局才發現馬森這天外出，不過里特岡在。里特岡希望有另一名警官陪同，找來羅尼・柯罕（Rodney Cohnheim）警長，請他坐在一旁監督。柯罕是人身傷害部門的主管，瑪莉上禮拜報案時，他剛好去達拉斯參加訓練研討會。里特岡向他簡報案情，以及四天前瑪莉決定撤銷報案之事。接著他們帶瑪莉到樓上的會議室，要珍娜跟韋恩在樓下等候。

瑪莉跟里特岡說她真的被人強暴了，這件事絕非虛構。她哭了起來，說她一直看到他壓在她身上的幻覺。

里特岡毫不動搖。事後，在報告中記錄瑪莉的說詞時，他把「他」這個字標上引號。他說他們已經談過了。瑪莉已經承認她不想孤單一個人。她已經承認自己說了謊。她已經承認捏造那些證據。

我要測謊。瑪莉說。

如果妳測謊失敗，我會把妳拘留起來。里特岡對她說。

這番威脅把瑪莉嚇壞了。她漸漸退縮，說或許她被催眠，相信自己被人強暴。

里特岡受夠了。他在報告中寫道：「這是第四版荒唐的謊言。」瑪莉的說詞一變再變：她被強暴、她忘記整件事、她夢見自己被強暴、她被人催眠。他跟瑪莉說要是警方對她測謊，他們不會問：是妳夢見的嗎？妳忘記了嗎？妳被催眠了嗎？他們會問：妳被強暴了嗎？要是機器判定她撒謊，他不只會把她丟進拘留所，還要建議階梯計畫取消她的租屋補助。

這回，瑪莉屈服了。

她說她撒了謊。

警官送她下樓，韋恩跟珍娜在等她。

所以說，其中一人開口。

妳被強暴了嗎？

＊＊＊

幾天後，州政府的犯罪受害人補償計畫（Crime Victims Compensation Program）發函向林伍德警局詢問瑪莉此案的詳情。信中要求警局提出案發經過報告、後續處理報告，以及一切能用以評估瑪莉適用哪些方案的資料。「犯罪受害人補償計畫的目標，在於盡快提供符合標準的被害人援助，防止他們繼續遭受折磨。」信中如此寫道。這個計畫補助的項目包山包海，從心理健康諮商到醫療支出、薪資損失一應俱全。

到了八月二十五日——離瑪莉報案已經兩個禮拜——林伍德警局打電話給該計畫的執法紀錄協調員，要她不必多加理會。這是一起謊報案件，警官這麼說。瑪莉不是強暴被害人，她是謊稱自己遭到強暴的女人。

＊＊＊

對瑪莉來說，這兩個禮拜像是落入漩渦。在撤銷報案前，她辭去了好市多的工作，因為她無法站在店裡，看著顧客，腦中一片空白。她努力過了，上了一兩天的班，向顧客發送試吃品。但她沒撐多久就走出店外，逕自回家，說她不要回去上班了。

在她撤銷報案後，各方面的損失逐漸攀升。她渴求的平凡生活——擺脫青少年時期的一切規範枷鎖——離她遠去。階梯計畫給她訂下晚間九點的門禁，規定她與計畫管理者見面的次數得要加倍。

喬丹陪瑪莉坐在她家門口，聽她的朋友跟老同學不斷來電。每一次鈴響都讓她哭得更兇。她知道他們打電話的原因：說他們不相信她，也不懂她為什麼要做這種事。

警方宣布瑪莉撤銷報案後，瑪莉高中的摯友——教她拍照的摯友，幫瑪莉把她浮出海面的照片後製的摯友——做了一個網站，宣傳瑪莉是如何謊稱自己遭到強暴。警方沒有公布瑪莉的名字，她的摯友卻這麼做了。她甚至貼出從瑪莉的 Myspace 複製下來的照片。瑪莉一看到那個網頁就氣瘋了，在公寓裡亂砸東西，找了佩姬一起到那個摯友家。

妳為什麼要這麼做？瑪莉真心想知道原因。

我也不知道。摯友對瑪莉說。

她當場就撤掉那個網頁，但還是無法平復瑪莉的怒氣。她只想要直接的回覆，不是什麼我也不知道。「之後我們就絕交了。」瑪莉說：「朋友不會做這種事的。」

瑪莉覺得自己掉進了無底洞。最痛苦的或許是來自雪儂的聲明。雪儂家一直都是瑪莉喘口氣的避難處。她們以前會在樹林裡散步、在小溪裡划船，玩夠了就在雪儂家過夜。現在雪儂的丈夫生怕他成為謊報強暴的設計對象，認為瑪莉最好別再來他們家住。她都編出一個故事了，再多編幾個有差嗎？「擔任寄養家庭時，必須要接受這些可能性。」雪儂說。

雪儂負責告知這個消息：瑪莉可以來拜訪，但不能過夜。說出這番話令雪儂心碎。聽到這番話令瑪莉心碎。

八月底，瑪莉收到一封信。

撕開信封後，她領悟到這個漩渦還沒結束。她已經失去許多，接下來還要失去更多。

第九章　內心的陰影

科羅拉多州，萊克伍德

他在二〇〇九年六月二十四日簽下那紙租約，要跟瑪莎在科羅拉多州萊克伍德，哈蘭街六十五號，這棟兩房兩衛的屋子展開新生活。低矮的建築外牆漆成灰色，圍繞著鐵鍊柵欄，街上交通繁忙，離加油站、汽車零件行、肉鋪只有半條街遠。夏季蒼翠的樹木長得比屋頂還高，四周全是廉價小屋子和箱子一般的公寓。一個月租金一千一百五十美元。

這次搬遷或許可以扭轉他的人生。媽媽跟繼父就住在附近，妹妹也是，她在丹佛的遊民之家工作。他又找上高中時期的老朋友，一起打撞球、彈吉他。瑪莎在橄欖園餐廳找到正職服務生的工作，他開始到二十四小時開放的健身房鍛鍊。他們把家裡養的沙皮狗阿利亞斯寵上了天。他們在金蘇柏超市買東西。他們打算生個小孩。

然而那頭野獸不願歇息。牠有自己的活動規律——他將之稱為循環。他可以幾個禮拜、幾個月毫無異樣，像個正常人一般。去健身房舉重、跟爸媽吃飯、帶狗狗看獸醫。但這樣的時期不會持續太久。他心中的怪物慢慢累積能量，那股操縱、征服的欲望漸漸浮現。夜晚成為狩獵的時光，他花幾個小時開小貨車或是徒步在附近閒晃，偷窺家家戶戶，巡遍公寓建築。這個循環達到沸點時，他會闖入民宅，他會強暴女性。「這是無法打斷的節奏。」他說。「有時候我是正常人，有時候我是強暴犯。」

不一定每次都能得手。某天晚上，經過幾個禮拜的沉潛，他在科羅拉多州的戈爾登撬開一名女性住家的窗戶。卡住窗框的金屬棒鏗鏘落地，她立刻報警，他逃之夭夭。另一回他在科羅拉多州利特爾頓一名帶著孩子的離婚婦女家附近「探查得太過火」。某天晚上，她打開後門放貓咪出去，逮到他在後院鬼鬼祟祟。「你馬上給我離開。」她大吼。過了幾個禮拜，他又溜回來探路，發現她裝了保全系統。

他是強暴的實習生，從每一次失敗中學到教訓。他發現可以從 Myspace 獲得有用的情資。他瀏覽女性的個人資料，尋找年長的獨居婦人。他認為這種女性特別好下手。

於是他找到了朵莉絲。她的個人資料註明她今年六十五歲，單身，獨自住在奧羅拉大馬路旁的二十六戶小社區裡。她家後面是一排排兩層樓公寓，一條小巷穿過公寓之間。他彎腰躲在朵莉絲家後院跟小巷之間的低牆後，監視她的動向。

她很少來這裡住——多半只有週末會回家。他悄悄摸到她家門口，從腳踏墊下翻出鑰匙。他猜她是為了鄰居藏了這把鑰匙，完全符合他的預測。他到五金行打了把備鑰，再把原本那把放回原處。她絕對猜不到會有這種事。他溜進屋裡，仔細確認她家沒有槍。「意想不到的鳥事層出不窮。」他提醒自己。他在屋裡找出她的本名，也摸清楚她睡哪個房間。

他在二〇〇九年十月四日強暴了她。她問起他的家庭，請他去找人求助——全都令他心慌意亂。他比預期的時間還要早結束惡行，離開時拿了一條她的內褲，塞在哈蘭街六十五號自家臥室裡的黑色十五瓦吉他音箱後頭。這是戰利品。

他越來越看瑪莎不順眼。她很少問起他為什麼會晚歸（因為他跑出去找獵物了），但他總要編造說詞，解釋他到底幹了什麼事。出門喝酒，跟高中好兄弟瞎晃。他想要百分之百的自由。現況差得遠了。二月的某個晚間，他對她說：「我想要恢復單身。我想要自己一個人。」

瑪莎努力挽救婚姻。她給了他自己的空間，飛到喬治亞州跟在南韓認識的朋友一起住。一個月後，她回到家，在沙發抱枕之間找到一條黑色蕾絲內褲，氣沖沖地與他對質。他向她說了真話：在她離家期間，他跟別的女人發生過關係。

他就是無法維持這段婚姻了。

她又留了一個月。過去在餐廳工作的薪水全都拿來養他了。她得要存夠錢才能離開。兩人協議分居，她拿到二〇〇四年出廠的白色克萊斯勒轎車。他留下狗兒阿利亞斯，還有另一輛車：一九九三年的白色馬自達小貨車。

他對這樣的分配不太滿意。克萊斯勒轎車大小適中，看起來毫無害處，看到它停在住宅區路旁，沒有人會多想。可是他這輛破爛的小貨車呢？哩程已經超過十七萬八千哩，前座椅墊的黃色填充物一塊塊冒出，右邊後視鏡破了，後車廂塞滿廢棄木料。看起來真夠詭異。

「小貨車有點太顯眼了。」他想。

二〇一〇年四月十六日，瑪莎開著克萊斯勒回到喬治亞州。

他自由了。

＊＊＊

他申請進入紅石社區學院（Red Rocks Community College），這是一所位於萊克伍德，六號國道旁矮丘上的通勤學校。學生從校舍周圍的廣闊停車場走向教室，背景音效是劃過鬧區的四線道公路的鼎沸車聲。校舍樓層不高，煤渣磚牆和螢光燈管構成的教室裡聽不見噪音。紅石學院沒有大費周章偽裝成精英學校，但校內資源已經能夠滿足他這個只有高中學歷的退役軍人。他覺得自己夠聰明，只是沒受過教育。他跟教授說他從沒看過比網頁還長的文章書籍。

他一頭栽入學校的通識課程，被嶄新的知識視野迷得暈頭轉向。他修了歷史、考古學、哲學——一切能夠解釋人類靈魂的學科。他研究過天主教神學家湯瑪斯．阿奎納（Thomas Aquinas）、蘇格蘭懷疑主義學家大衛．休謨（David Hume）、政治理論學家約翰．史都華．彌爾（John Stuart Mill）、德國倫理學家伊曼紐．康德（Immanuel Kant）、法國存在主義學家尚—保羅．沙特（Jean-Paul Sartre）、美國語言學家諾姆．喬姆斯基（Noam Chomsky）。他的筆記寫滿幾百張活頁紙，散在哈蘭街六十五號後頭的房間書桌上。他打算主修心理學。

他沒有全盤相信紅石學院教授教他的一切知識，感覺有部分傲慢到可悲的地步。但他熱愛挖掘新事物，關於宇宙、認識論、他自己。他的表現令老師跟同學另眼相看，跟他合作完成心理學課堂計畫的女同學說他「非常聰明，大概是全班最優秀的學生」。

學校是他重新定義自己的機會，他對英文課老師這麼說。他挖空心思，想寫出不得了的作品，可是他需要幫助：

> 回顧自己最近的寫作成果時，我發現那些文字枯燥又語無倫次，自信全失。偉大的作家挫了我的銳氣，我只希望有一天能達到我最仰慕的作家的一半功力。

考古學課幫助他拚命吸收關於社會與權力的知識。無論翻到課本哪一頁，他都會看到力量無窮的偉人支配著社會大眾。在某次考試中，他寫下對於資本主義的抨擊。

> 媒體、教育體系、所有的社會機構都教導我們物質「財富」非常重要，甚至是「攸關」我們的生死。因為這一切，所有的體系，不管是民生、社會、經濟，或是政治，全都環

繞著「法力無邊」的金錢打轉，無論結果好壞。

給予他機會去了解自己生命中最神祕的一部分——那頭怪物——的人，是哲學導論的教授梅琳達・威爾汀（Melinda Wilding）。他對於人性兩元論的信念剛剛萌芽，認為每個人都有對外與對內的兩種面貌。這套哲學對他非常有用，幫助他理解——但是無法包容——自己的掙扎。威爾汀引導他認識更加深入人性的作家：瑞士分析心理學家卡爾・榮格（Carl Jung）。這名求知若渴的學生相信榮格是真正理解這個世界的大師。

榮格將原型的概念引入現代學界——全宇宙的心理結構都是從他所謂的「集體潛意識」之中誕生，由全人類共享。靈魂最深處迴盪著人類、情境、概念的抽象想法。比如說神話故事就可以分成幾種原型：故事中有戰士、騙子、智者。榮格將最重要的原型取名為「陰影」——每個人心中都存在的黑暗面，雖然往往受到表意識隱藏或是否認。榮格相信自我實現的道路涵蓋了面對陰影：承認它的存在，卻又不去擁抱它的邪惡意圖。

榮格在一九三八年出版的經典之作《心理學與宗教》（*Psychology and Religion*）一書中，描寫了陰影的概念——以及忽視陰影的潛藏危機。

> 可惜呢，人類整體而言，都及不上自己的想像或是希望，這點毋庸置疑。每個人都背負著陰影，而陰影在意識生活中體現得越少，它就越是黑暗扎實。如果意識到自己的惡

> 處，人總有機會將之改正。此外，若是讓它持續接觸其他領域，它就能不斷獲得修正。但要是將之壓抑，孤立於意識之外，它就永遠無法導正，容易在察覺不到的時刻突然爆發。

榮格的認識論對他高歌。就是這個，他想。壓抑。孤立。容易爆發。

他有了新的目標，打算盡力摸清楚這頭怪獸的底細。

威爾汀指定了報告的題目。你人生中的陰影是什麼？他開頭先解釋自己在九一一恐怖攻擊後從軍（儘管這不符合他的政治觀）。他寫到軍隊激發了他的「戰士心態」。可是退役之後，他發現了一個驚喜。

> 我發覺切換到「戰士心態」比將之關閉還要容易。「過去的我」一定會說我被軍隊洗腦了。然而「現在的我」了解我的思維跟以往一樣自由。說不定更加自由。我感覺「戰士心態」擴增了我的人格、我的特質，以及其他數不盡的層面。此外，我漸漸發覺這份「能量」不一定總以最正面的方式呈現。

他沒有正面說明陰影的欲望為何。那股欲望的黑暗面。它是如何控制他。只寫到它讓他活在黑暗中。「就像是每個人的陰影，我幾乎無法看穿它的負面意義，甚至長久以來遭到愚弄，相信那些負面思維都是正面的。」他如此寫道。

他希望威爾汀知道自己已經投入了跟陰影的戰鬥。他想贏，但他不確定怎樣才會贏。

我跟榮格一樣，不相信人能完全消滅他的陰影。因此我們應當要為自己的本質負起完全責任，將陰影融入意識覺察。顯然這條路不好走，也絕非一蹴可幾。然而只要學習開始質疑與拒絕以下觀念：我們的意識和自我永遠都在掌控，永遠都是正確的，這樣就更能達到目標。有時候必須質疑我們心中的權威核心。

威爾汀斥責他沒有詳細介紹自己的陰影。「這份作業的用意在此，但我尊重你拒絕說明的權利。」她寫下評語。報告最後提到要質疑「心中的權威核心」，她在這行下寫了：「為什麼？何時？」希望他能回應這些疑問。滿分十分的報告，她給了他八點七分。

她覺得這個新學生很有意思，也致力向學。他比班上大部分同學還要年長，不過他聰明又專注，積極加入課堂上的對話。

過了幾年，等她發現他的過去，她不由得想到自己教過的那幾堂課。她認為他在班上「聰穎又有見地」。他是社區學院哲學課上少有的學生，「學習欲望強烈」。但她是不是讓他看透了自己的本質呢？還是說這只是包裹在豐富的現代理論之中的藉口，其目的只是要合理化他的行為？

「我個人認為榮格的原型理論只是他轉移罪惡感的方式。」她說：「或者這套理論代表他心中有強烈的對錯之分——卻同時受到欲望的驅使，靠著女性的恐懼與肉體維生。」

＊＊＊

學費不是太大的負擔。根據軍人權益法案，他的服役經驗給予他許多福利。每個學期，退伍軍人福利局（Veterans Benefits Administration）會支付紅石學院三千八百三十四點三五美元的學雜費。每個月，福利局再開一張一千五百三十一美元的支票付房租。依照租屋優惠，這筆錢付他在哈蘭街六十五號的房租綽綽有餘。因此，美國政府等同於還幫他出健身房費用、Hooters餐廳的用餐費，以及熱門線上遊戲《魔獸世界》（*World of Warcraft*）的月費。

需要更多金錢時，他會請陰影幫忙。

幾年來，他靠著色情網站最黑暗的角落來尋求慰藉。以綁縛和性虐待為主題的色情片。強暴的色情片。老婦人的色情片。青春期女孩的色情片。嚴重營養不良的女性拍的色情片，骨頭清楚浮現，彷彿是飢荒難民。他追逐最淫穢、猥褻、不容於世的題材，電腦螢幕上的影像尺度越來越激烈，越來越偏離現實。他時常手淫，追逐色情照片影片榨乾了他的精力。他說這叫做「上癮」。

這個習慣完全無法滿足那頭怪物，不過他找到了靠牠牟利的方法。他開始架設自己的色情網站。

晚間，他窩在哈蘭街六十五號後側的房間忙碌。他跟妻子朋友說他是網站設計師，但他其實是整晚在網路上挖掘新的色情圖片和影片，跟來源網站的連結一起貼到自己的網站上。只要有人逛過他的網站，點下圖片來源網站的網址，他就能收到一小筆佣金。這是聯盟行銷，網路世界為基本的商業行為之一。每個月，他會收到一間德國公司開出的支票（那是他跟聯盟網站的中間人）。這筆錢會以歐元匯入他在波德的信用合作社帳戶。支票一點一點累積，某個月收到五百二十點五七美金，另一個月收到三百五十五點七八美金。

他的野心越來越大。他在一張白紙上寫下「計畫」。他打算靠著自己手邊的熱門網站——以年長婦人為賣點的 anilos.com，一個月賺到一千美金。他期盼未來能藉由聯盟網絡，每個月穩定獲得兩千美金。他的策略是架設更多色情網站，大約每週增加一個，汲取更大的流量。滿足更多變態的胃口，他可以賺到白花花的鈔票。

他在 Myspace 上自己的職業欄填入「色情攝影師」，累積了超過一百七十萬個照片和影片，有的是私用，有的會貼到網站上。他將檔案存在電腦硬碟裡，下載了名叫 TrueCrypt 的免費軟體，以複雜的演算法替檔案加密。全世界最厲害的駭客——包括聯邦調查局跟國家安全局的高手——都認為 TrueCrypt 是幾乎無法破解的技術。幾年前入伍時做的性向測驗顯示他有能力朝密碼專家發展。現在他已經是密碼專家了。

他架設了數十個網站，吸引與他類似的陰影。他有幾棵搖錢樹：skinnyteen.com、

abusedteenwhores.com、grannypanties.net、hotteachersex.net。另外還有以強暴為主題的網站，也有近親相姦的網站。這些網站刊出擺出獵奇姿態的女性——嘴巴被堵起，遭到羞辱。滿頭灰髮的老婦人癱在床上，或是與年輕男子發生性關係。有的女性看起來相當年幼。其中一個網站 thinfetish.com 是設計給對消瘦女性抱持性慾的人。

這門生意沒完沒了。為了維持熱度，他必須不斷尋找新鮮的影像，更新到網站上。新鮮貨吸引新顧客，也給了老顧客再次光臨的理由。他跟某個朋友說他已經看膩了「俗氣」的色情片。

他想要更原汁原味的玩意兒。更真實。盡可能的真實。

＊＊＊

瑪莎搬去喬治亞州後，隔了一個月，他栽進了時下流行的網路交友。和過去一樣，他做足了準備，屋子後頭房間的書架擺上了把妹指南。他孜孜不倦地鑽研尼爾·史特勞斯（Neil Strauss）的《把妹達人》（*The Game: Penetrating the Secret Society of Pickup Artists*）以及艾利克·馮·馬可維克（Erik von Markovik）的《把妹達人之謎男祕笈》（*The Mystery Method: How to Get Beautiful Women into Bed*）。這兩本書介紹如何讓拙男（ＡＦＣ），搖身一變成為充滿吸引力的把妹高手（ＰＵＡ），能把所有的辣妹（ＳＨＢ）拐上床。他們揭露了經驗豐富的色胚如何在祕密結社聚會，交流把妹妙招。比如說「喉糖換吻」（送她一顆喉糖，然後要她「禮尚往來」，回贈一個吻）；「線頭話術」（走進酒吧，假裝從女生肩膀上拉下一根線頭，問她「這東西黏在妳身上多久啦？」）；還有夜光項鍊的妙用（就像孔雀一樣能吸引旁人目光）。

在把妹高手的世界裡，女人都是「目標」。這些書籍收錄了許多應對方式，幫助讀者一杆進洞。有一招稱為「打槍」的話術。舉例來說：

> 如果你的目標打斷你，你就說：「哈囉，現在是我在說話耶。」或者是：「抱歉……可以先等我說完嗎？」接著你就跟團體中的其他人說：「她每次都這樣嗎？」然後假裝翻白眼。

換句話說就是踩在你的目標頭上，讓她喪失信心，認同你的想法。這是心理學的一環。為了找到目標，他潛伏在各種線上配對網站裡，像是OkCupid。他瀏覽丹佛地區的分類廣告網站的「隨機約會」頁面——上頭貼滿老二照片、半吊子的色情片、赤裸裸的發情宣言，貼文者大多是男性。如果有女性貼文找人陪吃晚餐，他會拿自己枯燥的生活來開玩笑。

> 本來想待在家裡看書（很刺激吧），但我決定好好研究一下這個網站，看到妳的貼文。

我想出門喝兩杯應該挺不錯吧。

我這個人：

三十二歲

六呎二吋，兩百二十磅

離婚

喜歡看書、旅行。有自信、幽默，聊天絕不無聊

沒有期望什麼。只是想出門晃晃。

不菸不毒

貼文者是業餘攝影師，他說自己很想學攝影。「我有一台佳能 Rebel xTi，超不會用的，哈哈！說不定妳可以指點一下。」最後再貼上笑臉圖案。

有些女性覺得他很嚇人。他跟一名二十八歲的丹佛女子說他偏好嬌小的女生，要穿得很性感，還要化濃妝。「每個女生都有被強暴的幻想。」他說。某個三十一歲的女性說她喜歡丹佛市中心的一間SM俱樂部，被他奚落了一番。那間俱樂部會舉辦性愛派對，參加的男男女女都能享受有限制的SM活動，由「地牢主人」控制暴力的程度。每個人都必須設定一個安全密語，只要感覺不舒服，就能立刻中止行為。俱樂部內禁止流血以及跟糞便有關的玩法。「這些人最好知道什麼叫做真正的支配。」他說。

可是他很清楚，也靠著這份衝動尋找女人。「我會觸摸她們。」他說：「我從背後箝住女生的頸子，抓住她的頭髮，只要她有任何反應，我就能知道。」能受到他主宰的女性。他要求約會對象穿高跟鞋，塗鮮豔的口紅。有時候她們會請他滿足強暴幻想。他喜歡粗暴的性愛。「我會羞辱她們。」但這些都是雙方同意的行為。「我一直都很尊重那些女生，沒有亂來過——好吧，除非她們要求我這麼做。」

這些SM行為依舊無法滿足他。他認識那些女生，她們已經不是目標，是活生生的人。「我可以對漂亮、火辣、聰明的女生做各種亂七八糟的事情，但問題就在這裡。」他說：「我喜歡她們，也了解她們。不管原因是什麼，總是有點不對勁。我無法從這些行為中獲得同樣的刺激。」

某天在瀏覽OkCupid的名單時，他瞄到一個名叫艾米的女生。她三十三歲，是丹佛中南區一間交換伴侶俱樂部的女服務生。深色頭髮、直瀏海，圓臉上鑲著表情豐富、眼距有點寬的雙眼。上班時，她會打扮成高中女生或是只穿比基尼。在她的個人資料裡，她列出三個詞來形容自己：孤僻、古怪、變態。

是我的菜，他想。他傳訊息給她：「我必須知道妳有多變態。」

第一次約會時，他到她家接她。兩人去酒吧打撞球。她說他是「完美的紳士」，迷人又幽默。他在OkCupid網站上幫她寫了好評：「不只美豔動人，更是個相當有深度的女性，思緒快如閃電。」

「妳是這世界上少數能與我共鳴的人。」他在私訊裡對她說。兩人沒有交往太久，不過聯繫沒有斷過。她睡得不好，他的色情網站事業讓他忙到半夜，他們夜裡又是寫信又是傳訊息。他認為艾米是他在黑暗中的朋友。

她曾提到在自家公寓遇上的驚險事件。那天她走在公用走廊上，一名男子跳出來想抓住她，被她甩開了。「那傢伙遲早還是會回來。他的本事還不夠，下回一定會得逞。」他對她說。換到別的情境下，出手的人說不定就是他。「我沒有成為那傢伙只是因為我的家人，我的人生。」

他說他是虐待狂，想一口氣交好幾個性伴侶。他吹噓自己的色情網站，描述腦海中那些暴力、羞辱人的性交幻想。他說女人都是被虐狂，想要男人傷害她們，控制她們。他說有些女人就是喜歡被強暴。「有些女人喜歡在性交過程中被弄得渾身是瘀血，因為她們喜歡那些傷痕帶來的同情。」

有時候他會運用從把妹指南裡學到的招數。有一次艾米回應得不夠快，他傳了臉書訊息給她：「如果妳有意願聊天，我會把臉書頁面開久一點。要是妳沒這個意思，就去找幾本書來夾著超強力按摩棒自慰吧，反正妳也不會看那些書。」巧妙的打槍，讓她無所適從，然後再補上充滿情感、理解的訊息：「跟妳在一起的時候，我說我感覺人生中好像缺了一塊。我終於慢慢摸索出那究竟是什麼了。真的很複雜。不過我們這種人就是如此複雜。比妳感覺到的還要複雜。」

二〇一〇年八月，他開始跟二十八歲的丹佛女生卡拉交往。某天他帶卡拉到綜合賣場裡由老闆一家經營的小店綠山槍彈行。他把他想買的槍指給她看，那是一把黑銀相交的點三八儒格小手槍。

到了八月十日，他強暴了莎拉。離開莎拉的公寓後，他當掉了他跟瑪莎的婚戒，到監理站取得新駕照，最後來到綠山槍彈行。他拿嶄新的證件，支付了三百二十八點一三美元的現金——包括他從莎拉家偷走的兩百美元以及當掉戒指的錢——買下那把儒格手槍。

回到家，他將莎拉的內褲塞進臥室裡的黑色吉他音箱。

他用簡訊把新槍的照片傳給卡拉。

他擁有兩件戰利品。

＊＊＊

二〇一〇年十月，他找到新室友分擔帳單：他的弟弟麥克。這一帶的居民都看得出他們的血緣關係。他三十二歲，體重兩百二十磅，六呎兩吋高，金髮淺褐色眼珠。麥克三十歲，兩百三十磅重，六呎兩吋高，髮色偏黃，一雙綠眼。偶爾還會有人以為兩人是同一人。

類似的面貌之下隱藏著大相逕庭的內在。他們是親兄弟，但說不上親近。

有時他覺得麥克挺煩的。麥克熱愛運動，是田納西巨神隊的鐵粉，在自己房間裡掛上大大的隊旗。他每天至少到後頭的房間一趟，追蹤支持的橄欖球隊跟籃球隊的情報。他警告過麥克：職業體育是弱者的娛樂，完全是在浪費時間，「把人變笨。」

此外，麥克個性守舊，高中畢業後就加入軍隊，一退役就想打大學籃球聯賽。他申請進約克學院，內布拉斯加州東南部平原小鎮裡的小型基督教學校。畢業之後，他的商管學位沒有多少用處，於是他搬回科羅拉多州，以家具搬運工的工作餬口。他決定把未來寄望在最平凡的工作上：他申請就讀丹佛的愛蜜莉．葛里菲斯技術學院的美髮科。這就是他眼中的自己：普通到不行。他有個從高中交往到現在的女朋友，她每個禮拜都會上教堂。兩人的朋友圈很大，喜歡到外頭吃飯、看電影。他的人生哲學比哥哥簡單許多。「我只想好好過活，找找樂子。」

麥克知道哥哥跟他不一樣。這是他的形容：「讓人猜不透的傢伙，非常內斂。聰明到爆。」他哥哥不菸不酒不吸毒。「他沒多少朋友，我不認為他有深入來往的好朋友。」他哥哥把大部分心事都藏起來，把自己跟電腦一起鎖在哈蘭街六十五號後頭的房間裡。他從不讓麥克看到自己在幹什麼好事。他堅持兩個人要用不同的帳號。「我不會看他的東西，相信他也不會看我的東西。」麥克說。

哥哥的腦袋令麥克驚嘆不已，但他有些地方不太對勁。他在書架上擺滿怪書，關於符號、古代宗教、祕密結社。他偶爾會提起詭異的陰謀論。他認為哥哥的想法跟一般人差得很遠。「一般的社會體系，一般人的思維，他完全格格不入。」

他提到哥哥那年秋天新認識的交往對象。她也是個「格格不入」的女性。她名叫卡莉莎．貝克雷（假名），三十二歲，在科羅拉多州西南部的聖米格爾盆地長大，那個區域到處都是破產的礦場跟毫無起伏的草原。她十八歲那年加入海軍，但是軍中生活令她反感，才一年就放棄了。她回到科羅拉多州，隨即因為搶劫諾伍德小鎮的藥局跟加油站遭到逮捕。最後她跟名叫查克．崔佛斯（假名）的中年男子同居，兩人在亞利桑那州東部的納瓦霍沙漠中遊蕩，在一間又一間汽車旅館或是露營車社區度日。查克找到機械工的工作，卡莉莎忙著撰寫一份以印第安神學為基礎的著作，她說那叫做「萬物論」。

卡莉莎跟查克一起廝混了十三年，以夫妻相稱。他們也信奉多重關係，定期與其他人約會、上床。因此卡莉莎對某個在分類廣告網站傳訊息給她的科羅拉多男子感興趣也不是怪事。起先兩人以電子郵件聯繫，最後交換了手機號碼，能聊上好幾個小時。電影、書籍、枕邊情話。這兩個人「比親手足還要親」，查克這麼想。

卡莉莎決定飛到科羅拉多州去見她的新男友。查克曾經待過海軍陸戰隊，受過訊號情報的訓練，自認擅長看透人的性情。他也跟這個科羅拉多州的陌生人講過電話，認為對方專注又注重隱私。他最終的分析是：該名男子「聰明伶俐，閱讀廣泛，是個愛說大話的虐待狂」。不過還算安全，能當卡莉莎的交往對象。二〇一〇年十月，查克開車從他們在亞利桑那州霍布魯克沙漠旅店的房間（這座小鎮位於舊六十六號公路旁，人口五千零五十三人），送她到鳳凰城的天港國際機場，來回車程要六個小時。

他到丹佛的機場接她，讓她在哈蘭街六十五號的屋裡住了兩個禮拜。她的顴骨高聳，線條分明，下巴尖，鼻子窄。她一頭深色卷髮，蓬鬆的髮絲流瀉到肩頭以下。她有時候會塗上黑色睫毛膏，眼窩凹陷，充滿敵意。她知道這個世界很複雜，充滿控制社會大眾的強大祕密團體。他找到了跟他一樣理解這個世界的女人，與她產生了共鳴。「我好喜歡她。」他說。

他的弟弟麥克的反應則是完全相反。卡莉莎令他坐立不安。他說她「是個怪人，迷信有機食品跟陰謀論」。他偷聽到她低聲說了好久的電話，滿口鍊金術、人格原型、無限理論，在言談中透露自己是某個強大祕密結社的高階成員。有一天晚上，麥克跟卡莉莎還有哥哥一同外出。哥哥提醒他要當心點。卡莉莎不在社會系統當中，就連政府機關也不知道她的存在——她沒有社會安全碼。有一個祕密保護小組跟著她，甚至跟到了科羅拉多州來。麥克答應他不會洩漏任何情報。「我不想死得不明不白。」

就麥克所知，他哥哥認為自己是某個團體的精英幹部，深知這個世界真正的運作模式，利用真相來主宰庸碌的人民。儘管覺得不太正常，但麥克還是信了。「我現在就可以告訴你們，我哥才沒有胡說八道。」面對旁人投以兄長那番社會結構陰謀論的質疑，他總是這麼說：「只要跟他相處過就會知道那些都是真的，不是什麼垃圾。」

麥克也知道他的哥哥跟卡莉莎都對神祕學抱持著濃厚的興趣。他研究過十九世紀的猶太哲學體系卡巴拉教科書《賢者》（*The Magus*），探究天體的影響以及塗油和符咒等等自然魔法。他認為自己是西元兩百年以降的神祕學選輯《祕文集》（*Corpus Hermeticum*）的專家，也對自己的敏銳閱讀能力深感驕傲。他曾跟某個朋友說過他不太喜歡他讀過的某版《祕文集》譯文所透出的基督教－新柏拉圖主義。「我在網路上看過更好的翻譯——至少我是這麼想的——是從原本的希臘文直接譯成英文。」

他深深迷上靈數學，在筆記本裡寫滿奇妙的符號，研究難以找到的文本：記載完整埃及神智學的四十二本《托特之書》（*Books of Thoth*）。他接受支持自己社會觀的現代科學，比如說柏特·霍多柏勒（Bert Hölldobler）與哈佛大學的E·O·威爾森（E. O. Wilson）合著的《超有機體》（*Superorganism*），裡頭描述了昆蟲的階級制度。催眠術令他熱血沸騰。

他想在網誌上記錄自己的見解，創造了好幾個不同的網名：HiveTheory、ThatWhichIs、PrimalMind、TribeTwoZero等等。他在傳給朋友的訊息中寫到自己的主題是「唯心論、神祕學、哲學之類的。就是個寫滿我想法的部落格」。

十一月，卡莉莎重訪哈蘭街六十五號，這回她待了一個月。他希望能與她建構起更穩定的關係。認識瑪莎之後，他第一次感受到與人產生情感的聯繫，而且他還是想要孩子。「我已經很久很久……沒有這麼喜歡一個女人了。」他對旁人說。跟她在一起的時候，他整個人都變了。自己的轉變令他震驚。他不看色情影片，不會在外頭潛行。她讓他保持平靜，那頭怪物從來沒有鬧過脾氣。「她跟我是如此的契合，在她身邊的感覺太舒服了，我甚至沒有心思想別的事情。我沒有理由想其他的事情。」

然而卡莉莎無法回應他的期盼。她說她對更深入的關係毫無興致。她還要寫書。她的丈夫在沙漠裡離群索居地等待著。該繼續前進了。她毫無預警地變成他的前女友，在十二月十五日那天離開。

他再次陷入孤寂。

「她明明可以幫我的。」他在心中對自己說。可是她卻如同以前他唱給母親的〈小翅膀〉歌詞裡的女人。

她只想著
乘風而去

＊＊＊

一月五日，他強暴了安珀。

他在吉他音箱裡又藏了一條內褲。

循環再次開啟。

第十章　好鄰居

二〇一一年一月二十五日
科羅拉多州，威斯敏斯特

韓德蕭跟艾利斯共事多年，兩人曾經套好一招：要是遇上無聊透頂的會議——當警察最不缺的就是這種東西——受困的一方可以要求另一方：「傳簡訊給我當成離開會議室的藉口，加個『急』看起來更有效果。」這是她們脫身的招數，雖然從來沒有真的實行過。

因此當韓德蕭收到艾利斯那封簡訊——裡頭還真的有個「急」——她以為是幫她解危的假訊息。那天早上她到威斯敏斯特的市公所參加例行的訓練會議。真好笑，她想。她很快就發現艾利斯不是在開玩笑。

艾利斯有個重大消息要向韓德蕭報告：她剛收到萊克伍德那起強暴未遂案件現場的手套痕跡和鞋印照片。找到這些證據的蒐證人員是她的朋友雪莉・島本（Sheri Shimamoto），丹佛的犯罪資料分析員圈裡的一員。兩人曾在聯邦調查局的匡堤科學院上過兩個禮拜的訓練課程。

島本能有這份收穫再自然不過了，她對鞋子極度痴狂，自己手邊就有五十雙鞋——包括五雙愛迪達經典金標 Superstars，全世界運動鞋收藏家覬覦垂涎的貝殼頭鞋款。踏入警界前，她最愛的工作是富樂客公司女鞋部門的店員。她拿的是數學學位，但她的戀鞋癖使得她成為專精鞋款分析的犯罪專家。

鞋印當然不如指紋精準，算不上專屬於個人的特徵，不過要是運氣好，可以從中分析出犯人的許多細節，成為未來辨明身分的助力。從鞋印可以看出特定品牌——Nike 還是 Merrell。特定的記號——鞋跟上的缺口、鞋底的磨損模式、高足弓——這些能幫助犯罪現場技術員連結到某一雙鞋子。為了判斷犯罪現場鞋印的來源，島本在網路上的鞋類超級商城 Zappos.com 泡了無數的時光，這個網站提供數千雙鞋子極度詳細的照片，鞋底、正上方、側邊等角度一應俱全。有時她會到附近商場的各家鞋店閒晃，這些調查幫助她更加接近犯人的真實身分。

島本抵達萊克伍德的現場時，她當然四處尋找過鞋印的蹤跡，拿重鉻酸鹽粉末掃過臥室跟廚房地板，讓手指或鞋子留下的油脂跟灰塵無所遁形。她找到四個像是網球鞋留下的清楚鞋印，還在臥室窗戶外濕潤的泥地上找到另一個類似的鞋印。試著採集窗戶上的指紋時，她發現應該是手套摸過的痕跡。

掌心有個蜂巢圖案的手套。

艾利斯放大島本傳來的影像，馬上就認出那個圖案。跟她在莎拉公寓屋後欄杆上找到的六角形印痕吻合。當時她還不確定痕跡的來源，現在她跟島本說她知道了。島本興奮不已，衝進迪克運動用品店，找到一雙黑色的安德瑪手套，在柔軟的質地上，指尖跟掌心都有突起的防滑蜂巢圖案。

接下來是鞋子了。艾利斯細看現場技術員卡莉．吉博森在戈爾登拍攝的照片，她在安珀的公寓後面的雪地裡找到這個鞋印。看起來跟島本在萊克伍德那間臥室窗戶下採集到的鞋印幾乎一致。蓋博瑞斯的搭檔麥特．科爾將鞋印影像傳到執法人員專用的分辨鞋款網站，收到一個相符的結果：這些鞋印來自一雙愛迪達 ZX 700 網面鞋，二〇〇五年三月上市開賣。

看到兩名犯罪分析員串連的一切證據，韓德蕭知道二〇一〇年七月六日在萊克伍德襲擊女性的犯人，正是強暴朵莉絲跟莎拉的混帳。

韓德蕭立刻打電話聯繫萊克伍德警局。

＊＊＊

萊克伍德的警官亞隆．哈塞爾（Aaron Hassell）沒遇過如此莫名其妙的案件。他奉命到還算高級的住宅區處理一起強暴未遂案。報案的女性名叫莉莉，她宣稱有一名戴著黑色面罩的男子趁她睡著時襲擊她，一聽到她呼救，男子跑到隔壁房間確認家裡是否還有其他人，於是她趁機逃走，從床邊的窗戶鑽出去。她從七呎高處墜落，頭部著地，幾根肋骨裂開，一節脊椎骨斷裂。她強忍劇痛，跌跌撞撞地走到隔壁鄰居家猛敲門，把他們吵醒。

不過警方抵達時，現場沒有任何強行入侵的跡象。門沒被撬過，窗框沒被破壞。每一扇門都鎖得好好的，窗戶也是。哈塞爾拜訪過四名鄰居，沒有人看到或是聽到不尋常的動靜。現場技術員沒找到遺留的ＤＮＡ。「沒有半點證據。」他心想。

他的想法不夠精確。島本就找到了鞋印跟手套痕跡，莉莉手邊沒有任何類似的物品。但這些證據也無法指向任何一名嫌犯——甚至無法證實襲擊真有其事。莉莉請了園丁來照顧庭院，偶爾會有工匠進屋修繕，她自己也說有個年長男性朋友不時會來坐坐。他們都可能是鞋印跟手套的主人。

莉莉也是一團謎。她是個隨心所欲的人，提出各式各樣不尋常的要求。她曾打電話向哈塞爾報告自從事件之後，她養的貓看到穿黑靴子的人就抓，說不定警方應該要鎖定穿黑色靴子的傢伙。「她認為這是對調查有幫助的情報。」他在報告中寫道。她的俄羅斯畫家朋友根據她的描述畫下犯人的長相，她要哈塞爾公布那張畫。畫中男子戴著面罩，只露出藍色眼珠跟金色眉毛，沒有其他供目擊者指認的五官特徵，哈塞爾拒絕發布這項情報。另一次，她要求哈塞爾徹底調查丹佛一帶的健身房，尋找體格壯碩，有藍色眼珠的六呎高白人男性。「符合條件的人可多了。」他如此回應。報警後過了兩個多月，她突然想起遭到襲擊前，她的電腦螢幕突然跳出奇異的無線網路發信源，她說名稱是「純粹的邪惡」。

最後，她請哈塞爾找來催眠師，讓她在陷入恍惚的狀態下接受面談。哈塞爾聯繫了一名傑佛遜郡檢察官辦公室的調查員，對方領有催眠執照。十月的某個颳大風的日子，三人在萊克伍德警局集合（離報案已經過了三個月）。調查員以常見的技巧營造出催眠的氣氛。想像妳在一台電梯裡，他對莉莉說。不斷往下、往下、往下。

她打斷了他。不對，她說。她有自己的一套。我走在草地上，她說。她請調查員讓她擔任靈媒，為見證那場襲擊的貓兒、松鼠、樹木代言。在催眠狀態下，莉莉說起她過去沒有提過也不可能看過的場景。她看到犯人從車庫潛入她家。她描述他是如何站在屋外，隔著窗戶監視她。

哈塞爾跟調查員都對莉莉在恍惚中提出的見解興趣缺缺。調查員「跟我說他不認為這是很有收穫的催眠療程」，哈塞爾在報告中寫道。莉莉的主張對調查無礙，但哈塞爾心中認定她幫不上半點忙。

莉莉也是無比挫折，她原本就對警方沒多少信心。報案前幾個月，她跟萊克伍德警方有過不太愉快的經驗。她喜歡在鄰居家某棵大樹下祈禱，新的屋主搬進來之後，看到有個陌生女子在自家院子裡唸咒跳舞，馬上報警。警察要莉莉離開，她寫信申訴遭到警察騷擾。

還有一次，在陌生人入侵之後，她在某天凌晨三點半聽到屋外有聲響，打電話報警。一名丹佛的員警負責處理這次報案。他敲響她家的門，手電筒舉到肩膀的高度。莉莉認為他的手勢跟犯人握刀的方式一樣，拒絕讓員警進屋。隔天，她要哈塞爾調查該名員警，把他列為可能的嫌犯，哈塞爾拒絕了。

哈塞爾令她火大。他每次都讓她踢鐵板。她原本要求讓警方的畫家幫她繪製犯人的素描，他沒有答應，所以她才找俄羅斯朋友幫忙。警方沒把她看在眼裡。「又沒有那麼重要。有什麼大不了的呢？」她回想他們的說詞。

「當然很重要。」莉莉忍不住抗議。「我知道他長什麼樣子，我知道他的舉止。我對他了解得很。我看到他的眼睛，看到他的身體。我是藝術家，我可以幫上忙。」

案發後大約過了一個月，她在整理庭院時發現一把木柄刀子插在地上，離她家後方的圍牆很近。她認出這是自家廚房裡常用來切西瓜的水果刀，一定是強暴犯手上的那一把。他一定是在脫逃時直接往地上一插。警方先前怎麼沒有找到呢？為什麼還要讓她打電話告知如此重大的線索？她投訴哈塞爾「反應不夠快」。

莉莉的雙親也對哈塞爾大為不滿。他們請來私家偵探四處調查。對方是退休的丹佛警官，他在莉莉家後院六呎高的木頭圍牆頂端找到類似摩擦的痕跡，除此之外別無斬獲。然而這份發現對莉莉一家傳達了很清楚的訊息：哈塞爾不夠認真。某天，莉莉的母親直接到警局質問哈塞爾。

說真的，你到底相不相信我女兒？她問。

這個問題還真難回答。

哈塞爾出身軍人世家，從小就是個保守的基督教徒。從空軍退役的父親幫人修理電器，母親則是學校老師。他讀的是俄亥俄州戴頓市郊的雪達維爾學院，這間浸信會小型學校要求每一名學生輔修聖經研究。老師教導學生創世論。校訓鏗鏘有力：「獻給耶穌基督的榮光與誓約。」校園裡容不下相信心電感應、樹木靈魂的人士。

哈塞爾也知道女性會謊稱自己遭到強暴。剛踏入警界時，他接獲報案，到一間公寓協助宣稱遭到襲擊的女性。她說她用辣椒噴霧擊退惡徒。報案人臥室裡確實到處都是辣椒噴霧，但有件事不太對勁。該名女性說犯人扯掉她的褲子，可是她的牛仔褲在地上堆成一團，就像一般人拉下褲頭，把腿抽出來的結果。接著他找到一張收據，顯示該名女性前一天買了這瓶辣椒噴霧。哈塞爾提出這些跡象時，女性終於繳械，說她捏造了整起案件。哈塞爾也發現她幾個禮拜前曾向鄰居抱怨遭到另一名男子襲擊。他認定她「對於旁人關注貪得無饜」，整起鬧劇以謊報收場。

然而他也知道自己稱不上見多識廣。雪達維爾七哩外還有一所私立學校，教學方針簡直就像平行宇宙。安蒂奧克學院是氣氛古典的通識型學校，相當注重民主、學生自治、社會正義。該校學生必須做社區服務。教師不只打分數，也會寫下大段評語。安蒂奧克的校訓是「為人類做出貢獻前死不瞑目」。哈塞爾有不少機會跟安蒂奧克的學生相處，他發覺不同的思維並不代表精神失常。因此他難以評斷莉莉的狀況。「很多同事說『她根本就神經病』。我不這麼想。我覺得她只是擁有不太尋常的信仰。」

過去的經驗也教導他以騙子稱呼潛在的被害人有多麼危險。他不覺得早年自己的判斷有誤──謊報會占用警方的時間與精力。但現在他身為警探，學到要是線民害怕因為撒謊遭到逮捕，那他們可能就不太樂意分享情報。萊克伍德的警方高層不鼓勵逮捕謊報的民眾，除非狀況特殊。

同時，性侵案件也有獨特的風險存在。強暴已經是通報率不高的犯行了，要是再對報案者提出告訴──而且不信任他們──會讓報案率雪上加霜，強暴犯逍遙法外，伺機再犯。也會讓許多女性謊報強暴的迷思甚囂塵上。國際終結對女性施暴團體在提供給警方的訓練文件中，強調謊稱遭到強暴的行為往往源自「嚴重的心理與情緒問題……更好的作法或許是轉介給社福單位，而不是控告報案者謊報」。

對於莉莉這個案子的來龍去脈，哈塞爾已經有了定見。莉莉說她睡前喝了花草茶，他上網查了資料，找到有些網頁指出那種茶喝多了可能會引夢。於是他想或許她從栩栩如生的夢境中醒來，還沒完全清醒就跳出窗外。如此一來就能解釋欠缺的證據，也不需要指責莉莉是騙子。

不過他依然不太篤定。神祕的腳印和手套痕跡沒辦法混過去，而且莉莉的傷勢也算嚴重。說不定真的有個混帳潛入她家。說不定他還在外頭為所欲為。他很難下定決心。手邊的證據少得可憐，哈塞爾覺得他已經盡力了。

二〇一〇年十月，他停止主動調查本案，但沒有把案件打入冷宮，以防哪天又獲得新的情報。

他最後輸入的紀錄是「線索無法成立」。

＊＊＊

雪倫・惠藍（Sharon Whelan）是人人心目中的好鄰居。她跟丈夫蓋瑞在萊克伍德的蘋果木社區住了十五年。她在當地學校教藝術跟戲劇，他則是地質學家。兩人在離湖邊只有一條街遠的五房大屋子裡養大了三個小孩，幾乎認識社區裡每一個人。社區旁有間餐廳想擴建時，他們帶頭抗議。她如此描述這個社區：「大家的關係都很密切。」

她特別照應對街的鄰居，八十九歲的寡婦凱絲琳・艾斯特斯（Kathleen Estes）。二〇一〇年六月十四日星期一晚間，惠藍往外一望，看到一輛白色小貨車停在艾斯特斯家門前路上。她覺得不對勁，水電工人不可能出勤到這麼晚，而且這一帶的居民大多把車停在車庫或是屋前的車道上。

她打電話給艾斯特斯。「妳家門口有一輛小貨車耶，是不是妳家的客人停的啊？」艾斯特斯完全沒注意到那輛車。會不會是隔壁的訪客啊？他們家有十幾歲的小孩，朋友整天來來去去。「我也會注意的。」她說。

半個小時後，惠藍準備上床睡覺，她瞄了一眼時鐘，已經十點四十九分了，那輛小貨車還在。現在她看到駕駛座上有個男人，對方似乎只是坐在車上，無所事事。她丈夫抄下車牌號碼。惠藍再次聯絡對街鄰居，艾斯特斯決定報警。她把惠藍的丈夫抄下的車牌號碼念給調度員：935-VHX。

幾分鐘後，萊克伍德警局的員警抵達社區，那輛小貨車依舊停在原處，不過車上的男子不見了。員警繞了小貨車一圈，那是一輛白色的馬自達，看起來很普通。他查詢車牌紀錄，清白乾淨。員警敲敲艾斯特斯家的門，說他看不出哪裡不對勁。回到警局，他針對這次的現場訪視寫了簡短的報告，標題是「可疑車輛」。

隔天清晨，惠藍又往窗外一瞄，發現那輛小貨車開走了。她放下心頭大石，艾斯特斯也鬆了一口氣。

社區恢復和平的風貌。惠藍沒把那輛白色小貨車放在心上，直到八個月後，她看到一則地方新聞報導。

＊＊＊

二〇一一年二月初，一名萊克伍德警局的警官走向萊克伍德犯罪資料分析員丹妮兒・迪吉希歐（Danelle DiGiosio）的辦公隔間，他目前的任務是找出莉莉那件案子跟其他強暴案之間的關聯。他從簡報得知該名強暴犯曾經跟蹤那些女性，從她們家中偷走內褲。他知道迪吉希歐擁有各式各樣的資料庫，可以請她查一查是否有人通報內褲遭竊？他問。可以在明天之前完成嗎？警方準備召開大型會議，檢視所有的證據。

迪吉希歐差點笑出來。她的資料庫神通廣大，但還不到十全十美的地步。「要是發現我最愛的內褲不見了，我會猜它大概是卡在哪件褲子的褲腳裡，不然就是被洗衣機吃掉了。絕對不會為了這種事情報警。」她對警官說。

她已經習慣別人拋來不可能的任務。她在科羅拉多州格里利附近一大片農田間的小鎮長大，那裡寧靜又安全。她打過排球、籃球，也曾代表位於科羅拉多州吉爾克雷斯特的山谷高中田徑隊「維京隊」參加過比賽，不過她的志向是加入聯邦調查局。她申請進入丹佛大學，希望能取得刑事司法的學位，可是一名教授說她需要具備一項專才，建議她選修統計學。聯邦調查局開始往資料分析的領域投下重本。

數學不是她的強項。「我真正擅長的是英文。我喜歡音樂。」她說。但她真的很想加入執法機關，如果一定要修統計學，那她只好乖乖認命。「我逼自己喜歡上數學。」她說。統計學破解現實世界問題的力量帶給她動力，她說這叫做「有目的的數學」。她在一九九九年畢業，卻沒有向聯邦調查局提出申請，反而踏上訓練其他警官使用地圖做犯罪分析之路。她結婚，生子，認定比起四處出差教課，她更想要穩定的生活。二〇〇八年，她進入萊克伍德警局，成為科羅拉多州少數擁有統計學學位的犯罪資料分析員。

在這裡，她桌上擺了幾台電腦螢幕、孩子的照片、一壺咖啡。辦公室另一頭裝設了龐大的印表機，能夠印出成捲的市區地圖，活像是肉鋪包裝用的牛皮紙。印表機是她選擇的武器，她可以靠這些地圖鎖定偷車賊或是便利商店搶案，協助警察擬定逮人的策略。她對警官說：或許資料庫裡沒有內褲竊案的資料，可是她能使用繪圖軟體，標出莉莉家四分之一哩範圍內可疑車輛與人士的通報紀錄。

「感覺像是在針海裡撈針。但我至少能做到這件事。」她說。

下班前，她找到了那根針：艾斯特斯在八個月前打的那通報案電話，她說自家門口停了輛可疑的白色小貨車，地點跟時機吸引了迪吉希歐的注意。日期是六月十四日，距離莉莉報案只有三個禮拜，而且艾斯特斯家就在幾條街外。

「嗯，你那天晚上為什麼會在那裡？你不屬於那個地方。」她滿心疑竇。

隔天早上，二〇一一年二月九日，哈塞爾跟迪吉希歐開車到威斯敏斯特警局。走進會議室時，迪吉希歐有些訝異。二十幾名警官跟聯邦調查局探員圍著警局二樓的長長會議桌，韓德蕭跟蓋博瑞斯都在場，貝吉斯跟古魯辛也沒缺席。距離安珀的強暴案已經過了三十五天。

調查進展不太樂觀。蓋博瑞斯取得頭號嫌犯——曾被控告性侵的大學生法蘭克・塔克——的手機通聯紀錄，發現他在安珀遭到強暴時人正在韋爾滑雪。到局裡應訊時，他欣然展示小腿上的記號，結果是一塊圓形的藍色火焰刺青。

聯邦調查局的 ViCAP 資料庫也沒帶來好消息。古魯辛跟蓋博瑞斯找上堪薩斯州勞倫斯曾經調查過大學城連續強暴案的警官。兩個案件有所關聯的可能性令他們心癢難耐，然而堪薩斯州的調查人員也碰上目前科羅拉多州這群警官面臨的問題。就算認定犯案者是同一人，他們依舊查不出半個嫌犯。

科羅拉多州調查局的分析師路易斯報告韓德蕭要求的檢驗結果，拿威斯敏斯特的DNA檢體跟奧羅拉和戈爾登比對。他們只有一次機會，檢驗程序必定會破壞寥寥可數的細胞，不過他們發現所有的DNA檢體確實有血緣關係。這份證據還不足以揪出特定人士，但現在大家證實了懷疑已久的假設：該名男子——或者是幾個來自相同家族的男性——強暴了朵莉絲、莎拉、安珀。

威斯敏斯特警局負責處理媒體事宜的崔佛．麥特拉索（Trevor Materasso）警長知道接下來他得要面對一大群記者，報告有個連續強暴犯在丹佛市郊肆虐。他也必須承認警方對他的身分毫無頭緒。他的思緒轉得飛快，警方要如何向社會大眾喊話？民眾能提供什麼線索，縮小嫌犯範圍？要是記者問到難以避免的問題——警方認為那個強暴犯會不會再次犯案？——他該如何回答？

迪吉希歐聽著眾人交換手邊線索，不太確定是否要提出自己的發現。再怎麼說也只是莉莉家附近停了一輛白色小貨車。來開會前，她甚至沒有跟哈塞爾提起此事，不想被人當成白痴看待。說不定這些調查人員會瞧不起她的分析員身分。有些人會瞧不起她的性別。執法機關一直都是男人的天下，即便有韓德蕭跟蓋博瑞斯在，會議室裡幾乎都是剪了短髮的高大白人男子。「必須要成為不一樣的女性，才能在這一行站穩腳步。」她說：「妳得要足夠強悍，但又不能強悍到被人叫婊子。要找到自己的立足點，同時也要維持自己的真面目。」

在會議之前，迪吉希歐還不知道這名強暴犯有多殘暴，也不知道他攻擊了多少女性。「我到現場才知道。」會議到了尾聲，幾名警官三兩成群，討論案情，有些人準備要離席。

迪吉希歐決定開口。

「我查了可疑的車輛跟可疑的報案電話。」她對長桌周圍的警官說：「不知道有沒有關聯，總之我查到一通電話，通報有個開白色小貨車的可疑傢伙。」

蓋博瑞斯正在跟另一名警官說話，連忙截斷嘴邊那句話。迪吉希歐說了什麼？「白色小貨車。」蓋博瑞斯腦海中閃過監視影片中的白色小貨車，案發當晚那輛車在安珀的公寓附近繞了好幾圈。

「妳知道更多詳情嗎？」蓋博瑞斯起身問道。

迪吉希歐帶著她的筆電移動到蓋博瑞斯身旁。根據車牌號碼，那是一輛一九九三年出廠的白色馬自達小貨車。

監視影片上的小貨車也是馬自達。

這輛車登記在誰的名下？蓋博瑞斯一邊問，雙眼掃過螢幕，尋找答案。

迪吉希歐當然也查過了。她點開另一個檔案，裡頭的圖檔是車主的駕照影像。

上頭印著他的名字。

第十一章 嚴重的輕罪

二〇〇八年八月的最後一週
華盛頓州，林伍德

看起來像是交通罰單，內文格式也跟違反交通規則的通知相同——單頁，填空式的傳票，頁首有兩個選項：「交通」和「非交通」。瑪莉手上拿的這張傳票，在標示「非交通」的空格裡打了個叉。

她在八月底收到這封信，距離她報案那天還不到三個禮拜。拆開信封，她發現自己被控犯下一項罪：「謊報」（False Reporting），兩個全是大寫的手寫字。表格上沒有說明這是什麼樣的指控——輕罪？重罪？——也絲毫未提罰則。不過傳票列出了她觸犯的法條編號：RCW 9A.84.040，加上搜尋網站的力量，她終於能回答自己的疑問。謊報是嚴重的輕罪，是輕罪中最重的等級。她可能被判最多一年徒刑。

法條內容如此寫道：

犯下謊報罪者即為了解自己通報、傳達、散播的訊息為假，卻依然告知或是散播錯誤的通報或警報，比如說主張火災、爆炸、犯行、天災或緊急情況已經發生或即將發生，明知這樣的警告能造成建築物、集會、運輸機關疏散，或是造成公眾不便或恐慌。

換句話說，瑪莉被控引發虛假的恐懼，明知根本沒這回事，卻還是宣稱她遭到強暴。這個消息讓瑪莉崩潰了。她已經讓警方稱心如意——給了他們手寫的陳述，放棄測謊機會。現在卻得要面對指控：往前邁進、撐過風暴的所有希望都消失了。她不懂法院系統，不知道要打多久官司，也不知道結果可能是如何。但她知道自己大概得獨自面對。現在她的朋友不剩幾個了，沒有人會自告奮勇陪她出庭。

瑪莉必須前往林伍德地方法院提出答辯，若是沒有應訊出庭，她可能會被逮捕。以丟進郵筒的制式表格來警告某人即將面對一年牢獄之災，這種作法似乎有些隨便。但這種草率的通知方式恰恰符合警方作出這個決定的態度。起訴程序一點都不複雜——警局內部沒有強制多重確認內容，也不需要檢察官簽名。馬森警長填寫這張傳票，在頁尾簽下名字。這是他個人的決定——對馬森而言，是個很輕鬆的決定。

馬森毫不懷疑瑪莉真的撒了謊。法條說她說謊就是犯罪。既然有了罪名，也有了犯人，那麼提出告訴也是很自然的結果。「就是這麼單純。」馬森說。

謊報的罰則可輕可重。阿肯色州立大學的法律系教授莉莎・亞法洛斯（Lisa Avalos）曾經做過研究，發現包括華盛頓州在內的四十二個州將謊報視為輕罪，八個州將其列為重罪。在伊利諾州跟懷俄明州，有可能判處最高五年徒刑，阿肯色州則是六年。謊報也是聯邦等級的重罪，可判處五年有期徒刑，以及最高二十五萬美元罰金。跟英國相比，美國似乎已經相當寬宏大量了。英國的謊報罪被形容成「扭曲正義之途」，最高可判處終身監禁。

對警方而言，謊報會受到嚴重懲罰非常符合邏輯。謊報行為相當浪費資源。處理瑪莉的案件時，大批巡警、犯罪現場技術員、警探、局長、救護車人員全都湧向她的公寓，影響他們原本的勤務。稍後到了醫院，醫生與受過特別訓練的護理師替瑪莉進行了好幾個小時的檢查，導致他們無法替其他患者診療。在案發後的幾天內，馬森跟他的同僚投注了更多心力。同時還有這個案子對社會大眾的影響：瑪莉口中的強暴經歷在西雅圖區域受到廣泛報導，陌生人闖入民宅，拿刀威脅，性侵得逞。這樣的事件絕對會引發恐慌，同一棟公寓的居民以及階梯計畫的成員受到的驚嚇更是嚴重。

瑪莉的案子還沒有牽扯到嫌犯。但要是警方有了懷疑的對象，那就代表某個無辜民眾將遭受警方的嚴厲盤查，嫌犯的家人也可能要接受調查。說不定還有他的同事、鄰居。更糟的是這名無辜民眾可能會遭到起訴，甚至裁定有罪。謊報會造成社會動盪，危害名譽。二〇〇六年，三名杜克大學曲棍球隊的隊員被控強暴一名黑人脫衣舞舞者，直到隔年才洗刷冤屈。該案的檢察官被人發現他扣留能證明被告無罪的ＤＮＡ證據，導致他喪失檢察官資格，同時還得拘役一天。二〇一四年，《滾石》（*Rolling Stone*）雜誌刊登了一則聳動的報導，裡頭提到一名學生爆料說她遭到維吉尼亞大學兄弟會成員輪暴。這番說詞馬上就被其他媒體跟警方反駁——隔年，雜誌全面撤掉這篇報導。一間新聞研究所將該篇報告列為「年度污點」。《滾石》雜誌隨即官司纏身，遭到兄弟會和大學學生事務長控告妨礙名譽，因為那篇報導讓事務長平白無故「擔上校方冷漠無情的罪名」。

瑪莉的案子有個類似的案例，地點就在林伍德南方幾哩處，時間是二〇〇八年三月——離瑪莉報案才五個月。華盛頓州金郡有名女性以謊報罪遭到起訴，被判八日拘役。不過她的行為造成更大的傷害：她控訴某個特定人士——一名大學教授——強暴她，甚至偽造對方寄來的電子郵件，營造出他對她有感情，承諾只要她「達到幾項條件」就能給她高分。該名教授遭到逮捕，在證明他無罪前，被關了九天。

對林伍德警方來說，正式判定瑪莉謊報代表強暴調查終結，已經沒有任何需要調查的事項了，不用繼續收集證據，不用繼續清查周遭環境。至於沒有人應門的公寓住家——瑪莉原本的公寓有六戶，附近的公寓有七戶——不會再有員警上門訪查。因為部門協議，採集的證據必須丟棄，再過一陣子，瑪莉的寢具將會銷毀，還有上頭的毛髮纖維，以及玻璃滑門上的DNA檢體。當然也包括了強暴採證工具組。

就連瑪莉的筆錄——她陳述的事件始末——也會從正式紀錄中消失。每年聯邦調查局從國內警察局收集犯罪資料，利用這些資料來規劃預算、研究趨勢、立定新法或修法。在遞交給聯邦調查局的年度報告中，林伍德警局宣稱瑪莉的報案是無稽之談——一切沒有根據或是認定虛假的案件都會貼上這個標籤。二〇〇八年，林伍德警局接獲十起強暴案的通報，其中四起被歸為無稽之談。

九月十一日，指定應訊日當天，瑪莉沒有出庭。此舉等於犯罪，因此檢察官要求法官下令逮捕瑪莉，法官同意了。現在瑪莉可能要面臨兩項指控，只要碰到警察就會遭到上銬逮捕，送進監獄。

林伍德地方法院或許會讓民眾暈頭轉向。此處總是無比忙亂。二〇〇八年，光是像瑪莉這樣的輕罪案件就有四千八百五十九起；法院同時要處理一萬三千四百五十件違規案件，大多與交通有關。對於遭到指控或是收到罰單的人而言，他們在法院裡可說是摸不著腦袋，一群群穿著西裝的專業人士在身旁來來去去。某些關鍵機能外包給其他機構。薩柯與湯瑪士私人法律事務所負責起訴事宜，另一間外包商 nCourt 透過電話或是網路處理罰金支付業務，向法院收取服務費。案件審理過程中，罰金、費用、其他法律義務可能會不斷滋長。像瑪莉這樣的被告通常必須出席每一場聽證會，即便聽證會的目的只是決定延遲下一場聽證會的日期，到時候被告還是得要到場，聆聽審理又要繼續延遲的通知。

這間法院的法官史蒂芬・E・摩爾（Stephen E. Moore）在網路上貼文表示法院的目標在於「導正行為——讓林伍德成為更好、更安全、更健康的城市，讓眾人得以安心居住、工作、購物、拜訪……（法院）最重要的價值……是顧客服務。收到交通罰單或是被控犯罪的人或許很難認為他們是『顧客』，但他們確實是。」每一個人——被害者、證人、陪審員、被告——「都能期待法院付出專業與尊重。」

九月十二日，瑪莉現身在林伍德地方法院的櫃台前詢問她的案子。她對於前一天排定的聽證會一無所知，也不知道法院已經批准逮捕她的要求。辦事員從文件堆裡翻出聽證會通知，發現這份通知莫名其妙地被寄到西雅圖，而不是瑪莉在林伍德的住處。因此法院把傳訊日期重新安排到九月二十五日，同時取消逮捕令。要不是瑪莉多跑一趟，前來確認狀況，她可能要等到被警察抓進牢裡才知道有這回事。

在傳訊當天，公設辯護人詹姆斯·費德曼（James Feldman）代表瑪莉出庭。他跟提出起訴的事務所同樣是外包兼職人員。他自己擁有一間小型事務所，經手刑事與民事官司，從家暴、酒駕到狗咬人、走路滑倒，什麼案子都接。

審閱瑪莉的案件資料時，踏入法界三十四年的費德曼很訝異她竟然會遭到起訴。她的說詞並沒有傷害到任何人——沒有嫌犯遭到逮捕，連接受警方盤問的對象都沒有。他猜是警方覺得遭到利用，不爽自己的時間被浪費掉了。

在聽證會上，瑪莉否認自己有罪。下一次開庭定在六個禮拜後的十一月十日。

＊＊＊

二〇〇八年十月六日，華盛頓州柯克蘭一名六十三歲婦人報案表示她遭到性侵。

柯克蘭位於西雅圖東側、毗鄰華盛頓湖的市郊，城鎮裡藝廊、銅像、散步步道隨處可見。那名已經當了奶奶的婦人獨自住在兩層樓公寓的一樓，住處陽光燦爛，周圍林木蓊鬱，粉色紫色的杜鵑花點綴其中，林間小徑蓋滿落葉、樹皮、小松果。她跟警察說她在清晨四點驚醒，一名戴著黑色面罩的男子以戴著手套的手按住她的嘴巴。他另一手拿刀抵住她的頸子。不要叫，他說。他用她粉紅色網球鞋的鞋帶綁住她的雙手，摸遍她全身，拍下照片，刀尖壓在她的一隻眼睛下，說他可以挖出那隻眼睛。她掙扎時，刀子劃破她的虎口。她問他為什麼要做這種事時，他哈哈大笑。他命令她不准報警，說要是她報警了，他一定會知道。

婦人說犯人「膚色很白」、垂肩、掌心光滑、有口臭。至於犯人的年紀，她無法判斷。「可能四十歲，也可能十五歲，我不知道。」她也無法分辨他的體型。「他的體格很普通，不會特別高壯或是瘦小。」

柯克蘭警局指派兩名警官負責此案，傑克・凱西（Jack Keesee）警士和奧黛拉・韋伯（Audra Weber）警探。兩人都認為犯案手法的殘暴與細緻都相當少見。「這裡可是柯克蘭，沒有人會想到有這種事。」凱西說：「我們常常把這裡當成北方的比佛利山莊。」

韋伯認為這個案子中的密室謎團簡直就像是愛倫・波（Edgar Allan Poe）或是艾勒里・昆恩（Ellery Queen）小說中的場景。

這名老婦人已經在家中設下重重防護措施，前門裝設粗重的金屬門閂，後頭的滑門跟臥室窗戶軌道也都用木棍卡住。犯人是怎麼進屋的？韋伯滿心疑竇。老婦人提出一個可能性：前一天晚上她很累，沒關電視就睡著了。說不定她醒來關掉電視後直接就上床睡覺，忘記鎖上滑門。

被害人對警方說案發前兩三個月開始，她一直覺得有人在跟蹤她。當她打電話報案時，調度員的嗓音把她嚇著了——跟犯人幾乎一模一樣。他一定是攔截了這通電話，她想。方才他說他會知道她報警，這話當真不假。她對此深信不疑，拒絕回答調度員的問題。

凱西跟老婦人談了好一陣子。她的答案不時岔向奇妙的方向。

「有沒有人讓妳覺得怪怪的？」凱西問。

「有啊。」

「可以跟我說說嗎？」

「呃，附近很多浣熊。」

「嗯哼。」

「還有人放狗亂跑，跑來跑去。」

「嗯哼。」

「跟你說，這裡有各種小動物跟花栗鼠。嗯，有時候超毛的。」

回到警局，凱西聽到幾名同僚提出他們的疑惑。他們不相信這個案子真的發生在這個寧靜的郊區——手法太過陰險惡質，簡直可以拿去投稿犯罪實錄節目了。「幾個人過來跟我說：『少來了，根本沒有什麼強暴案。』我總是回應：『我不認為沒有這件事。』……我猜這就是人性吧。或許警界就是這樣。每個人都滿口謊言。沒有人對警察說實話。」但是沒有人叫他別再調查下去。「那只是偶爾會聽到的警察嘴砲。」

承辦此案的警官也得與自己心中的猜疑搏鬥。不過老婦人牛頭不對馬嘴的應答沒讓凱西退縮，他偵辦過多起家暴案件，也擔任過人質交涉員，很清楚受害者的創傷反應。「每個人的狀況都不同。」他說：「我向家屬通知死亡消息的次數多到數不清，看過大家想像得出來的各種反應。強暴、性侵受害者也是如此。」他也不曾被她證詞中前後不一的細節惹毛。「大部分的受害者會……緊咬事件核心。周邊的瑣事模糊許多。這種狀況不算少見。」

「除非我獲得不相信她的理由，我會繼續相信她。」凱西說。

＊＊＊

雪儂跟丈夫坐在家裡，在電視新聞上看到柯克蘭的性侵案件報導。

天啊，她想。我錯了。警方錯了。瑪莉真的被強暴了。

柯克蘭的案子比瑪莉的案子還要晚兩個月，地點離林伍德十三哩。雪儂注意到兩起案件的相似之處——入侵、綁住雙手、拍照。她沒有浪費半點時間。雪儂的父親曾是西雅圖南方肯特市的警察局局長，她在警察堆裡長大，相信警察，也知道警方的作業方式。她用電腦查到柯克蘭警局的電話，立刻打去提醒他們瑪莉的案子有多麼雷同。她聯繫上的警官說他們會往這個方向調查。

之後，雪儂打電話給瑪莉，告訴她這則新聞，催促她自己打給柯克蘭警方，提供她向林伍德警局報告的案情，確保警方能調查一切的可能性。

瑪莉拒絕了。她已經吃了夠多的苦。況且，她還背著一道迫在眉睫的控訴，無法鼓起勇氣接觸警方——哪裡的警察都一樣——跟他們多說什麼。不過她還是上網查了柯克蘭那位老太太的遭遇，看到報導內容，她哭了。

如果能找到兩起未解的案件間的關聯，警官就有機會重啟調查。這代表證據倍增、建立犯案模式。韋伯警官兩度致電林伍德警局，尋找是否有相關案件，但全都得到一樣的答覆：我們沒有這類案件。我們的被害人不是被害人，她承認她的說詞全是造假。因此韋伯只能乾脆放棄。「我相信他們的判斷，這是他們的案子，他們知道詳情，而我一無所知。」但是得知他們起訴瑪莉，她仍舊「挺震驚的」。掛斷電話後，她心想：「好吧，希望你們一切順利。」

「這種作法太極端了。」韋伯猜想或許內情沒這麼單純，說不定林伍德那個女生有撒謊的習慣，浪費警方一堆時間。韋伯的搭檔凱西也聯絡過林伍德警局，得到同樣的答案。他的反應跟韋伯相同。聽到對方提出謊報告訴，他心想：喔，這可不妙。「有這條法規並不代表我們得要拿來控告每一個人。」他說。

柯克蘭警局的一名警官向雪儂回報他們的聯繫結果。林伍德的案子結束了，因此柯克蘭只得放棄雪儂提供的線索。雪儂建議柯克蘭警方直接找瑪莉談談，但是警官沒有這麼做。「我們走進死巷了。」雪儂說。

現在雪儂的思緒更加混亂了。對於柯克蘭那件案子的執著讓她察覺，或許她始終都無法篤定瑪莉在撒謊。「我想相信她。」雪儂說：「我愛她。」

然而瑪莉不願意配合調查，再次主張自己沒有謊報，使得這一切動搖失去著力點。柯克蘭的案子給予瑪莉與警方對談的第二次機會——而且是不同的一群警官，不是林伍德的人員——堅持她確實遭到強暴，堅持重啟調查，將她的案子與柯克蘭的案子連結起來。瑪莉的反應又一次說服雪儂：她撒了謊。她沒有被強暴。那天瑪莉的公寓裡究竟發生了什麼事，雪儂依舊只能瞎猜。

＊＊＊

到了十一月，瑪莉回到法院。坐在等候區，不知道隔壁的人背負著什麼樣的指控。可能是超速、在店裡順手牽羊，可能是肇事逃跑或是家暴。輪到瑪莉的案子時，她的公設辯護人費德曼向法官表明被告無意提起審前動議。本日議程就此結束，法院要瑪莉下個月再來一趟。

十二月出庭時，她的案子被延到一月。一月出庭時，她的案子又被延到二月。到了二月，法院又告知案子要等到三月才能處理。

最後，原告方提出「審前處分協議」，只要瑪莉在接下來的一年間滿足若干條件，他們會撤銷謊報的告訴。她得要為了撤謊接受心理健康諮商。她得要在保護管束下服緩刑。她得要循規蹈矩，不能犯法。她還得要支付五百美元法院開銷。

費德曼認為這是很棒的條件，只要瑪莉遵守協議中的規定，她就不會留下前科。瑪莉想要擺脫這一切。

因此三月瑪莉第六度來到法院，只有律師陪伴，接受了這份協議。

＊＊＊

柯克蘭的凱西警士還在努力，他敲過被害人住處和隔壁公寓的每一扇門，詢問是否有人看到或聽到什麼動靜。他找到負責該區的維修工人，問了一輪。他查訪了一名兩三個月前去過被害婦人家，幫她掛起電視螢幕的鄰居。他訪問了另一名通報曾經有人試圖闖進她家的女性。他造訪過附近每一間商店——雜貨店、加油站、藥局——追蹤案發當天清晨的監視攝影內容。他從鄰近城鎮收集其他攻擊事件的情報——西雅圖、岸線市、肯莫爾、西塔克——看是否能找到任何關聯。

可是過了兩個月，所有的線索都斷了，凱西放棄了這個案子，回去輪班巡邏。後續追蹤成了韋伯的責任。在聖誕節跟新年之間，兩名警官檢閱交接調查結果，得出一個結論：最後的希望就在DNA上頭。

調查過程中找到一名嫌犯。老婦人報案當天早上，一名前往應對的員警大約在五點半將警車停到公寓旁。他在停車場瞄到某輛豐田轎車，引擎沒關，副駕駛座上有一名男子。員警上前敲敲車窗，男子報上姓名與出生日期。員警將資訊上報給勤務中心，進行電腦查詢。

男子說他跟朋友合住其中一間公寓，他是機械工，室友跟他在同一間店工作。今天早上他先去買菸，在車上等室友出門開車上班。員警感謝他的配合，轉身離開。這時勤務中心回報查詢結果，這名機械工背了一道在六月發出的逮捕令，罪名是有害風化的暴露。

所以說該名機械工住在這一帶，有性犯罪前科，還穿著與犯人類似的運動衫。

可是機械工說不是他幹的。他說他從昨天下午兩點開始一直窩在屋裡，警方開車載老婦人繞過來指認，她說她不認為犯人是他，雖然她無法百分之百確定。此外，他六呎四吋高，體重兩百四十磅，說是平均身材有點勉強。不過在完全排除嫌疑之前，他依舊是本案嫌犯。

華盛頓州犯罪實驗室裡，分析員用棉花棒擦拭綁住老婦人雙手的鞋帶，在上頭驗出男性DNA。檢體分量不足以進行完整的基因側寫，但可以試試Y-STR分析，這項檢驗能夠將搜查範圍縮小到某個特定家族。州立實驗室沒有這項技術，但某些私人實驗室做得到。

韋伯詢問機械工是否願意提供DNA樣本作為比對。他答應了，讓警官採集了他的口腔細胞。

二〇〇九年七月，韋伯將細胞樣本跟鞋帶上的檢體送去私人實驗室，等待結果。分析技術有其極限，檢驗報告無法完全確定是否相符，但如果兩份ＤＮＡ來自不同的人，機器可以明確判定。

六個禮拜後，到了八月底，韋伯取得檢驗結果。機械工不是犯人，鞋帶上的ＤＮＡ屬於另一名男子。

韋伯的調查到了盡頭，她已經一籌莫展。九月二日，她把案件貼上擱置的標籤，繼續處理其他案件。

＊＊＊

認罪協商讓瑪莉免於牢獄之災，但她無法擺脫強烈的失落感。在那個早晨之後的漫長年月，她漸漸地被掏空。

她不再上教堂。「我很氣上帝。」她說。離開教會後，她與喬丹的聯繫也淡了。「我們還是朋友，只是不會像以前那樣聊天了。」

她失去對攝影的興趣，成天待在家裡狂看電視。

她收起上大學的念頭，找到一些要求不高的工作。「我傷得好重，整個人陷入深深的黑洞，很難多做什麼事。」她到服裝店上班，打收銀機、貼標籤、整理庫存。她到催款公司上班，抄寫留言、輸入資料。她到販賣便宜派對道具的店家當店員。

警方在她公寓裡找到的學習駕照只是臨時證件——在她獨立之路上的一小步。可是她沒有踏出下一步，沒有取得駕照。她搭公車上班。

自尊被自我厭惡取代，她開始抽菸、喝酒，體重上升。她做出不對的選擇，跟會偷她錢的麻煩人物來往。

她感覺每一個人都在迴避她——她並不孤單，雪儂也見識到了。「以往她身旁的朋友、支持她的人全都不想跟她扯上半點關係。」雪儂說。

瑪莉遭受憂鬱症和創傷後壓力症候群夾擊，這是協商條件中她必須接受的諮商中，專業人士給她的診斷。有時候她說自己還挺開心的，有時候她覺得很累，覺得自己已經死了，無法擺脫放棄一切、放棄她求之不得的平凡生活的思維。

在法院的命令之下，瑪莉看了一年的諮商師，起先她怕得要命，後來漸漸適應了。「在諮商室裡，沒有人會評斷我。只要不是在封閉狀態下，我很樂意說出我的遭遇。」她跟諮商師應當要梳理她的人生，慢慢講到她說的謊。可是「一年不夠」，瑪莉說。等到瑪莉把其他部分都說完了，剩餘的時間只夠她提一次林伍德的那個夏日早晨。

「我全都告訴她了。」

她看不出諮商師是否真的相信她。

第十二章 印記

二〇一一年二月十一日
科羅拉多州，萊克伍德

馬克．派翠克．歐萊利。

蓋博瑞斯眼前的筆電螢幕，映出了駕照上的持證人姓名。歐萊利身高六呎出頭，體重兩百二十磅，金髮，淺褐色眼珠。下巴寬厚，輪廓像是陶偶。他嘴唇豐厚，一頭短髮，前額突出。他住在萊克伍德的哈蘭街六十五號。他的生日是一九七八年六月二十二日。蓋博瑞斯算了一下，今年他三十二歲。

「就是他。」她心想。

蓋博瑞斯心頭一抽，她有些後悔沒向其他調查人員提起那輛白色小貨車，因為她不認為這條線索足夠確實。迪吉希歐的發現純粹是他們走運，但有時候辦案靠的就是運氣。蓋博瑞斯迅速向威斯敏斯特警局會議室裡其他人員解釋其中關聯。

在兩名被害人的住處附近出現類似的白色馬自達。

被害人對犯人的描述符合歐萊利在駕照上的個人資料。

安珀的強暴案發生後的這個月，會議室裡的警官——韓德蕭、蓋博瑞斯、貝吉斯、哈塞爾——一直走在迷霧之中。他們挖遍了垃圾子母車跟排水溝，訊問了大學生跟有線電視工人，在短時間內成立專案小組，與每一起案件的現場調查員跟資料分析員合作研究。他們心力交瘁，認定有個連續強暴犯在這一帶肆虐，現在終於有個明確的嫌犯了，他們還要再加一把勁。散會後，警官們飆回自己的辦公室，鎖定同一個疑問。

這傢伙到底是誰？

蓋博瑞斯確認過國家犯罪情報中心（National Crime Information Center，簡稱 NCIC）的資料，沒找到半點前科——連張交通罰單都沒有。她徵召了丈夫大衛上網搜尋，兩人又一次隔著起居室桌子對坐，抱著各自的筆電。大衛奪得頭籌：馬克・P・歐萊利（Marc P. O'Leary）註冊了 teensexhub.net 這個色情網站。犯人曾經威脅要把被害者的照片貼到網路上。一看到網站連結，大衛猜他最近大概沒什麼機會見到自己的太太了。「只要手邊有大案子，史黛西眼中就看不到其他東西。她會連續工作三十到四十個小時，就為了查出個結果。」

古魯辛聯繫他在國防部調查局處的窗口，看看這個歐萊利是否進過軍隊——安珀跟莉莉都懷疑過這件事。他很快就得到回覆，可是缺乏詳細說明。歐萊利曾經加入陸軍，榮退前的軍階是下士。

迪吉希歐繼續挖掘線索。萊克伍德警局跟全美超過七成的執法機關一樣，斥資架設打擊犯罪的利器「車牌識別系統」（ＬＰＲ）。這種小型的高速相機固定在巡邏車前方，一分鐘可以拍攝一千八百張照片。警車在路上行駛時，相機會拍下每一塊擦肩而過的車牌。車牌上的資訊——包括拍攝的地點、日期、時間——都會自動匯入資料庫。後來證明這個資料庫比失竊內衣褲註冊系統有用多了。

資料庫裡有一名員警上班途中會經過哈蘭街六十五號，因此迪吉希歐一輸入車牌號碼，馬上就跳出三筆資料。一張照片拍到歐萊利站在家門前的白色馬自達旁邊。另一張拍到右側後照鏡——跟戈爾登的監視影片中那輛白色馬自達小貨車一樣歪掉了。

韓德蕭在自己的辦公隔間裡盯著迪吉希歐的報告。其中一張ＬＰＲ照片拍到那輛馬自達在二〇一〇年八月十日開過萊克伍德，仔細一想，正是莎拉遭到強暴那一天。她看看時間戳記：上午八點四十九分零五秒，強暴犯在兩個小時前逃離公寓。韓德蕭又找到更驚人的線索。科羅拉多監理所的紀錄顯示歐萊利就在同一天早上十一點十三分換了新的駕照，在他為了換照拍的大頭照上，他身穿白色Ｔ恤。而莎拉描述攻擊她的人穿著白色Ｔ恤。這一連串的事件太不可思議了。不過韓德蕭依舊不敢大意。天知道他們還會挖出多少隱情呢？

「我要把真正的犯人關到天荒地老，懂嗎？不能鑽牛角尖。是可以興奮一下啦，但要做的事還很多。要是我隨便下結論，冤枉別人，我無法想像那有多可怕。興奮沒關係……要做的事情還是很多。」韓德蕭說。

＊＊＊

那天早上很冷，兩名聯邦調查局探員坐在車上監視對街歐萊利的住處，哈蘭街六十五號。車子呼嘯而過，氣溫接近冰點，天空晴朗無雲。那天是二〇一一年二月十一日星期五。

中午十二點十三分，一對男女踏出屋外。他大約六呎一吋高，金髮，體重可能有兩百磅。她一頭深棕色頭髮，看起來二十歲左右。歐萊利跟誰？女朋友？兩人搭上一台豐田Corolla離開，探員跟了上去。他們期盼歐萊利要去健身房瘋狂流汗。或是往地上吐個口水。什麼都好，只要把他的體液留在公共場合就好。這稱為「遺落ＤＮＡ」——遺留在大庭廣眾下的遺傳物質。儘管根據憲法第四修正案，從嫌犯家中或是身上取得遺傳物質必須申請搜索票，但是法院認定遺落ＤＮＡ是有效的證據。探員可以採集，犯罪實驗室可以分析。只要歐萊利的ＤＮＡ與強暴犯不太完整的基因資料相符，就算雙方不是同一人，警方也能知道他們至少有血緣關係。

歐萊利跟女子開車到半哩外的秀色可餐餐廳，那是一間希臘兼美墨式餐館。兩人吃了一個半小時，探員在店外等著。他們一離席，一名探員馬上衝進去，攔住正要收拾桌面的服務生。三言兩語搞定餐館經理後，探員帶著歐萊利用過的咖啡杯走出來，杯緣保證沾上足夠的遺落ＤＮＡ。

一組探員負責跟監，古魯辛則是帶著一名當地員警造訪哈蘭街六十五號。他們打扮成一般民眾，西裝褲配襯衫。他們的計畫是在門口裝設監視攝影機，同時確認沒有人在家。然而古魯辛敲門時，一名男子前來應門。古魯辛馬上就認出他。

是馬克·歐萊利。

媽的。古魯辛已經做好屋裡有人的心理準備，但他沒料到本該出門的嫌犯竟然又從屋裡探頭，連忙動用準備好的計策。他的搭檔解釋他們是警察，古魯辛從口袋掏出一張素描，亮給歐萊利看。

這一帶有小偷到處犯案，古魯辛說。有沒有看過長這樣的人？

這張素描其實是來自聯邦調查局的謀殺案資料庫，古魯辛仔細觀察歐萊利。他起疑心了嗎？歐萊利捧著素描看。如果他真的是那個強暴犯，他的神態完全沒有露餡，古魯辛想道。他似乎是陷入思考，但絲毫沒有驚慌失措。

「唔，我沒看過這傢伙。」歐萊利說。他把素描遞還給古魯辛。

可以請問一下你的名字跟生日嗎？古魯辛問。歐萊利爽快地回應，神情依舊不顯慌亂。

這一戶還有住誰嗎？古魯辛問。

就我弟弟，麥克。歐萊利說。他答應會轉告竊案的消息。

古魯辛離開六十五號，覺得他的圈套成功了。他研究過壞蛋，知道他們的思維。任何一個警察、任何一輛警車都是被害妄想的來源。「壞蛋總認為自己正在被追殺。」他說。

他也知道他們會如何自圓其說。他們已經習慣了這種心態。歐萊利會對他起疑心，可是他同樣不信任每一個盯著他看的警察。他會自我安撫說又是一記擦邊球，壓根不知道警方追得有多近。

釐清狀況用不了多少時間。探員跟蹤的是麥克·歐萊利和他女友。麥克的ＤＮＡ沾在那個咖啡杯上。可以用麥克的ＤＮＡ跟強暴犯的ＤＮＡ比對嗎？古魯辛聯絡州立犯罪實驗室的主任。可以——只要是犯人的男性親屬都可以。他們一個晚上就能完成分析，主任如此回覆。

隔天，二月十二日下午兩點十五分，蓋博瑞斯取得分析結果。強暴犯的ＤＮＡ——從朵莉絲的泰迪熊、莎拉的白色廚房計時器、安珀的臉頰上取得的幾十個細胞——與麥克·歐萊利咖啡杯緣上的細胞相符。這種檢驗的偶然相符率在白人男性中是四千一百一十四分之一。換在賭桌上，押歐萊利兄弟之一是強暴犯的贏面極高。

在調查期間，古魯辛跟蓋博瑞斯定期在他的辦公室見面。這棟位於丹佛某個骯髒牧場中央的紅磚建築物是上個世紀的產物，曾為丹佛聯合畜產公司的總部，希臘古典風格的柱子、寬闊的階梯、頗有年代的木頭飾板營造出銀行般的氣氛。頂樓的聯邦調查局辦公室感覺更像男士俱樂部，探員們拿魚類及野生動物管理局從盜獵者手中沒收的標本裝飾辦公室，這裡一隻猯豬，那裡一顆麋鹿頭。男廁的小便斗大小直逼小型冰箱。古魯辛辦公桌後的金屬百葉窗凹了個洞——辦公室內即興足球賽帶來的災情。

現在兩人忙著討論嶄新的證據。前一天，他們還不知道麥克．歐萊利的存在，現在他們知道他幾乎就像馬克的雙胞胎弟弟。這對兄弟長得很像——身高幾乎相同，體重大概只差十磅。強暴犯戴著面罩，就算要被害者指認，恐怕也不太容易。而且麥克也待過陸軍。會不會是麥克開著馬克的小貨車去犯案呢？說不定他們是聯手犯案，輪流下手？

他們還是認定馬克．歐萊利就是犯人，但是他們也知道厲害的律師有辦法輕鬆提出合理的質疑。陪審團的先生女士，每個被害者都無法篤定指認襲擊她的是哪一個人。現代科學也無法鎖定目標。我們的法律系統認為寧可錯放十人，也不要錯殺一人。你們一定要做出無罪判定。

需要更多證據。

當天晚間，蓋博瑞斯寫了一份宣誓書，請法官簽署針對哈蘭街六十五號的搜索票。她列出所有指向馬克．歐萊利的證據：他的體格外貌、他擁有從軍的經歷、相符的DNA比對結果。她列出所有的罪行以及遭到蹂躪的被害人。她以枯燥的法律文字，寫下希望能在屋裡找到哪些物品，證明他的犯行：

- 案件被害人家中遺失的物品，詳列如下：粉紅色索尼 Cybershot 相機、藍色黃色花朵圖案的睡袍、女性內褲、綠色緞面枕套、綠色床單、粉紅色床單與兩個成套的枕套、一件白色的「阿嬤內褲」、桃紅色床單、雪花圖案睡衣、黑色絲質繩索。

‧白色T恤（正面可能有顏色）、膝蓋有破洞的灰色運動褲、黃綠色卡其長褲、灰色連帽外套、黑色面罩、鴨舌帽或是類似的帽子、手套或是任何有六角形圖案的物體、有白色條紋的黑色愛迪達鞋子。

‧有拉鍊的手提袋或背包；繩索、細繩，或是其他能用來綁住被害人雙手的用具；假陽具、性交用潤滑劑、水瓶、溼紙巾、大腿襪或是絲襪、按摩棒、黑色相機。

蓋博瑞斯忙到很晚，值班的法官不喜歡用電子郵件收到宣誓書。他堅持只收傳真。蓋博瑞斯四處奔波，終於找到一間還沒關門的連鎖超市，店裡有傳真機。法官在星期六晚上十點簽了搜索票，搜查部隊將在隔天早上出動。

蓋博瑞斯知道在歐萊利家找到的證據能夠幫助檢察官成案，但她只需要知道一件事，就可以確定馬克．歐萊利就是強暴犯。

她發了電子郵件給另一間警局的犯罪資料分析員。「我超想看到那傢伙的腿！超級！」

＊＊＊

二月十三日星期日上午八點十五分，蓋博瑞斯敲響哈蘭街六十五號的側門。這天早上晴朗寒冷，院子裡積了雪，四周的樹木葉子都掉光了。

「警察。我們有搜索票。開門！」她大吼。古魯辛跟戈爾登和萊克伍德的另外六名警官站在她背後，緊緊貼著南面外牆。他們穿著防彈背心跟卡其長褲，手中握著佩槍。

蓋博瑞斯聽見屋裡有些動靜，門板盪開，馬克·歐萊利站在門內，他的狗兒阿利亞斯跟麥克的比特犬擋在他面前。一看到門外的警察，歐萊利緩緩跪下。

到外面！出來！蓋博瑞斯下令。

他一臉茫然，踏向斜照的冬日陽光。他身穿灰色連帽外套、鬆垮垮的灰色運動褲，腳踩室內便鞋。他跟蓋博瑞斯說他弟弟麥克昨晚在外頭過夜，家裡只有他一個人。

蓋博瑞斯把他拉到一旁，搜了他的身，單膝跪下掀起他的褲管。

沒錯，在歐萊利的左小腿上有一個雞蛋大小的深色胎記。

是他。他就是那個強暴犯。

蓋博瑞斯望向古魯辛，豎起大拇指。

我們持有針對這棟屋子的搜索票，古魯辛向歐萊利說明。歐萊利說他要找律師。同時，蓋博瑞斯繞到他背後。

「你於二〇一一年一月五日在戈爾登市犯下竊盜與性侵等罪行，依法將你逮捕。」她向他宣告。八點三十五分，蓋博瑞斯替歐萊利上銬，盯著另一名員警把他載往傑佛遜郡立監獄。蒐證人員採集了他的指紋、口腔內側黏膜細胞，取得完整的ＤＮＡ側寫資料。在攝影室裡，他脫得精光，讓警方攝影師把他全身上下拍得一清二楚。二〇一一年二月十四日，他第一次出庭時被控犯下性侵、綁架、竊盜、脅迫等罪名。保釋金是五百萬美元。法官擔憂歐萊利是「極度危險的人物」。

逮捕歐萊利那天，蓋博瑞斯穿的是一雙新靴子。之後只要看到這雙鞋，她就會想起那一刻。她一直想親手逮捕他。「我想親眼看到他的表情……讓他知道我們已經搞清楚他在搞什麼鬼了。」

戈爾登犯罪現場技術員雅曼達・蒙塔諾（Amanda Montano）率領由員警、聯邦調查局探員、犯罪蒐證專家組成的十一人小隊，在屋裡仔細搜查。威斯敏斯特的凱薩琳・艾利斯自願幫忙，萊克伍德的亞隆・哈塞爾警探、戈爾登的馬庫斯・威廉斯警探和卡莉・吉博森也自告奮勇加入行列。他們穿上白色連帽連身防護裝，戴上藍色醫療手套和白色鞋套，看起來像是一支生化危機小組，湧入遭到劇毒污染的荒原。

這支團隊一一搜過屋內房間。馬克・歐萊利的臥室位於東北角，窗前掛上黑色簾子，床鋪靠牆，米色床單捲成一團。地板很乾淨，電視機放在五斗櫃上。櫃子裡的衣物整整齊齊，襯衫跟長褲摺好堆成三疊。櫃子腳邊排了幾雙鞋子，蒙塔諾注意到其中一雙黑色運動鞋側邊有三條白色條紋。是愛迪達 ZX 700。跟網站上的照片一模一樣，她心想。

她轉向屋子後側的電腦間。褐紅色窗簾遮住對著落磯山脈的窗戶，L型棕色辦公桌擱在屋角，桌面上有電腦、線圈筆記本、一支 iPhone。電腦上方的掛鐘印著軍徽，還刻上幾行文字：感謝馬克・派翠克・歐萊利一等兵在五零三空中突襲步兵團A連第三排的忠誠奉獻——

那是他在南韓待過的部隊之一。軍人身分，果真是應了被害者的猜測，蒙塔諾心想。

辦公桌旁有幾層書架，蒙塔諾抄下書名：史蒂芬・霍金（Stephen Hawking）的《時間簡史》（*A Briefer History of Time*）、班尼迪克・史賓諾沙（Benedict de Spinoza）的《倫理學》（*Ethics*）、道西・伊斯東（Dossie Easton）和珍妮特・哈蒂（Janet Hardy）合著的《道德浪女》（*The Ethical Slut*）、佛洛伊德（Sigmund Freud）的傳記、《星象學終極指南》（*The Only Astrology Book You'll Ever Need*）、聖經、《性的起源以及親密關係》（*Sexy Origins and Intimate Things*）。

另一個架子上擺了一堆裝在藍色塑膠套裡的ＣＤ，壓在上頭的是一台粉紅色索尼 Cybershot 相機。

太完美了，蒙塔諾心想。

一整天下來，蒙塔諾的小隊將歐萊利的人生細細篩過。浴室丟髒衣服的籃子裡有一塊黑布，末端縫起，類似面罩。從廚房的一個籃子裡找到一雙安德瑪手套，掌心有個蜂巢圖案。在床墊下，他們翻出一把黑色的點三八〇儒格手槍以及六發子彈。黑綠配色的 Eagle Creek 背包掛在電腦間的櫃子裡，裡頭塞了好幾個小袋子，其中一個裝了一雙附粉紅色緞帶的透明塑膠高跟鞋。還有一些透明塑膠夾鍊袋。黑色簽字筆寫下整齊的字體標明內容物：褲襪、乳頭夾、按摩棒、口箝。

威廉斯發現櫥櫃後方有個黑色吉他音箱，伸手翻到背面。兩個夾鍊袋從音箱後擠出，威廉斯把塑膠袋拉出來。蒙塔諾將袋子放到地上，裡面裝了好幾件女性內褲：桃色白色條紋、桃紅色、白色、淺粉紅色、棕色、天藍色、白底小花圖案。總共有十條。

他的戰利品。

大量的證據令現場人員震驚不已。感覺就像完成一幅拼圖，不規則的碎片構成清晰的圖案：馬克．歐萊利。

「身為警官，搜索民宅可說是家常便飯。有時候收穫不錯，有時候沒什麼成果。但很少能一口氣找到串連起所有案件的證據。」哈塞爾說：「東西多到讓人覺得這傢伙也太蠢了吧。」

逮捕歐萊利之後，蓋博瑞斯開車到安珀的新公寓。那起強暴案是三十九天前的事情了，她想盡快分享這個好消息。

安珀跟她在停車場碰面。蓋博瑞斯告訴她犯人名叫馬克．歐萊利，在強暴她之前也曾對其他女性下手。安珀協助警方破了這個案子，她觀察到關鍵的細節，也努力與犯人對話；對於犯人背景的準確直覺，以及及時的報案電話。蓋博瑞斯鮮少展現情緒，但現在她內心澎湃洶湧——安慰、滿足、喜悅。淚水湧入眼眶。*我為妳做了這麼多*，她想。

安珀的表情毫無變化。她向蓋博瑞斯道謝，抱了她一下，便退回公寓裡了。蓋博瑞斯想看到更激烈的反應，儘管她心知肚明，安珀的情緒與她無關。強暴是一種極度個人的體驗。

韓德蕭打電話給莎拉。需要跟妳見個面，韓德蕭說。莎拉說她最近很忙，不知道能不能擠出時間。

「喔，這真的、真的很重要。」韓德蕭對她說：「我過去找妳。不管妳人在哪裡，我都能過去。」

那天晚上，韓德蕭開車到一間快餐店見莎拉，在店鋪後方角落找到她。莎拉自己一個人吃晚餐，她在這一帶沒有親人。她丈夫死了。她一次又一次地遭受折磨。

韓德蕭坐下來，向她報告好消息。

「結束了，都結束了。我們逮到他了。」她說。

兩人坐在半開放的包廂裡，淚流滿面。

「這是我最快樂的一刻。坐在她面前，跟她說經過這麼多，承受了這麼多，妳永遠、永遠不用再擔心他會做出什麼事了。」韓德蕭說。

＊＊＊

麥克·歐萊利搞不懂究竟是怎麼一回事。他開車回到哈蘭街六十五號，發現屋子內外都是警察，封鎖線外圍了一群人，新聞台工作人員三兩成群，記者對著鏡頭說話。他下了車，向警察報上身分，接著立刻被上銬塞進警車後座。

現在他坐在科羅拉多調查局總部裡，對面是兩名警官，其中一人說他是史考特·貝吉斯，另一人則是艾德娜・韓德蕭。

「你知道為什麼會這樣嗎？」貝吉斯問。

「天啊，我什麼鬼都不知道。」麥克應道。他知道哥哥遭到逮捕，但他不知道為什麼。他曾在電視上看到亞利桑那州有個男的因為在人群裡開槍被逮，那傢伙讓他聯想到自家老哥：特立獨行、格格不入。馬克是做了炸彈還是怎樣了嗎？

「這不是普通的交通違規。」貝吉斯說。

兩名警官拋出一連串問題。他平常都怎麼過的？

他每天早上八點去美髮學校上課，下午在家具配送行工作。

他有沒有開過馬克的小貨車到哪裡去？

有啊，一次。他開那輛車載一組電視櫃到丹佛市郊。

他有沒有用過後頭房間的電腦？

當然，不過他用的是自己的帳號密碼。他都上網看夢幻足球遊戲的比數。有時候他會逛逛名叫 Plenty of Fish 的約會網站。

他有沒有去過奧羅拉？威斯敏斯特？戈爾登？

沒有。有。沒有。

「你們有沒有住在丹佛地區的堂兄弟？」韓德蕭問。

沒有。他爸是獨生子，住在亞利桑那州。

貝吉斯問了最後一個問題：可以拉起褲腳讓我們看看嗎？

麥克露出小腿上的疤痕，那是小時候腳踏車意外留下的痕跡。有什麼好看的？

「你們到底要不要跟我說他幹了什麼好事？」麥克問。

貝吉斯猶豫幾秒。實情太過沉重，他真的不知道該從何說起。有幾名女性遭到強暴，貝吉斯說。她們描述犯人六呎高，大約兩百二十五磅重。DNA分析顯示強暴犯是歐萊利家的成員。一名女性看到強暴犯小腿上的胎記。

「很遺憾是這樣的消息，也很遺憾要讓你們一家面對如此艱困的事實。但非常不幸，我們非常肯定馬克就是我們要找的嫌犯。」

麥克一言不發。貝吉斯跟韓德蕭繼續提問，可是他不再回應。兩名警官等待他開口，房裡沉默了好幾分鐘。

他終於找到聲音。

「我媽會氣死。」他說。

「我可以保證，她絕對無法承受的。她會覺得完蛋了，人生結束了。她這輩子會一直被這件事折騰。可是我什麼都做不了，誰都幫不上忙。」他說。

他逼問貝吉斯：他們真的能確定抓對人嗎？說不定他被陷害了？

貝吉斯說是的，他們在屋裡找到足夠的證據。「我個人認為那些證據已經超過充足的境界。」他對麥克說。

麥克不想背叛自己的哥哥，畢竟血濃於水。但這種事——太過分了。

「我真的很仰慕他，覺得他過得很好。現在我不知道要怎麼想了。真的就是，就是很羞恥，我連露面都覺得太可恥了。

「他不如死一死算了。永遠不要放他出來。」麥克說：「真想一槍斃了他。」

他向兩名警官說他哥哥成天研究那些神祕學、天文學、鍊金術、祕密結社。他哥哥跟朋友深信那些社會秩序的奇特理念。世界上只有兩種人：人上人以及他們的奴隸。

「在他們的世界裡，價值觀支離破碎，比如說優等生跟好漢什麼的。」

這兩個詞在貝吉斯腦中迴盪。強暴犯也曾向安珀發表過野狼跟好漢的比喻。現在強暴犯的弟弟也用了類似的字眼。可以想像這個巧合在陪審團面前能起多大的效果。會不會有兩個人擁有同樣的祕密哲學？機率有多少？這是填入另一塊拼圖的機會。

貝吉斯問道：「你有沒有聽過『野狼跟好漢』？」

「嗯，野狼跟好漢。」麥克回應。

「野狼跟好漢是什麼？」

「野狼基本上跟優等生一樣，好漢就是大部分的人。他們生理條件不合格、心理條件不合格，他們什麼都不是。他們低人一等。這是他們把人分類的方式，跟狼群一樣，狼也是這樣區分階級的。」

「他也是這樣看待自己嗎？這是他在研究的東西？」

「他們把他歸類成優等生，在那樣的社會制度下，優秀的男性可以跟複數女性性交，不需要被一個人綁死。」麥克說：「我不知道這種概念跟跑出去強暴女性有什麼關聯，太深了，我連想都不敢想。」

「那傢伙真的是死變態。」麥克說。

＊＊＊

蒙塔諾踏遍歐萊利家中，她的跟班是約翰．伊凡斯（John Evans），五十歲的電腦專家，協助科羅拉多調查局的民間調查員。他知道強暴犯曾威脅要把被害者的照片貼到網路上，也知道歐萊利擁有好幾個色情網站，現在他的任務是搜刮屋裡所有的電腦、硬碟、手機。蒙塔諾負責尋找歐萊利犯行的實體證據，伊凡斯的目標是數位證據。

伊凡斯使用電腦的資歷深厚。年輕時（八〇年代），他買了最早期的家用電腦，康懋達64。那台電腦功能不多，加減乘除、印出HELLO、顯示塊狀圖案。但他立刻愛上了那台擁有笨重棕色鍵盤和發亮螢幕的機器，在他眼中，那一切跟魔法沒有兩樣。

他把嗜好變成工作。在海軍服役一陣子之後——他曾在南極待了三年，極圈的夜晚以及永晝令他驚嘆不已——他搬到科羅拉多州，先是擔任動物管制員（俗稱捕狗大隊），接著成為戈爾登警局的蒐證助理和犯罪現場技術員。伊凡斯在滿是架子的辦公室裡工作，將指紋卡、DNA檢體、手槍和照片、床單與撕破的衣物建檔，幾乎沒有同伴。對電子產品的熱愛讓他選擇電腦與影片蒐證課程，學習分析數位媒體，使之成為呈堂證據。他獲得電腦鑑識檢驗的證照——戈爾登的第一人，在丹佛地區也是寥寥可數。

伊凡斯身為電腦高手的名聲不脛而走，其他局處紛紛借用他處理相關案件。起初他的出勤範圍大多分布在戈爾登一帶，但沒過多久，科羅拉多州各處的警局全跑來求助了。模糊的監視攝影檔案？沒關係，伊凡斯幫你弄清楚。需要破解硬碟？交給伊凡斯就對了。加密的電子郵件？伊凡斯來了。

他從這些案件中領悟到電腦也蘊藏著黑魔法。許多案件裡兒童色情影片或圖片滿天飛，這代表他得要長時間盯著世上最讓人不爽的影像。他也掌握了某種基本教義——大約有幾萬張遭受性虐待的兒童照片跟影片，透過網際網路成為全世界變態電腦硬碟裡的標準配備。這是件苦差事，遠離了常理，不過他習慣了，就像是警察習慣看到屍體一樣。「過了一段時間，你會培養出免疫力。這種事情真的不輕鬆。有時候我得要起身離開電腦一陣子。」他說。伊凡斯全神戒備監控新的影像——他從來沒有看過的影像，或許他還能拯救那些孩子。

在電腦間裡，伊凡斯詳細清點歐萊利電腦的一切配置。他有兩台電腦主機，一台在辦公桌上，另一台跟背包還有吉他音箱一起收在櫃子裡。還有一支iPhone、書架上的兩個隨身碟。CD片、相機裡的兩張SSD記憶卡（相機包括偷來的粉紅色索尼跟佳能Rebel XTi，後者正是他跟分類廣告網站上的女性提到的型號）。

伊凡斯把所有的3C產品送到落磯山脈地區電腦鑑識實驗室，聯邦調查局在丹佛最南端的百年鎮找到一間看似平凡無奇的辦公室，由局內探員跟科羅拉多州的調查人員負責一切與電腦鑑識有關的事務。州內的執法機關會送來加密的檔案、消除一半的帳戶紀錄、網路IP位址，期待能取得破案的證據。伊凡斯是戈爾登警局與聯邦調查局合作計畫中的固定人員，他很喜歡這樣的安排。「可以幫上大家的忙。」他說。

狹長的辦公室裡填滿隔間，光是他的辦公桌上就有七台電腦——PC跟麥金塔電腦都有——每台裝設兩個螢幕。主機嗡嗡運轉，挖掘數位化的祕密。伊凡斯活像是華爾街證券交易所的證券經紀人，只是他的十四個螢幕上只會映出虧損，從未有過收益。

「我們每一天都在看真的很讓人倒胃口的糟糕東西。」

歐萊利的電腦馬上就交出證據。伊凡斯找到那支iPhone的備分資料，裡頭有他跟蹤安珀期間做的紀錄，最早可追溯到九月二十八號，距離案發超過三個月。那天，他在公寓外待了五個多小時，輸入好幾筆資料，最後一筆的內容是凌晨兩點半，安珀「回到家，脫到只剩內衣褲，在浴室裡待了很久，然後回到書桌前寫東西」。十一月十日，他監視安珀跟她男友的一舉一動。安珀「跟白人男友在十點半到十點四十五分之間回家，男友換上睡衣，結束了」。一月三日，他看到屋裡有許多打包好的箱子，擔心安珀即將搬家。那天晚上，他撬開門鎖，準備要溜進她的公寓。「大約一點獨自回家。」他在犯案前一天寫下這句。

在同一支iPhone上頭，調查員找到歐萊利跟蹤另一名女性的證據——住在利特爾頓的離婚女子，沒有他真正出手的跡象，只能看出他有這個意圖。

iPhone也透露了歐萊利與外界的聯繫，他的通訊錄內容不多：弟弟麥克、母親跟繼父、幾個當地朋友。還有一支區碼是六〇二的電話，通訊人是亞利桑那州的女性卡莉莎。

伊凡斯將每天的成果交給蓋博瑞斯或是韓德蕭，附上簡短的留言：「今天找到一些有趣的情報。」伊凡斯最要好的朋友是艾德娜的先生麥克．韓德蕭，兩人在戈爾登警局認識——伊凡斯也是在那裡認識蓋博瑞斯的。他也是狹小警界的一分子。

在歐萊利下載的檔案中，伊凡斯找到一本講述警察辦案技巧的電子書：《強暴案調查手冊》（*Rape Investigation Handbook*），作者是兩名經驗豐富、辦了數十年性侵案的警官：前紐約市警局的約翰．O．薩維諾（John O. Savino）以及犯罪側寫員布倫特．E．特維（Brent E. Turvey）。這本手冊文筆平易近人，附上許多案例軼事，收錄大量強暴犯和罪行的側寫。但這本書也提到警方的調查技術，關於觸摸時留下的DNA、ViCAP的運用、連續強暴犯的特質。伊凡斯認為歐萊利很可能研究過這本書。

他在強暴之路上孜孜不倦。

某天，伊凡斯翻到歐萊利辦公桌上電腦硬碟裡的詭異檔案，檔名引人遐想：「可憐蟲」（Wretch）。檔案很大——將近七十五GB，足以裝下整間圖書館裡的所有書籍，足以儲存數萬個高畫質照片和影片。這個檔案封得很緊，伊凡斯發現歐萊利用的是TrueCrypt這個加密軟體來阻擋外人窺視——比如說，他。

伊凡斯充滿幹勁，一心只想破解「可憐蟲」的祕密。

儘管加了密，資料夾還是提供了些許線索。歐萊利曾經把影像存進「可憐蟲」，移動裝滿照片的資料夾會留下紀錄。伊凡斯查出歐萊利將一個資料夾命名為「女孩們」。裡頭還有更多資料夾——每一個都冠上女性的名字。伊凡斯找到安珀跟莎拉的名字。他發現朵莉絲的名字在兩百一十一個檔案中被提到一千四百二十二次。

他還找到另外八個沒看過的名字，並全部記錄下來，看能不能幫助調查人員追蹤其他被害者。

「如果見識過他有多麼按部就班，連自己的內褲都排得整整齊齊，就可以理解他為什麼會以那些女性的名字來替資料夾命名。」伊凡斯說：「他真的事事小心謹慎。」

伊凡斯投入自己的一台電腦來破解「可憐蟲」。他一邊等待，一邊對付從哈蘭街六十五號拿到的最小的證物：相機的兩張記憶卡，大小跟郵票沒兩樣。

他找到了需要的證據。

被害者的照片。

歐萊利試著把它們藏起來。就伊凡斯的推測，歐萊利把照片從相機複製轉移到「可憐蟲」，確保檔案平安無虞後，他會刪掉記憶卡裡所有的資料。可惜他做得不夠徹底，照片檔名確實消失了，但構成影像的電子元件依舊存在，直到被另一張照片完全覆蓋。最謹慎的強暴犯終究還是露出馬腳：數位證據。

用復原軟體救回那些檔案後，伊凡斯取得四百多張安珀被逼著擺姿勢拍照，滿臉驚恐的照片。還有一百多張莎拉被迫趴在床上，雙手綁在背後的照片。毋庸置疑，照片裡的男子就是歐萊利，他強暴那些女性的手法正如她們事後的敘述。

瀏覽照片途中，伊凡斯不時得要暫停一下，到外頭抽根菸。踏入警界二十五年來，他估計自己已經看過數百萬張色情圖片——許多相當暴力，許多是孩童受害。可是圖中都是他不認識的匿名人士，現在螢幕上的是他聽過名字的女性，她們恐懼的臉龐對著鏡頭。「不可能一口氣全部看完。」他說：「我實在是有點撐不住。這都是真實存在的人。你知道有真正的被害人存在。」

伊凡斯打電話向蓋博瑞斯跟韓德蕭報告此事，兩人衝進實驗室看檔案，馬上就認出她們負責的被害人。

韓德蕭的評語相當簡潔：「想不到有人能渣成這樣。」

她注意到某張照片中莎拉穿著一雙紅色厚底涼鞋，想起曾在莎拉家看到這雙鞋放在鞋盒裡。莎拉曾說強暴犯往她腳上套了鞋子，但她記不得是那一雙了。韓德蕭決定再試一次。她打電話給莎拉，跟她聊了幾分鐘後，再次提起她曾問過的問題：莎拉是否能回憶起案發時穿的鞋子？

這回她想起來了。莎拉說她幾個禮拜前翻了相簿，看到自己穿著紅色涼鞋的照片，記憶瞬間閃現：那正是強暴犯摸出來的鞋子。

韓德蕭驚喜萬分。距離強暴案已經六個月了，莎拉承受創傷的大腦取回了喪失的片段，她還在自己的記憶中尋找碎片，還在努力拼湊。

伊凡斯繼續挖掘歐萊利以為他早就刪掉的檔案。他找到八張幾年前的照片，應該還有更多類似的檔案，但大多在歐萊利強暴更多女性、拍攝更多照片後遭到覆蓋。只要他再度犯案，這八張照片也會陷入相同的命運，永遠消失無蹤。

幸好伊凡斯幫助它們重見天日，跟蓋博瑞斯一起確認內容。照片裡有一名年輕女子，她身穿粉紅色T恤，神情跟其他受害者一樣驚懼。

蓋博瑞斯心一沉。又一個歐萊利手下的被害者。她到底要如何找到她呢？

答案就在最後一張照片裡。馬克．歐萊利將該名女性的學習駕照放在她身上，喀嚓按下快門。

影像清楚地顯示出她的名字和住址。

華盛頓州，林伍德。

第十三章　一覽無遺

二〇〇八年八月十一日星期一
上午七點五十五分前
華盛頓州，林伍德

他在破曉前抵達，在她的公寓外、臥室外等待，聽她講電話。乾燥的空氣讓他舒適地待著，薄薄的牆面擋不住她的聲音。

他喜歡樹木提供的遮蔽，這間公寓周圍多得是樹。公寓的隱私性不如獨棟房屋，不過還是有一些優勢，比如說後方的玻璃滑門，就算偶然上了鎖，想撬開依舊不費吹灰之力。還有窗戶，他數度潛伏在黑暗中，視線掃過整棟公寓，每一片百葉窗都是開的，每一盞燈都是亮的，彷彿整片養魚水槽般一覽無遺。

他在兩三個禮拜前鎖定她。當時他開車在街上兜轉，觀察各處的公寓，尋找符合他心中標準的目標。他需要周邊有地方躲藏的建築，提供足夠的掩護。如果屋外空曠又明亮，他將無所遁形。臥室要有對外窗，能直接看見房內動靜。那棟公寓要有好幾條逃脫途徑，他可不想被困在屋裡。有時候為了評估現場狀況，他會潛入空屋（可能用在展示上），研究格局，確認配置。

他也要找離他家至少一哩遠的公寓。別把自己的窩弄臭，他說。她的公寓在四哩外，十分鐘車程，而且他很常到林伍德購物，跟其他人一樣。3C商場、佛瑞德．邁爾連鎖超市、百思買電子商場、沃爾瑪。他在橄欖園跟塔可鐘墨西哥速食店吃飯，坐在當地的韓式燒烤餐廳「祕密花園」煙霧瀰漫的陰暗店內用餐。前一個禮拜，他還在奧德伍德購物中心光顧過百諾書店。

林伍德有許多住宅區都是以獨棟屋子為主，優點是隱私性高，偶發意外少，沒有什麼來來去去的閒雜人等，不太需要費神防範。不過潛入公寓簡單多了，開車或是走路經過，甚至站在公寓外頭，基本上不會引人疑竇。他可以混進去。不過他很清楚就算是這樣的地方，他還是不該久留。因此他有幾次離開她臥室外的崗位，四處走走，不讓住戶懷疑他的身分。

然後他回到原處，繼續監聽。他知道她在講電話，因為沒聽到應答聲。他等到她睡著。

她今年十八歲。他偏好十八到三十歲左右的對象。儘管內心污濁無比，他還是秉持著某種界線，至少他是如此對自己說的。十八歲是出手的下限。他也會避開有小孩的家庭，因為他不想讓他們捲入這種事。他鎖定獨居的單身女性。他還會避開有養狗的住戶，狗會亂叫，比保全系統警鈴還棘手。

除了年紀，她完全不是他的菜，真的不是。在偷窺她房間期間，他其實也意識到了這一點，但已經花了這麼多時間追獵（他把這種行為稱為追獵），耗費數百個小時，甚至上千小時，他盡量調整心態，讓自己能接受各式各樣的女性。

他已經在華盛頓州住了兩年半。從南韓回到美國後，他搬到此處，加入陸軍後備部隊，協助訓練大學儲備軍官訓練生。他到路易斯堡出勤，住在西雅圖北側的山湖露台市。

在華盛頓州最早的幾次出擊都跟南韓那兩回初試啼聲一樣無疾而終。他不確定到底失敗了多少次。

「我真的不知道。」他說。

「滿多的。」他說。

「至少七八次吧。」在追問之下，他如此回應。

其中一次，他持刀走進一名女性的臥室，一看到他，她從他身旁衝出房外。就這樣，他眼睜睜地看著她逃走。如果一把抓住她，刀子可能會傷到她，他不希望有這樣的發展。做了那麼多準備，努力了那麼久，都隨著她一起奔離屋子，衝進夜色。她的行為太蠢了，但他心中其實是很佩服的。

又一次，他埋伏在一棟公寓附近，看到一名六十幾歲的婦人，可是視野不太好。後院毫無遮蔽，他是隔著籬笆跟一小片林子，大約十到十五碼的距離觀察她。他等待許久，進入她家。她開著電視，他進了她的臥室，發現她睡著了。她看起來好老，他不由得心生猶豫。我不確定，他內心暗想。他花了十五到二十分鐘天人交戰，接著爬上床鋪，按住她的嘴巴，不讓她尖叫求助。她那副驚惶的模樣使得他擔心她會不會心臟病發。他拉下被子，發覺他無法下手。她太老了。他幫她蓋好被子，跟她說：我弄錯了，我不會偷東西，不會傷害妳。抱歉嚇到妳了。請不要報警，我這就從後門離開。

他也真的這麼做了。

事後，他煩惱不已，狠狠譴責自己好幾天、好幾個禮拜：你在浪費人生，每天晚上四處潛行、準備，但只要對方不符合你的幻想，你就轉身走人。於是他努力擴大幻想的領域，瀏覽以年長婦人為主角的色情影片，看了一支又一支。他相信下回一定會有不同的結果。下回，他不會讓自己的努力白費。

她的電話沒完沒了。

跟喬丹聊天時，瑪莉注意到黑暗中似乎有什麼東西，可是她沒有多想。

「在我房間窗戶外，只是影子吧。」

大概只是有人走過去，她想。那道陰影一會就消失了。

等到她的聲音漸漸靜下來，離日出只剩十五分鐘。他爬過後門欄杆，掃過欄杆表面。他經過門廊上的置物櫃，來到玻璃滑門前。門沒鎖，他就這樣進入起居室。

他知道這間公寓的面積是六百四十四平方呎，起居室與小餐廳相連，再過去就是臥室的門。鎖定她兩個禮拜以來，他曾經闖進她家兩三次，把環境摸得一清二楚。他翻過她的文件、臥室裡的抽屜，確認房裡沒有武器。

他的行為模式符合某種學習曲線。他是這麼說的：「你越是熟練，犯的錯就越少。」「熟練」——他用的是這個詞。在強暴過程中，他運用自成一格的字彙，去除人性，模仿軍方用語。由公寓組成的社區是「目標豐富的環境」。進行「偵查」時，他希望擁有「多重可能性」。他把最終的預習——犯案當晚，他會待在屋外，清點面罩、綁縛道具、手套——稱為「戰鬥前點檢」。

現在他處於學習曲線的中段，曾經失手過，引來警方的注意。二〇〇七年四月，山湖露台的一名員警曾在清晨五點把他攔下。他沒被逮捕，但員警記下他的名字，寫了報告：「該名人士身穿深色衣物，在公寓、住宅四周潛伏。」他隨口編造說詞，說車壞了，打算敲門借用電話。不過接下來的幾個禮拜，他注意到警車不時開過他家門外，放慢車速，巡警關注他的舉動。媽的，他心裡暗罵。被盯上了。他只得沉潛一陣子。

他知道自己的嗜好和潛行的行為也會引起身旁眾人的狐疑。他清早才回到瑪莎身邊，衣服髒兮兮的，好像曾爬行鑽過什麼地方。他到西雅圖藝術研究所上課，付錢請身為攝影師的同學幫他拍攝要放到網站上的照片。同學來到攝影棚，看到一堆性感皮衣，還有一個裝設門閂和大鎖的金屬籠子。三尊女性模型赤身裸體，攝影師形容它們「瘦到讓人不忍卒睹」。他的婚姻出現裂縫。他不該要求維持開放性關係，她不該答應。瑪莎賺錢養家，而他成天坐在電腦前，假裝在設計網站，但事實上他正在開創自己的色情網站事業。

網站和外出追獵大大影響他的正職，頻頻缺席陸軍後備部隊的每月訓練集會。他已經一整年沒跟上級聯絡了。

在玻璃滑門的另一側，他看到起居室裡有一雙黑色網球鞋——是她的。他抽掉鞋帶，鞋子放回原處。警官稍後將會注意到這雙鞋子擺得多麼整齊，毫無妥協空間。

他就是不容許半點脫序，無論是什麼方面。

他將一條鞋帶穿過她的內褲，另一條鞋帶準備用來綁住她。

他並不是每次都帶著同樣的裝備。有時候他會準備手銬或是遮眼布，有時候就地取材。有時候他會帶上手槍。這次，他打算使用先前進公寓調查時找到的武器。他的妄想不斷膨脹，作案工具也隨之增加。今晚是他的出道之夜。今晚他帶了一台相機。

進了公寓，他花半個小時準備就緒，或許更久一點。一部分的時間用來做心理建設——一遍又一遍告訴自己，要照著計畫下指令。

在廚房裡，他從刀架左上角抽出一把黑柄水果刀。

接著，他走進臥室。

大約是上午七點，又或者是六點四十五分，他站在她的臥室門口，左手舉刀。

他看著她醒來。

轉過去，他對瑪莉說——她乖乖聽話了。翻身趴下，他命令道。看到她再次遵命，他跨坐在她身上，刀子擱在她臉頰旁。

雙手背到背後，他說。他綁住她的手腕，遮住她的眼睛。他拿一團布塞進她的嘴巴，悶住所有的聲響。

妳的電話內容真有意思，他說，讓她知道他一直在旁邊，聆聽，等待。

妳應該要鎖好門。他說。

翻過來，他說——她也照辦了。就這樣，他強暴了她，戴手套的雙手在她全身上下游移。

他找到她的錢包，倒出裡面的東西，挑出她的學習駕照，放在她胸口，拍下照片。

瑪莉聽見翻動物品的聲音，但她聽不出究竟發生了什麼事。她認得相機的快門聲，非常熟悉的聲音。她無法說話，無法尖叫，只能默默祈禱。她祈禱自己能活下去。

等他終於一逞獸慾，他說要是她報警，就把照片貼到網路上，未來她的小孩都會看到。

他挖出塞在她嘴裡的布塊，解開遮眼布，要她別開臉，腦袋埋進枕頭。

他最後說很抱歉。他說他覺得自己做了蠢事，腦中的妄想比較美好。

他走出臥室，從前門離開，就此消失無蹤。

＊＊＊

二〇〇八年八月十四日——就在這一天，瑪莉被送進林伍德警局接受偵訊，被逼著說出一切都是她的謊言——馬克・歐萊利開車到九十九號公路旁的林伍德槍枝彈藥店，買了四盒子彈跟一把來福槍。

九月，他登錄了另外五個色情網站，包括 teensexhub.net、porninjector.com。十月，他跑到西雅圖東側的柯克蘭，強暴了另一名女性，六十三歲的婦人，犯案模式幾乎與林伍德那次沒有兩樣，連使用被害人的鞋帶來綁住她的雙手這點也如出一轍。

隔年，他離開陸軍後備部隊。儘管對外的說詞是榮退，在部隊內部，他的狀況可沒有那麼光榮。評價量表上，他每一個項目都拿到否定的答案：忠誠度、義務感、尊重、無私的奉獻、榮譽心、正直、勇氣。評語是這樣寫的：「無法完成任何任務，即使是僅需要低度技能的任務。」當時他將近兩年沒有向主管報到。

二〇〇九年夏季，歐萊利沿著九十號州際公路離開華盛頓州西區，往東南方駛去，跨越山脈來到亞基瑪市，接著轉上八十四號州際公路，經過奧勒岡州的貝克市、愛德荷州的伯利、猶他州的奧格登，再順著八十號州際公路抵達懷俄明州的石泉城。他繼續往東前進，穿過懷俄明州，在來到內布拉斯加州前轉向南方——科羅拉多州，他的家鄉。他在丹佛市郊安頓下來，重新出發。

第十四章　五百美元支票

二〇一一年三月
華盛頓州，林伍德

蓋博瑞斯警探非常期待這通電話。她再次有機會幫助另一間警局，破解重大案件，隔著四個州伸出援手。嗨，熱騰騰的證據來了。至少她是這麼想的。

三月三日星期四，蓋博瑞斯致電聯繫林伍德警局，報上自己的身分，提供瑪莉的名字，詢問局內是否有跟這個人相關的案件。有嗎，好，請印一份資料給我。

請以正式用紙將妳的需求傳真過來，林伍德的員警說。他們想確認蓋博瑞斯是否真的是警察。於是她抓了印有自家警局標誌的信紙，打了一封信：「請盡快將我提到的案件資料傳過來。我們逮到一個連續犯下四起案件的傢伙。謝謝！——史黛西。」

等了二十分鐘左右，蓋博瑞斯收到林伍德檔案紀錄部門的傳真，她看了看封面，然後又多看幾眼，試著理解頁尾那串字。那是一串手寫字，內容完全出乎她的預料：

被害人被控謊報此案。

謊報。照片裡的女子。「被害人被控」。

蓋博瑞斯愣住了。

她心一沉，罵了句髒話。她知道這份指控錯得多麼徹底。

蓋博瑞斯對周圍的同僚說：喂，你們看這有多誇張。她著手確認內容。科羅拉多州的調查行動留下數千頁紀錄，追查過的線索、執行過的檢驗、已經完成的調查。來自林伍德的傳真只有四十四頁。蓋博瑞斯把這疊薄薄的資料仔細看了一遍，看到瑪莉在案發第一天告訴警方的說詞；根據歐萊利的照片，蓋博瑞斯知道瑪莉的陳述都是真的。影像與瑪莉的字字句句相符。

她驚覺自己要做的並不是協助遠方的友軍破解懸案，而是告知他們犯下了匪夷所思的錯誤，那是警方最重大的失誤。重新翻閱林伍德的調查報告——看到疑慮從何處產生、如何擴散、瑪莉遭受質疑時是如何動搖、最後是如何接受了認罪協商——蓋博瑞斯只能猜測照片中這名女子承受了何等磨難，也只能想像林伍德警方接下來要面對什麼樣的風暴。

＊＊＊

馬森警長在上班途中接到那通告知電話。

兩個月前，他從刑事偵緝部轉調到緝毒部隊，那是他最熟悉的領域。工作之餘，他仍舊不斷進修，在史蓋吉谷社區大學的刑事司法程序課程即將結束，他在這科拿到A，為成績單錦上添花。

瑪莉的案子已經在兩年半前結束，在這段日子裡，他從未質疑過自己的判斷：「我絲毫不覺得調查過程有任何瑕疵。」

馬森的調查從佩姬那通懷疑瑪莉誠信的電話開始走上岔路。現在，林伍德警局的羅尼．柯罕警長打了這通電話，告訴他瑪莉當年說的是真話。她真的被強暴了。強暴她的男人已經落網，逮捕他的警方找到能證實瑪莉說詞的照片。

那串匪夷所思的說詞。

他質問了被歹徒持刀威脅性侵的女性，說服她公開認錯，還以罪名起訴她。他在車上，獨自一人，讓這則消息滲入心底。這股衝擊無比強大，使得周遭的一切變得模糊不清。他應該是把車停到路邊了吧，對此他毫無印象。「不然就犯法了，我相信我有把車停好。」柯罕也支持這個說法：「我相信他有停車，只是他少了這段記憶。」

他抵達警局，與高層會面。身旁眾人都在討論要重啟調查、傳喚歐萊利、通知瑪莉、賠償她的支出、消除她的犯罪紀錄——馬森只聽到一片低沉的嗡嗡聲，大家都很不好受，不知道要對身處風暴核心的警官說什麼才好。

同僚陷入忙亂，馬森回想這個案子，追溯他採取的每一道程序，思考究竟是哪裡出了問題。佩姬的那通電話。階梯計畫的管理者說瑪莉想換公寓。要瑪莉來警局一趟時，她說：我惹上麻煩了嗎？這些小小的環節全都無關痛癢，但當時一口氣疊加起來，產生爆炸性的結果。從警超過二十年，現在，他第一次質疑自己是否適合吃這一行飯。每個警察都體驗過心理創傷，他見過屍體，面對過生死關頭，撐過每一道關卡，不斷往前走。這個案子不一樣。儘管現在他想著自己的事情，想著他接下來要如何應對，但他更掛記瑪莉。既然犯下這麼大的錯，他該繼續走這條路嗎？或許他該遞辭呈了。

＊＊＊

科羅拉多的調查不只協助一千三百哩外的林伍德警局破案，同時也在海軍犯罪調查局（Naval Criminal Investigative Service，簡稱 NCIS）的協助下，解決了華盛頓州柯克蘭的案子。

二〇〇四年，NCIS 建構了執法機關情資交流計畫（Law Enforcement Information Exchange，簡稱 LInX）。為了保護海軍資產，這項計畫能從聯邦政府、各州、各郡、各個地方層級的執法機關收集調查紀錄，有機會從中看出犯案模式或是連結不同轄區的案件。到了二〇一一年，光是西北地區至少就有兩百七十五間執法機關加入，分享超過一千三百萬筆案件。如此高度的配合使得 LInX 計畫獲得聯邦調查局的 ViCAP 無法企及的力量。

把歐萊利連上林伍德的強暴案後，蓋博瑞斯利用這個資料庫搜索華盛頓州其他類似的未解案件。柯克蘭的案子馬上跳出來：一名六十三歲的老婦人在瑪莉遇襲的兩個月後遭到性侵。一切都說得通了。歐萊利的電腦裡搜出柯克蘭那名被害人的名字。警方拿歐萊利的ＤＮＡ跟老婦人鞋帶上的遺傳物質比對，結果吻合。

針對柯克蘭的案子起訴時，華盛頓州金郡的一名檢察官寫信給蓋博瑞斯，請她協助核對一份證據的內容摘要。蓋博瑞斯將那份文件標記起來，寫下回信：

起訴起訴起訴!!!超級壞胚子！

祝你週末愉快。

＊＊＊

回到林伍德警局，為瑪莉的案子收尾的任務落到大隊長史蒂夫．萊德（Steve Rider），以及曾經看著瑪莉最後一次徒勞地向警方聲明強暴犯真實存在的柯罕頭上。他們需要與科羅拉多州的調查人員見面，這保證會帶來極大的恥辱。他們還得找到瑪莉，向她報告歐萊利的存在。

「這是最艱困的任務，但我們不做不行。」萊德說。

他們先去科羅拉多州一趟。三月十四日，兩人見到逮捕強暴犯的兩名警官。雖然林伍德警局的代表對於該局的重大失誤難以啟齒，不過他們勇於面對後果，蓋博瑞斯對此相當佩服。「他們人很好，真的很好。從補償計畫可以看出他們相當在乎被害人的利益。他們身上沒有半點高傲，也沒有急著劃清界線、想要辯護什麼的。事情已經發生了，現在我們只能面對處理。」蓋博瑞斯跟韓德蕭簡單報告了她們的案子，提供歐萊利在落網後採集的指紋。

柯克蘭警方保存了當年的物證，包括證實與歐萊利相符的DNA檢體。可是林伍德警方在判定瑪莉謊報之後，銷毀了那些寢具、毛髮、纖維——連強暴採證工具也沒放過，瑪莉為了協助警方逮到那個持刀歹徒，在醫院接受了讓她非常不舒服的檢驗，那些證據隨著比對DNA的希望隨風而逝。林伍德警局全員拚命翻找，只找到一張卡片，上面印著從玻璃滑門採集的不完整指紋。這張卡片是林伍德警方以物證證實歐萊利犯案的唯一希望。

與科羅拉多的兩名警探見面的同一天，萊德跟柯罕到傑佛遜郡立監獄碰運氣，看歐萊利是否願意開口。可惜得知他們的身分與目的後，他要求律師陪同，把一切問題拒於門外。

隔天，兩人前往萊克伍德的科羅拉多調查局辦公室。協力逮到歐萊利的各個局處調查人員齊聚一堂——戈爾登、威斯敏斯特、奧羅拉、萊克伍德、科羅拉多調查局、聯邦調查局——與林伍德的兩名警官會面。要是林伍德警方好好辦案，沒有輕率結案，或許歐萊利就不會到科羅拉多州肆虐了。這場會議讓他們如坐針氈。

「我們與傑出的調查人員同桌，他們同心協力，發揮最優秀的表現，幫我們破了這個案子。我們坐在會議室裡，覺得自己不配待在這邊，明明是我們把案子搞砸到無法挽救的地步。」萊德說：「他們一定會瞪著我們，心想：『你們怎麼會捅出這種漏子？』」

科羅拉多州的局處合作令林伍德的兩名警官深受感動──「那股合作精神。」柯罕說。他們分享情資，定期開會。「他們了解彼此。」柯罕說：「看得出他們的溝通毫無勉強或是生疏之處。」在華盛頓州，林伍德警局回絕了柯克蘭警方的合作邀約，即便兩座城市只隔了十六哩。雖然雪儂提供建言，也堅持只要追查，或許能找出兩起案件的共通處，兩間警局的人員從未真正碰過面，也沒有記錄透過電話傳遞的任何情報。兩間警局的調查報告中完全沒提到雙方曾經接觸過。

在科羅拉多州，萊德跟柯罕見識到連結的力量，也見識到科羅拉多州警方擁有林伍德警局欠缺的調查工具。回到華盛頓州，他們一定會替自家警局申請裝設車牌自動識別系統。

結束了一項任務，萊德還有下一道關卡，同時也是他最害怕的任務。現在他得要告訴瑪莉這一切。

＊＊＊

瑪莉的案子可說是鳳毛麟角──被害人反過來遭到起訴──不過全國各地還是找得到類

似的事件，從中反映某些警局對於性暴力案件的輕視態度，有時候會惡化到敵視的地步。

瑪莉得以平反的關鍵是一張照片——強暴犯存下的照片驗證了她陳述的真實性。而明尼蘇達州白熊湖的一名十三歲少女則是靠著影片重獲清白。二〇〇一年，該名十三歲少女報案說她遭到誘拐、猥褻，最後被丟在一間購物商場。「妳根本沒有去過那裡。根本就沒有人把妳丟在那裡。」一名警官對少女說。他說他看過商場的監視錄影，完全不符合她的說詞。

「妳就是說謊說謊說個沒完沒了。」他說。

一個多禮拜後，少女的父母親自檢閱商場的監視錄影帶，發現他們的女兒說的是真話。

二〇一五年在加州瓦列霍，物理治療師丹妮絲．赫斯金（Denise Huskins）從自家失蹤。兩天後她出面報警，但警方拒絕相信她遭到綁架與性侵，認為她的說詞簡直就是暢銷小說《控制》（*Gone Girl*）的翻版。警方說她只是想紅，一名警督說赫斯金「欠大家一個道歉」。過了幾個月，警方發現赫斯金沒有撒謊。他們找到她遭受性侵的影片以及其他證據。一名喪失律師資格的前哈佛律師跳出來自首，被判處四十年徒刑。即便如此，赫斯金持續在網路上遭受霸凌，一名男性在臉書上貼文：

幹了那種爛事還想跑……婊子吃屎吧。

赫斯金則是在自己的頁面上回應：

我不過是拚命活下來，卻因此成為罪人。

在美國，不知道有多少女性被控謊稱遭到強暴，事後才獲得平反。沒有這個方面的統計數據。但就連瑪莉這樣極端的案例——原告變成被告，被害人不只被控撒謊，還因此遭到控告——並非絕無僅有。九〇年代以來，至少還有三起類似案件登上媒體版面。

一九九七年，在威斯康辛州的麥迪遜，名叫派蒂的盲眼女子報案表示她遭到持刀歹徒強暴，然而根據記者比爾．路德斯（Bill Lueders）依照此案撰寫的《誣告強暴》（*Cry Rape*）書中描述，警方不認為她的行為舉止像是強暴被害人。承辦警官偵訊她——同時欺騙了她。他編造一套說詞：針對所謂的強暴犯用的保險套，警方並未測出乳膠殘留物（根本沒有這種檢測）。他說護理師沒找到傷處（其實有）。他拿派蒂的憂鬱症和服用百憂解的病史來質問她，還問她瞎到什麼程度。派蒂動搖了，說她撒了謊，被控妨礙公務。「她面對著瘋狂的世界。」她的律師對法官說：「這完全就是卡夫卡式的荒謬情境。我瞎了。不，妳沒有。我被強暴了。不，妳沒有。有物證。沒有。」派蒂遭到起訴後，警方才檢驗了她的床單——在上頭驗到精液，這才撤銷告訴。二〇〇四年，一名性侵犯接受審判，發現他正是強暴派蒂的犯人。派蒂對警方提告未果，不過市政府通過一項決議，表達官方的「誠摯歉意及悔意」，並奉上三萬五千美元的賠償金。

一九九七年，派蒂遭到強暴的同一年，紐約市的一名少女在她十六歲生日當天被人強暴。皇后區的警探事後得知該名少女，芬希・費格羅亞（Fancy Figueroa）懷孕兩週——因此猜測她是為此找藉口。接著，費格羅亞的身分公諸於世，冠上謊報罪名，判處撿三天垃圾的罰則。到了二〇〇三年，警方靠著DNA檢驗逮到強暴費格羅亞的犯人——這名男子後來又強暴了另外兩名少女。他在二〇〇四年定罪，被判二十二年徒刑。在凶手落網前的幾年間，費格羅亞罹患憂鬱症，搬到北卡羅萊納州逃離這一切。「我感覺他們對我的傷害超過那個強暴犯。」她指的是控訴她撒謊的兩名警官。「他真的強暴了我，可是六年來，沒有人相信我。我失去家人，我失去自由，我失去了一部分的理智。」她母親接受《紐約每日新聞》（*New York Daily News*）採訪，表達她矛盾的感受：「很高興芬希可以對她的過去劃下句點，但老實說我倒寧可她真的撒了謊。要是她真的沒有被強暴就好了。」

二〇〇四年——這一年，強暴派蒂的犯人在威斯康辛州定罪，強暴費格羅亞的犯人在紐約被定罪——賓州蔓越莓鎮的加油站收銀員，十九歲的莎拉・瑞迪（Sara Reedy）挺著大肚子，努力賺取大學學費。某天晚上，一名男子從加油站搶了六百塊錢，持槍性侵瑞迪。事後，在醫院裡，一名警官找她談話。「他第一個問題就是：『妳每天嗑幾次藥？』」瑞迪回想道。他指控她偷錢又編出性侵的謊言來掩飾。「看到我哭出來，他真的這樣說：『妳哭也沒用。』感覺就像是陷入恐怖片的世界。」瑞迪因為竊盜和謊報遭到逮捕，關了五天才獲得保釋。在她出庭受審前一個月，一名建築工人在賓州布魯克維爾的便利商店攻擊女性時被捕，後來坦承曾在州內各處強暴女性，瑞迪就是其中一人。檢方撤銷告訴，瑞迪選擇公開身分，向警方提告，獲得一百五十萬和解金。

這些案件核心的輕蔑心態根深蒂固。蘇珊．布朗米勒在一九七五年的著作《違背我們的意願》中，描述她到紐約格林威治村的一間警局要求調閱強暴案件數據。她發現該轄區內當月收到三十五件相關報案——只逮捕了兩個人。

「效率似乎不太好。」她對一名警長說。

「妳知道這些通報代表什麼嗎？」警長回道：「被白嫖的妓女。」

看在布朗米勒眼中，這名警長的態度反映了執法界令人極度不安的現象：「不相信強暴這種罪行真實存在的警察，只會作出一種結論。」

在瑪莉遭到強暴後的幾年間，類似案件如雨後春筍般出現在媒體上或是學術報告內。二〇〇九年到二〇一四年間，巴爾的摩郡警局將百分之三十四的強暴指控判為謊報或是缺乏根據，光是比例已經夠讓人不安了，更糟的是這個數據的由來。「BuzzFeed新聞」網站的調查指出，該局往往會隱蔽這類報案，甚至沒有採取最基本的處理，派出性犯罪領域的警官找被害人訪談。

二〇一四年，一名密西根大學的社工系教授發表了以「五大湖地區某中型城市」的警方訪談為基礎的研究報告。一名員警提到外遇的妻子「整夜在外頭廝混，你知道的，她們會說『喔，我被強暴了』。」另一名員警表示：「我們發現女生很清楚強暴這一招的妙用……不時亮出來報復男友或是爭取關注，比如說她們這個禮拜過得很糟，她們就想：『如果我說自己被強暴了，我家人都會跑來關心我。』」二〇一六年，愛達荷州賓厄姆郡的治安官接受地方電視台訪問時說：「這裡大部分的強暴案——不是說沒有強暴案，確實是有的——總之，大部分來報案的其實都是合意性行為。」

＊＊＊

瑪莉回到西雅圖南方的普亞路普。她二十歲，快二十一了。原本她要住進上高中第一天待的那個寄養家庭，當年一切似乎都很美好。但現在氣氛不對，她跟那一家人吵了起來，只好搬到同一條街上，另一個以前待過的寄養家庭。

時間彷彿倒流，瑪莉又一次成為寄養家庭間的人球，無法安穩度日。她還是沒有取得駕照，能找的工作不多，接連換了幾個店員工作。她的人生陷入迴圈。

在目前的寄養家庭住了一陣子，某天，瑪莉收到來自林伍德警局的來電留言，他們說正在找她，有事情要跟她談。他們沒有透露原因。

瑪莉一瞬間想起馬森警長的那通電話，在她遭到強暴後的第三天，他說他需要跟她談談。現在她心中的疑問與當時一模一樣：我惹上麻煩了嗎？

說不定我錯過了什麼出庭日，她想。無論如何，瑪莉不希望激怒警方，讓他們追殺上門。她可以想像警察拿著逮捕令衝進來的景象。於是她回電告知她的新住址。

三月十八日，他們來了——距離她遭到強暴那天，已經過了兩年七個月又一週。總共三人來訪：萊德大隊長、柯罕警長，以及一名女性家暴事件協調員（林伍德最接近受害者輔導員的人員）。

他們想找個安靜的地方談話，瑪莉帶他們到自己的房間，關上門。

萊德為了這一刻做了許多準備，然而真正輪到他開口時，他卻不知道該說什麼。現在我們相信妳了。現在希望妳能信任我們，跟我們合作，幫我們制裁強暴妳的混帳。現在我們想把妳當成被害人，給予協助，而非當妳是騙子——這種話該如何說出口？他知道無論瑪莉恢復到什麼程度，「我們都會把她的傷口扯開。」

事隔多年，問起他當時用了什麼措辭，萊德已經記不得了。但他記得瑪莉的表情。「她深受震撼。」等到她漸漸理解他的意圖，她一邊啜泣，震驚、安慰、憤怒一口氣湧上心頭。

他們跟瑪莉說她的前科都會消掉。

他們交給她一張五百美元支票，賠償她的訴訟支出。

他們交給她一個信封，裡頭裝了強暴受害者的諮商資訊。

上回柯罕見到瑪莉時，她努力聲明她沒有撒謊。他看著里特岡警探恐嚇她要是沒通過測謊就要去坐牢。再次見到瑪莉，柯罕了解她「遭受雙重傷害」——先是強暴犯，然後是他的警局。

我們要如何幫助她恢復原樣？他不斷思考。

他不認為有誰能做得到這件事。

＊＊＊

有件事要跟妳說。瑪莉對著電話另一頭說道。

剛才警察來過，瑪莉對雪儂說。他們說強暴我的男人在科羅拉多州落網。現在——他們相信我了。

雪儂無法做出單純的反應，她無法用單一情緒來面對。安慰、悲傷、罪惡感將她淹沒了。歐萊利落網意謂瑪莉終於能證明清白。意謂瑪莉真的遭到強暴。意謂瑪莉遭到眾人遺棄——「在她人生中最絕望的時刻。」雪儂說。

「那種心情很複雜。」雪儂說：「知道他們逮到了那傢伙，同時也知道那件事真的發生了。知道她真的遭到強暴，沒有人相信她，特別是曾經支持過她、照顧過她、試著幫助她改善的人。我們竟然不相信她。太可怕了。」

雪儂問瑪莉可不可以跟她見個面。有些話想當面跟她說。

跟過去一樣，兩人到森林裡散步，大約走了一百呎，她們停下腳步。「我準備好要道歉。」雪儂跟瑪莉說她非常對不起她，當時沒有相信她。她很抱歉當時不讓瑪莉來她家過夜。她說要是瑪莉永遠不原諒她、不再跟她說話，她完全能夠理解。

瑪莉擁抱了雪儂，跟她說沒關係，她原諒她了。

瑪莉沒說什麼「我早就說過了！」或是「妳之前為什麼不相信我？」，她在瞬間就毫無條件地給予寬恕。「她竟然願意原諒我，我愣住了。」雪儂說：「那件事如此嚴重，持續了那麼久。」

「我很樂意原諒別人。」瑪莉說：「大概生來就是如此吧。信任或原諒或許要花去一點時間，但我真的願意原諒。」

＊＊＊

瑪莉打電話給韋恩，她之前在階梯計畫的個案管理者。

我知道妳沒有說謊，韋恩對瑪莉說。

這句話宛如電擊。瑪莉不知道該如何反應。思緒湧入腦海——那你那時候怎麼不幫我說話？怎麼沒有為我挺身而出？你可是我的個案管理者啊——但她把這些話吞進肚子裡。

對韋恩來說，腦中維持著這個印象、說出這種話可能比較輕鬆吧。但他的回應被兩年多前的自己推翻：他在案發後一個禮拜寫下的個案紀錄，上頭說他不相信瑪莉遭到強暴。

＊＊＊

瑪莉打電話給喬丹。

喬丹跟瑪莉說他對她遭遇的一切深感遺憾。

跟喬丹說話時，瑪莉從未動搖，從未改口說她沒被強暴過。喬丹對她的信任也從未動搖過。是的，他曾想過她撒謊的可能性，不過馬上就放棄這個想法。她不是那種人。有時候就是會有這種直覺。「最重要的是我知道她過去的面貌，也知道後來她變成什麼樣子。那是完全不同的兩個人，因為她受傷了。」

然而警方不只威脅要奪走瑪莉的自由，也傷害了她的友誼。他們讓她認定喬丹不相信她。喬丹強調絕非如此。但她仍舊心懷疑慮，擔憂在她不知道的地方，別人都說了些什麼。案發後，瑪莉跟喬丹漸行漸遠。

瑪莉沒有看過警方的報告，因此她不知道它們沒提到喬丹質疑她的說詞。喬丹跟瑪莉說的是真話：他沒在她身上烙下騙子的印記。

＊＊＊

瑪莉打電話給佩姬。

「她說她很抱歉。」瑪莉說：「跟我通話的時候，她好像沒有特別驚訝——感覺她只是聳聳肩之類的。」

佩姬的沉默讓瑪莉大失所望。瑪莉希望佩姬能給予更多回應，但佩姬無能為力——至少一開始是如此。她不想反思自己扮演了什麼樣的角色，因為她很清楚自己的思緒會導向什麼後果。瑪莉跟雪儂的應對乾淨俐落：雪儂的歉意與瑪莉的寬恕都毫無保留。至於佩姬呢，她的愧疚複雜許多。數年後，佩姬不太清楚她究竟是從何得知歐萊利落網的消息。或許是雪儂在瑪莉聯絡她之前說的。或許是佩姬的媽媽傳遞了這件事。佩姬記得她母親把歐萊利遭到逮捕的剪報送給她。「還有許多的罪惡感，我只能放到一旁，心想好吧，真的有這回事。可是這份認知真的很痛苦。」

「我想我出現相當嚴重的否認心態。」佩姬說：「太痛苦了。我……聽到有那些證據，就知道那件事是真的。但是強暴案的存在實在是太可怕了。然後我又不相信她。」

那通向警方透露她內心懷疑的電話，終究還是讓佩姬後悔不已。「我應該要閉嘴，讓警察專心辦案，而不是依靠我的靈光一閃。」她說。

「我想要當個守法的好公民，真的。跟你說，我不希望他們浪費資源處理可能只是女孩子鬧脾氣的小事。

「我不該胡思亂想。在證實被害者說謊前，應該要相信他們。我犯下了大錯，這是真的。我非常抱歉。」

佩姬試著接觸瑪莉——給予在第一通電話中欠缺的回應，類似雪儂的林間散步。「最後我們坐下來吃了頓晚餐，我帶她到外面，向她道歉。我們試著真誠以對。我知道她還要一陣子才能原諒我。現在我們關係還不錯，也是經過了很長一段時間才有這份成果。」

＊＊＊

瑪莉向林伍德警方說她想要一份道歉——不是由警局，也不是由某個代表警局的高層長官致歉。

她希望那些不相信她的警官向她道歉。

在約定的那一天，瑪莉在林伍德警局的會議室等待。她得不到里特岡的歉意。現在他在南加州擔任私家調查員。他的LinkedIn個人資料寫著他能為離婚案件或是勞資糾紛跟監，也會接聯邦政府的案子，進行勞雇背景調查。

不過馬森還在林伍德。他走進會議室，看起來「像是走失的小小狗」，瑪莉說：「他摸著自己的腦袋，看起來真的深深為自己的所作所為感到羞愧。」他向瑪莉道歉——「他真的是一副抬不起頭的模樣。」看在瑪莉眼裡，他的歉意毫無虛假。

馬森的致歉「對我有一點點幫助」，她說。「沒有人能夠回到兩年半前，抹去我遭受的一切誤解。道歉也無法真正消除那些傷害。」

瑪莉大可利用這次會面追問馬森不相信她的原因。但她問不出口——因為，她說，「我不知道自己是否想知道答案。」

第十五章　刑期三百二十七又二分之一年

二〇一一年三月到十二月
科羅拉多州，戈爾登

三月某天早上七點，鮑伯．韋納（Bob Weiner）的手機響起。當時他站在丹佛西側郊區的某座足球場邊，看著女兒在場上推擠廝殺。電話的另一頭是史黛西．蓋博瑞斯警探。

「天啊，你不知道我們發現了什麼。」他們又找到一名歐萊利的強暴受害人。她描述伊凡斯是如何找到華盛頓州的瑪莉，遭到束縛、嘴巴被人堵起、一臉驚恐。

「你絕對猜不到，她竟然被控謊報。」

「開什麼玩笑。」韋納說。

在傑佛遜郡檢察官辦公室服務十五年來，韋納認為這是他碰過最驚悚的案件發展。這間辦公室的轄區涵蓋丹佛西邊的兩個郡，他算是很資深了。檢察官跟警察不一定處得來——警察覺得檢察官嫌東嫌西；檢察官認為警察不夠在乎規定。但這個案件中沒有半點齟齬。蓋博瑞斯跟韋納幾乎從成案初期便保持聯繫，在六個禮拜的追捕行動中，他們不時討論案情，協商搜索票和逮捕歐萊利的時機。

既然已經拘留了歐萊利，韋納可以投注心力摸清楚整體案情。蓋博瑞斯跟韓德蕭完成了韋納口中「難以置信的優秀調查」。但歐萊利面對的是牢獄之災，他不太可能乖乖認罪。公訴案件必須經得起多次的法院攻防，說服陪審團給犯人定罪。審閱手邊的資料時，韋納看到不少漏洞。「要進法庭還有所不足。」他說。

首先，他擔心馬克跟麥克神似的外貌。厲害的辯護律師絕對能引起合理的懷疑，主張麥克．歐萊利才是強暴犯。說不定犯案的是麥克，而他的兄長忙著經營色情網站帝國？「我們需要弟弟的不在場證明。」他對蓋博瑞斯跟韓德蕭說。麥克．歐萊利是家具店的送貨司機，他要蓋博瑞斯找來從二〇〇八年八月開始的打卡紀錄。運氣不好。大部分案發時間內麥克都還沒開始做這份工作。

韓德蕭跟艾利斯伸出援手，執行她們口中的「馬自達計畫」。韓德蕭調閱科羅拉多州內每一輛一九九三年出廠的白色馬自達小貨車的紀錄，總共有七十七輛。她召集了威斯敏斯特的十名巡警，準備派他們到州內各處拍攝那些貨車的照片。她的策略很簡單：要是辯方試著主張經過安珀家的白色馬自達不是歐萊利那一輛，韋納就可以提出科羅拉多州內的每一輛馬自達的照片，只有歐萊利的貨車符合影片外觀。

不過歐萊利相機記憶卡中的照片——安珀、莎拉，還要加上瑪莉——使得馬自達計畫暫時喊停。韋納在辦公室裡審閱那些照片，螢幕轉離門邊，不讓路過人員看到。雖然沒有拍到歐萊利的臉，他的胎記倒是被拍得一清二楚。韋納甚至請犯罪現場技術員拿歐萊利身上的痣的位置跟強暴犯身體裸露部分比對。用線條和箭頭將那些痣相互連接，構成的圖案證明馬克跟犯人是同一人。韋納知道歐萊利逃不了了，不需要擔心誤認的問題。「只要找到照片就大事底定啦。」

那些照片帶來另一個疑慮。他請蓋博瑞斯跟韓德蕭確認歐萊利的色情網站，看他有沒有將那些照片公開傳播。某天早上，兩名女性警官在斯戴普頓的聯邦調查局丹佛地區總部碰頭，這個區域是蓋在丹佛的舊機場位址。狹長低矮的房間裡塞滿電腦，兩人背對背坐下，各自面對一台終端機螢幕，瀏覽歐萊利架設或是連結的每一個網站。

「我們看了一整天的色情圖片。」蓋博瑞斯說。

「整整一天。」韓德蕭補上：「真的就是看了一整天的色情圖片。」

「真是噁爨了。」

她們最後沒有找到半張被害者的照片。雖然無法排除照片流向網路的黑暗角落，至少她們可以向那些女性回報找不到歐萊利實踐他那些威脅的證據。如此一來，被害人可以稍微安心一些——韋納也是。

韋納的父親是聯邦調查局探員，韋納經手過這一帶的幾樁重大強暴和謀殺案。在法庭上，他總是給人犀利的印象，渾身散發魄力。他身材高瘦，額頭也高，結實的肌肉如同長跑選手——他確實也是馬拉松跑者。為了練習，他會在丹佛郊區周圍落磯山脈海拔七千呎的山路上慢跑。四十二歲那年，他曾以兩小時三十一分二十秒的成績跑完波士頓馬拉松，是同年齡層的第二名。他的表現好到獲得運動鞋廠的贊助。

跑步幫助他保持腦袋清晰，思緒離開被害者的影像，讓他專注於案件的核心機制上頭。就算獲得這批照片，要思考的要素還是太多了。

比如說他擔心每一起強暴案的進行時間。每一名女性都承受了三到四個小時的折磨。「典型的陪審員會想：『嗯，她都沒有尖叫耶。她怎麼不求救啊？為什麼不反抗？她應該可以輕鬆逃脫吧。』」他還擔心歐萊利對每一名被害人瞭若指掌，陪審員或許會想：她該不會認識這傢伙吧？

這類疑慮是許多強暴案調查的絆腳石。學者將之稱為「順流而下」——調查過程中的每一名經手人員往往會顧慮接下來的人員對強暴控訴的看法。從被害人開始——她怕警察會批判她裙子的長度，或是喝了幾杯龍舌蘭。接著是警方，他們擔心沒有物證，只有一面之詞的狀況會害檢察官不好辦事。最後輪到檢察官，他們要思考陪審員對女性證詞的看法。強暴案起訴的每一個階段都受到猜疑的影響。

韋納相信他可以證明本案的一切事實——畢竟他握有犯人犯案的照片。然而強暴受害者背負的懷疑提昇了審判的難度。他特別關切歐萊利襲擊過的女性，她們得要以證人的身分出庭。她們撐得住嗎？她們將會面對充滿敵意的訊問，要忍受強暴過程中一切痛苦、私密的細節攤在法庭上，接受陌生人和媒體的注視。她們要站上證人席，歐萊利就坐在幾呎外。她們究竟會不會答應出庭作證？

開庭日設在二〇一一年十月。韋納知道他必須做好準備，因為他不只要對抗歐萊利的辯護，還要對抗數百年的法律歷史。

***

瑪莉的案子牽動了一間警局執行拙劣的調查，讓她成為法院認證的騙子。不過她的經驗並非異例。蘇珊·布朗米勒曾寫道：長久以來，碰上強暴案，司法體系秉持著「站在男性的角度，假設女性往往會說謊」的態度。美國各地的法院都抱持這份經典的詭異預設值。

對現今強暴指控應對原則影響最大的法學家在四百年前誕生。馬修·哈爾爵士（Sir Matthew Hale）與政治家奧利佛·克隆威爾（Oliver Cromwell）和查理二世（Charles II）是同一個時代的人物，他在一六七一年成為英格蘭首席法官。曾有人評論他是「當代最知名、最德高望重的法官」。法界崇拜他的名聲，一名傳記作家在一八三五年寫道：「簡而言之，法官大人是如此的偉大，直到今日，若是要舉出美德與正直的典範，特別是在法界，我們會立刻想到哈爾爵爺，如同磁針指向南北極一般毫無懷疑。」另外還有許多文章中能找到這樣的溢美之詞。

哈爾以虔誠廉明的人格和嚴謹的判決聞名，他撰寫了篇幅長達兩本的刑法論文《刑事訴訟史》（*The History of the Pleas of the Crown*）。他將強暴稱為「最可憎的罪行」，接著加上廣為世人引用的一段話：「我們必須謹記強暴指控容易提出，卻難以證實，受控者更難以獲得辯護，永遠不得清白。」

哈爾引發對虛假指控的恐懼——早在聖經裡就有類似案例，波提乏的妻子向約瑟示愛，卻遭到拒絕，便以強暴罪名指控他——並依照這份恐懼打造出法律框架。他提到兩個案子，他認為其中的被告是遭到誣陷，其中一人被十四歲少女黑函陷害。哈爾寫道：陪審團應當要思考，宣稱遭到強暴的女性究竟是「好女人」，還是「壞女人」？她有沒有求助？有沒有試圖逃脫？事後有沒有立刻報案？是否有其他人支持她的說詞？法官和陪審團應當要睜大眼睛，否則如此邪惡的罪行會令他們「義憤填膺，聽信有時充滿惡意、某口謊言的證人提出的肯定證詞，倉促給受控人士定罪」。

即使出了法律範疇，這位英國法官依舊善於提出建言。他曾寫了長達一百八十二頁的信給年少的孫兒，給予每個人量身打造的忠告。給瑪莉：「假如她無法駕馭自己美好的靈魂，她會變得高傲、專橫、陰險……」給法蘭西絲：「要是她抱持敬畏之心，害怕撒謊欺瞞的後果，她將成為好女人、好主婦。」至於安妮，他感受到她擁有「柔和的天性」，因此必須禁絕戲劇、民謠，或是善感的書籍，「否則她的心靈會受到太深的影響。」

哈爾在信中對社會感到膽寒：「這個國家的人民全都腐化了，陷入酒色、貪食、賣淫、賭博、揮霍的泥淖，愚蠢浪費到了難以想像的地步……」他格外鄙視當時的年輕女子，說她們「嚐到大膽的甜頭」，「說話大聲」。她們「只顧著把臉蛋畫得五顏六色，燙捲頭髮，追逐最新穎、最昂貴的風潮。要是在十點前起床，她們會浪費整個早上擺弄那些梳子、瓶瓶罐罐；儘管不懂得如何煮食，總有人準備好她們挑選的餐點……」他的抱怨源源不絕，一個句子長達一百六十字。哈爾結過兩次婚，外頭盛傳他的第一任妻子外遇，他被人說成「戴著天大的綠帽」。他認為英國女性是「毀滅家庭的力量」。

「可以證明馬修・哈爾爵士對於女性的評價極低。」吉伯特・蓋斯（Gilbert Geis）跟伊凡・包恩（Ivan Bunn）合著的《女巫審判》（*A Trial of Witches*）書中寫道。這本書舉出一件哈爾執法生涯的污點，「雖然只是件小事」。一六六二年，哈爾在伯里聖艾德蒙鎮主持一場審判，兩名老婦人被控施行巫術。他告誡陪審團女巫是真實存在，聖經經文中也寫得清清楚楚。陪審團宣判被告有罪，哈爾判處艾米・丹尼（Amy Denny）跟羅絲・庫倫德（Rose Cullender）吊刑。（他四年前也判處另一名女巫死刑。）三十年後，哈爾的判例紀錄成為麻州審判的藍本。「要是沒有伯里聖艾德蒙的審判，或許塞勒姆女巫審判事件就不會發生了。塞勒姆的一連串事件與伯里的相似度高得嚇人。」蓋斯和包恩寫道。

哈爾針對女巫審判的影響隨著女巫信仰消退，但他在強暴案件上的影響持續不斷。哈爾死於一六七六年，即便過了三百年，美國許多陪審團受到他的言論提醒。法院將之稱為「哈爾警告」：指示強暴案件審判的陪審員要當心容易提出、難以辯護的虛假控訴。

***

一七八六年十二月十六日，湯瑪士・傑佛遜（Thomas Jefferson）人在巴黎，寫了一封信給詹姆斯・麥迪遜（James Madison）。信中抱怨右腕脫臼——「腫脹難消」——使得他要忍受「劇痛」動筆。他寫到即將動身前往南法，希望能靠著溫泉療傷。他寫到當時美法之間的貿易——魚、麵粉、松脂、菸草。接著，幾乎是在無意之間，他寫到自己對於強暴罪嚴格罰則的反感，「這將成為女性用來向心意不定的情人、爭奪情郎的對手報復的利器。」

撰寫《獨立宣言》（*Declaration of Independence*）的偉人寫信給即將寫下《美國權利法案》（*Bill of Rights*）的大人物——警告他女人會做出誣告強暴這種惡事。

七年後，紐約市的一起刑事訴訟體現了早期美國的法律體系是如何運用哈爾爵爺的標準來貶低女性證言的可信度。一七九三年，亨利・貝洛（Henry Bedlow）出庭受審，罪名是他強暴了拉娜・沙耶（Lanah Sawyer）。貝洛是貴族，年鑑中以「浪子」、「放蕩不羈」來形容他的性情。十七歲的沙耶是裁縫，父親是水手。那年夏天，沙耶在街上散步時遭到騷擾，貝洛介入調解，他留下假名，說他是名叫史密斯的律師。幾天後，她答應陪他晚上出門逛逛。她說在約定當夜，貝洛把她拉進一間妓院，強暴了她。他說他引誘她發生關係。

在法庭上，五名辯護律師代表貝洛發言。其中一人警告十二名男性陪審員：這個案子將「好公民的人生放在一名女子的手中，隨著她的心意擺布」。另一人說：「只要不是墮落的妓女，任何女性都會表現出對內在欲求的反感。」第三名律師提問：區區一個「縫衣服的女孩」怎麼能想像堂堂律師會給予青睞，「除非她本就心懷不軌」。那天深夜她自願與他一同外出。「一個女孩子不重視她的貞節，放下一切戒備，她的操守能有多堅定？」

發言最久的辯護律師是亨利・布洛霍斯特・利文史東（Henry Brockholst Livingston），稍後他獲得提名入主美國最高法院（指名他的正是湯瑪士・傑佛遜）。利文史東對陪審團說出哈爾的名言——「強暴指控容易提出」——並照著哈爾的招數向拉娜・沙耶質問：她是好女人嗎？雖然有「一群證人」說她名聲清白，「或許她擅長做表面工夫，內心污濁不堪」。她說當時她有尖叫。那她有沒有跺腳？為什麼要答應停下來吃冰淇淋，讓這場夜會拖得更久？「若是這個女孩珍惜名聲，她為什麼不吃完冰淇淋就回家，而是又陪了他整整一個半小時？」利文史東主張沙耶發現貝洛不打算進一步交往後，編出遭到強暴的說詞。「諸位都知道女人心中復仇的怒火有多麼熾烈。遭到拋棄的女人無法克制她的憤怒。」

審判持續了十五個小時，陪審團思考了十五分鐘，做出無罪的判定。

＊＊＊

二十世紀的採證界頂尖專家是約翰・亨利・維莫爾（John Henry Wigmore）。這位學者留著八字鬍，精通十二種語言，在他的支援之下，《哈佛法律評論》期刊（*Harvard Law*

Review）得以創立，他也在西北大學法學院擔任過二十八年的院長。法律教授和學生將他的鉅作稱為《維莫爾論證據》（*Wigmore on Evidence*），比起原名《論英美體系普通法審判之證據：涵蓋美加各司法轄區之法令與法院裁決》（*A Treatise on the Anglo-American System of Evidence in Trials at Common Law: Including the Statutes and Judicial Decisions of All Jurisdictions of the United States and Canada*）要簡短許多。一名芝加哥大學法律系教授認為維莫爾的作品「或許是最偉大的現代法律論文」，裡頭的分析研究樹立了「今日證據的法律效力結構」。

維莫爾也鑽研過精神醫學和心理學，成為「心理學最佳的法界盟友」。遇上女性主張遭到強暴的案子，他期盼精神醫學能與法律融合。在一九四〇年出版的論文的第三版之中——同時也是他執筆的最後一版——維莫爾深入探討他在三〇年代針對女性與可信度的部分文字。他引用亨利・布洛霍斯特・利文史東在一個半世紀前使用的字句——擅長做表面工夫，內心污濁不堪——再補上一段佛洛伊德。

> 現代精神醫學家已經充分研究過各種案件中，性情放蕩的女孩和女性的行為。她們的精神狀況相當複雜，影響因素部分是遺傳缺陷，部分是病態的瘋狂或是反常的直覺，部分是惡劣的社會環境，部分是一時的生理或情緒狀況。陷入這種精神狀況時，某些人會提出她們遭到性侵的虛假控訴。這種姑且稱為缺乏節操的心態，使得她們在偶發但直接地描述想像出的性行為時，發現自己成為女主角或是受害者。表面上那些敘述相當直接、

> 有說服力。然而真正的受害者往往是無辜的男子……

簡單來說：都是她的幻想。

維莫爾寫道：「毋庸置疑」，每一名法官和檢察官都碰過這類案件。

接著，他又寫：「法官不該將性侵案件交由陪審團判定，除非女性原告的社交紀錄與心理素質都經過合格精神科醫師的檢驗與認證。」

維莫爾在一九四三年過世，四十年後，萊亞．比寧（Leigh Bienen）——他當時是公設辯護人，後來進入西北大學任教——檢視了維莫爾這套論述的科學證據，發現其中有許多缺失。儘管維莫爾的研究充滿疑慮，洋溢「高壓的沙文主義」，他的觀點仍舊深深影響了後世的律師和法官。「法界面對性侵案謊報的態度，全都是源自維莫爾學說。」比寧寫道。

針對宣稱遭到強暴的女性，這套學說的核心前提——「都是她的幻想」——可以視為「她自己也想做」的變體，在法院和法律文獻中常常看到這類假設。「即便女人絕對不會說『好』，即便她不斷拒絕，抵抗到最後，她仍舊還是有可能沉溺於欲求之中。」紐約最高法院法官葛林．卡利爾．布隆森（Greene Carrier Bronson）在一八四二年寫道。到了一九五二年，《耶魯大學法律期刊》（*Yale Law Journal*）的一篇文章說「許多女性」渴求「受到男性強烈的征服。肢體掙扎往往會促進、增強她們的情慾喜悅」。

七〇年代到八〇年代，女性主義運動引發強大的反彈，幫助重整全國各地的強暴相關法規。瑪莎・戈達德和蘇珊・艾里翁宣傳強暴採證工具組以及心理創傷應對的重要性，這時立法機關也採納了性侵保護法令——性侵原告過去的性行為與案件無關——法院也不再以馬修・哈爾的話語教誨陪審團。

部分法律評論者注意到這項改變已經遲了三百年。哈爾的言論在現代已經不是金科玉律：大部分的強暴案無人通報，因此這項指控並非「容易提出」。但他的言論在當年也並非真實。那個年代有許多女性因為勇於出面而遭受折磨。一六七〇年，兩名維吉尼亞州的契約僕人控訴雇主強暴她們，為此，她們遭受延長奴役合約的懲罰。十八世紀早期有兩起相隔七年的審判，兩名緬因州的女性通報她們遭到強暴。一人因行為不檢被嚴重警告，另一人則是因為淫行吃了十五記鞭子。

哈爾逝去已久，但他的幽魂卻不肯離去。二〇〇七年——瑪莉遭到強暴前一年——有一名馬里蘭州的立法委員，他是刑案辯護律師兼眾議院司法委員會（House Judiciary Committee）會長。當時開了一場聽證會，討論在強暴犯讓被害人懷上孩子的前提之下，是否該否決犯人親權，而他提起哈爾的警告。這位名叫小約瑟夫・維洛里歐（Joseph Vallario Jr.）的立法委員說哈爾的言論是一種歷史文獻。但是根據《華盛頓郵報》（*Washington Post*）的頭條，他的發言引發「眾怒」。馬里蘭州的反強暴團體批評維洛里歐引用了「早該廢除的沙文主義教條」。這條法案沒有通過。十年後，馬里蘭州的立法委員凱絲琳・杜瑪斯（Kathleen Dumais）第九度提出這條法案，來自兩議院、全由男性組成的審議小組擱置這項提案，使得馬里蘭州依舊是十六個不讓強暴被害人終止犯人親權的州之一。

＊＊＊

七月的某天早上，韋納接到歐萊利的公設辯護人來電。傑夫利．道根（Jeffry Dougan）是執業三年的年輕庭審律師，他捎來歐萊利的訊息。

「這傢伙想要認罪。他希望結束這件事。他不想讓被害人承受訴訟。」韋納回憶道根的話。道根建議歐萊利不要認罪，可是歐萊利很堅持。只是有一個條件。韋納必須撤回針對綁架相關的指控。

歐萊利的要求出乎韋納意料，不過他大概猜得到理由，也知道這不是一時興起。

韋納知道歐萊利很緊張。在監獄的錄音電話中，歐萊利跟他母親說他認為警方遲早會從他的電腦裡找到東西，只是不確定有多少東西會被翻出來。

調查進度最後還是流入他耳中。韋納把警方的發現呈報給歐萊利的公設辯護人。法庭劇裡充滿出其不意的橋段，不過司法系統可不樂見意料之外的轉折。開庭前的調查過程中，雙方都必須讓對方看看準備提出的證據。韋納最近把伊凡斯找到的照片轉給道根，歐萊利首度驚覺警方有辦法挖出他——或者該說是跟他外表特徵一模一樣的人——強暴女性的照片。那些他以為鎖在一層層無法突破的加密資料夾裡，安穩無比的照片。

現在他全被看透了。

韋納還是無法理解歐萊利能從這項協議中得到什麼好處。即便韋納撤銷綁架的控訴，歐萊利還是得在牢裡蹲上一輩子。他的刑期不會因此減短。所以他到底在打什麼主意？既然早就無路可退，為什麼不掙扎到底，無論證據有多麼堅不可摧？「太不尋常了。」韋納說：「但這個案子本身就很不尋常。」韋納猜測這件事在歐萊利心中很重要。或許歐萊利可以接受強暴犯的烙印，但他不想當綁匪。

無論如何，韋納認為他需要掌握一些籌碼。他跟伊凡斯一樣執著於「可憐蟲」，歐萊利電腦裡的加密檔案。韋納不是電腦高手——他把電腦檔案稱為「容器」，但他知道如此大費周章藏起的資料想必有其價值，只是他不確定會是什麼。會不會是其他女性，其他強暴案？或是某種祕密結社，讓男人交換他們實際強暴女性的照片？是不是幼童色情照片或影片？

他得要知道裡面到底是什麼。

「我做了最壞的預想。」他說。

韋納打電話給道根，反過來提出要求。他正在考慮接受這項協議，但歐萊利必須交出「可憐蟲」的密碼。道根馬上回覆：斬釘截鐵的否定。回應的速度和態度提高了韋納的疑心。「這代表裡面有很不得了的東西。」二〇一一年七月七日，蓋博瑞斯寫信跟韓德蕭、貝吉斯、哈塞爾通報這個消息，「歐萊利**不願意**交出密碼，**句點**。」

儘管歐萊利說什麼也不放棄他的祕密，韋納相信這項協議對檢方很有利：撤回綁架控訴，換得犯人認罪。在簽字之前，韋納找來被害人，在辦公室裡一一與她們詳談。

每一名女性的反應都不同。朵莉絲猶豫是否要撤回任何指控。她不怕上法院。「她真的很堅強，像是在說『我才不怕那傢伙』。」韋納回想道。安珀很緊張，怕案子的風聲會流入朋友跟家人耳中。莎拉依舊情緒低落，準備接受協議。莉莉滿腹疑竇，她對哈塞爾很失望──要是他調查得更仔細一點，說不定戈爾登跟威斯敏斯特的案子就不會發生了。

韋納向她們說明要是案件進入審判階段，得經歷哪些程序。公開作證。硬碰硬的交叉詰問。歐萊利可能會透過言語或舉止，試圖在法庭上影響她們的心情。「性犯罪者最擅長操縱人心了。」他警告道。

在許多時刻，法律似乎對受害者不太照顧。依照最嚴謹的法律術語，這些犯行的對象是州政府，而不是這四名女性。韋納會盡力體貼她們的顧慮，但他沒有義務順從她們的心意──他的服務對象是社會大眾。歐萊利在證實有罪之前都是清白無辜的。法官和檢察官會尊重他接受公平審判的權利。「焦點往往不在妳身上，而是瞄準了犯人，妳可能會因此感到失望。」韋納對四名女性說：「請放心，我們不會輸的。」

最後，四人都同意接受協議。韋納認為這是最佳結果，她們不需要承受出庭的恥辱，歐萊利依然要面臨漫長的刑期──最後的判決要由法官決定。

韋納簽名接受認罪前，他又問了一次。歐萊利是否願意交出密碼？

又一次，答案還是「不要」。

＊＊＊

歐萊利的刑期判決日定在天寒地凍的十二月初，地點是傑佛遜郡地方法院。從將近一年前歐萊利強暴安珀的公寓可以看見法院閃亮的玻璃圓頂。可以想像在花費數百個小時跟蹤這位研究生期間，歐萊利曾經舉目眺望這座聳立在白雪靄靄的落磯山脈下的莊嚴建築。

以灰色和棕色為基底的小型法庭擠滿了人。蓋博瑞斯、韓德蕭、貝吉斯、古魯辛都到場了。艾利斯跟島本也來旁聽。莉莉和朵莉絲坐在一側。歐萊利的母親、繼父、妹妹坐在另一側。歐萊利靠著法官正前方的光滑長桌，他頭髮理成平頭，身穿黑色上衣、繫上厚重的棕色防護腰帶。他蒼白的長臉每隔幾分鐘就劇烈扭動一陣——緊張令他的五官不時縮向鼻子。

菲利普．麥諾蒂（Philip McNulty）法官坐在席上，光頭上頂著白色假髮。當了十五年法官，他博得公正、富於同理的名聲，儀態穩重而超然。他將會成為這間地方法院的首席法官。麥諾蒂要求相關人員肅靜。科羅拉多政府控告馬克．歐萊利一案即將開庭。

韋納率先發言。他把歐萊利塑造成冷靜、有條理的反社會人格者，犯案手法越來越激烈。他描述歐萊利是如何從奧羅拉的朵莉絲開始下手。他在萊克伍德襲擊莉莉時是如何失利。從莎拉在威斯敏斯特的公寓偷到錢後，他是如何買了一把槍。他在戈爾登是如何拿著類似的槍枝威脅安珀。這個男人把強暴當成職業——他說他熱愛的職業。這個男人應該要永遠與世隔絕。根據韋納的計算，歐萊利的刑期至少要有兩百九十四年。

前一天晚上，韋納將放大的被害者照片交給法官，畫面稍微經過處理，以維護她們的隱私。「看看這些被害者的臉，她們承受了多大的痛苦與折磨。他從這些女性身上奪走的事物，以及他強奪的手段，這些全都永遠無法彌補。」他對麥諾蒂說道。

韋納對法官說：落網當時，歐萊利正在籌劃要到丹佛的另一處市郊城鎮犯案。調查人員找到他的跟蹤筆記。「他是野狼般的獵食者。」韋納說。

接著是歐萊利的被害者。蓋博瑞斯跟韓德蕭代替安珀和莎拉發表聲明。

安珀的聲明上寫道：強暴改變了她。她在門上裝了三道鎖，一進家門就全部鎖緊。她以前會開著窗戶睡覺，吹吹夏季微風，現在她家窗戶一定是關得牢牢的。假日會讓她聯想到可怕的回憶。她曾經喜愛的顏色——她拿來裝飾臥室的色彩——現在都會讓她想起那場強暴。「我還在努力忘記這次的事件，試著往前走，不過我還算幸運，做了這件事的人已經被逮到了。」她寫道：「我不需要繼續害怕了。」

遭到性侵時，莎拉才剛從人生的低潮中站起。她失去了丈夫，搬進新公寓。強暴從她身上奪走了更多事物。她覺得自己的電話遭到竊聽，相信有人駭進她的電子信箱。只要看到跟強暴犯同樣體格的樓上鄰居她就會驚慌失措。她說這都是「生命中的損失」——失去了自由與安全感，失去了信任，失去了平靜的心靈。「我沒有被打倒，只是暫時倒下。我又站起來了。或許沒辦法跟以前一樣做各種喜歡的事情，變得更加疑神疑鬼，但我還活著，我要好好活下去。」

韓德蕭唸完莎拉的聲明後，轉向麥諾蒂，難得地提出要求，她從警以來很少這麼做。她可以提出自己的意見嗎？法官答應了。

韓德蕭面對法官，但雙眼盯著歐萊利，希望能對上他的視線。「先生，這項罪行對我的人生帶來深刻的衝擊，無論於公於私。」她說：「歐萊利先生展現出令人無法理解的高傲與輕蔑。每一次犯案都無視社會價值觀，也毫無道德標準可言。」韓德蕭要求法官讓歐萊利關上一輩子。

歐萊利在萊克伍德和奧羅拉襲擊的女性起身說話。莉莉向法官說她相信精神界域，對萬物抱持著崇敬之心。然而在那次襲擊之後，她難以找回過去的自己。她無法獨自在家，想法變得偏激，與朋友疏離，僱用武裝警衛當保全。她的醫藥帳單高達數萬美元，還沒有保險能分擔。收款公司不斷來電，許多人上門要求她付錢。「我睡不好，常常做噩夢。我受到極大的心理創傷。」她說。

她對法官說她相信歐萊利需要幫助。她稱呼他為「深陷煩惱的人類」。但她也認為他應該要一輩子待在監獄裡。司法正義使得遭到他侵犯的女性能戰勝他的惡行。「我慢慢好起來了，大家都在療傷。那件事——帶來改變。我們正在努力重塑人生。」

朵莉絲排在她後面，這位六十七歲的舍監細數遭到性侵時的種種恐懼。事後她裝設了保全系統，每次洗澡前都會設好警鈴。她提到多次就醫做檢驗，確認她沒有染上ＨＩＶ病毒。「每次都在恐懼、焦慮、不安中等待結果。」表面上看起來她的生活已經恢復正軌，可是她的內心依舊需要修補。「沒有人能安然放下這種事情。」她說。

在聲明的最後，朵莉絲望向歐萊利——直接詢問他是如何找上她的。「你為什麼會去奧羅拉？你有朋友或是親戚住在我家附近嗎？有沒有其他我應該要繼續害怕擔憂的理由？」

「我為什麼會成為好下手的目標？」她向強暴她的男人提問。

＊＊＊

第一個發言的辯方人員是馬克．歐萊利。

「我來到這裡，是因為我必須入獄。」他以這句話開頭。「我比法庭裡任何一個人都還要了解這點。這個念頭已經存在很久了。」

「我是失控的性暴力狂。」

歐萊利說他想要道歉。他想要解釋。

他描述自己經歷無法控制的衝動，每隔一陣子就會想侵犯女性。從小他便不斷抵抗這份衝動。幸好他的原生家庭還算美滿。「很難用言語形容，我這輩子一直受到自己憎恨的某種力量奴役。各位也看到了，我終究無法抗拒那股力量，最後還是輸了。在這段歷程中，我失去了比自己的生命更重要的事物。我摧毀了許多人的人生。

「我不知道契機是什麼。」歐萊利沒有引用榮格，沒有引用那些神祕學書籍中的二元神智理論。他以最單純的方式表達：「我猜這聽起來很老套，但我就像是活生生的變身怪醫。」

歐萊利對麥諾蒂說他不認為自己能得到憐憫，不過他希望大家能夠了解──無論是他，還是跟他一樣的人。「許多人說我是怪物，但事實上沒有那麼簡單。」

歐萊利轉向朵莉絲，回答她的疑問。他在社群網站上找到她的名字，就是這樣。她不需要害怕住家附近的任何一個人。「殘酷的現實是──對我而言，這只是一個機會，我知道這樣說很噁心，可是──這就是真相。」

「妳從一開始就沒有做錯任何事。」

歐萊利說話時，他母親靜靜聽著。她相信馬克有罪，可是她從未聽過他提起童年時內心的掙扎。從未聽過他說自己腦中有兩個人。從未聽過他描述獵捕女性的行為。

雪莉．島本坐在歐萊利母親後方，她注意到這名婦人抓著幾張紙。島本猜測那是她打算發表的聲明，讚美他的好處，請求庭上手下留情。聽著歐萊利一一認罪，島本看著他母親把紙張揉成一團。

輪到歐萊利的母親了，她起身說長子遭到逮捕令她震驚萬分。馬克是個快樂的孩子──話多、愛玩、喜歡動物。「要是我知道，或是察覺到這麼多年來他心裡有那麼強大的衝突，需要幫助，我們絕對會用各種方式幫他……可是，正如各位所見，我們什麼都沒看到。」或許跟他在軍中的生活有關。她退伍後看起來整個人都變了，變得更陰沉內斂。她想他可能罹患心理疾病，希望在獄中能獲得治療。

她向在場眾人分享她痛苦的過去。她自己也是強暴受害者，在十五歲那年的一場派對上遭到性侵。當時是一九六三年，沒有人會把性行為說出口，沒有人敢把強暴說出口。她曾與女兒討論過那件事，可是麥克跟馬克都毫不知情。現在她後悔萬分。要是全家一起談過，狀況或許會不同。她向被害者說她了解她們的痛苦。她為自己的兒子求情，也為自己求情。「身為母親，人們總是說『妳不能為了某件事自責』。我為什麼不能自責呢？我是他的母親，我把他養大。如果不是因為我做了什麼，那或許是因為我沒有做好什麼。」

歐萊利的律師道根向法官說，根據他的估算，麥諾蒂至少可以判歐萊利二十六年徒刑。他也請求法官網開一面。

現在輪到法官了。

「歐萊利先生，有些話我要先對你說。」麥諾蒂說：「你認為人們會憎恨你，把你當成怪物。貶低你不是我的職責，評斷你不是我的職責。我負責的是評斷你的行為。」

麥諾蒂指出針對歐萊利的指控，刑期的彈性相當大。歐萊利過去沒有前科，現在又展現出悔意，「我相信你方才的發言全是出自真心。」

接著法官一一舉出對歐萊利不利的證據。跟蹤紀錄，強暴用具，引發的恐慌。「本案最讓人無話可說的證據是你自己留下的。」他對歐萊利說：「這些女性遭到強暴時，你拍下的照片。我——我看著那些女性的臉，看到憤怒與恐懼，絕望與無助。我心想，注視著那樣的表情，誰有辦法按下快門呢？」

關於刑期，麥諾蒂拿他過去裁決過的案件衡量歐萊利的犯行。他從未見識過如此背離正道的行為。

「先生，你把受害者當成獵物來追捕，宰制了她們好幾個小時，逼她們做出難以啟齒的舉動。」他的嗓音低沉平穩。「你在這些案件中做出的行為是純粹的邪惡。」

麥諾蒂說歐萊利已經失去了自由生存於社會上的權益，他要判處最高的刑期。判決：三百二十七又二分之一年徒刑。

歐萊利永遠出不來了。

＊＊＊

幾天後，在銳利鐵絲網重重包圍的科羅拉多州立矯治中心牢房裡，歐萊利提出了少見的提議。他答應與調查人員討論他的犯行，律師不需要在場。他說他想協助被害人揮別這些事。不過有個但書：只要蓋博瑞斯在場，他就不會說半個字。他說女人會讓他坐立不安。

古魯辛自告奮勇，接下這個任務。在歐萊利落網後的十個月間，警方從證據中至少找到華盛頓州的另一起性侵案件確實與歐萊利有關。可是他們找不出他與其他案件的關聯。堪薩斯州的幾起強暴案進入死胡同，成為懸案。「可憐蟲」依舊無法破解。古魯辛不確定他能讓歐萊利說出多少，但聯邦調查局的測謊專家曾經給過建議：兩人談得越久，對我方就越有利。讓歐萊利說個不停，這是古魯辛的目標。

刑期判決日一週後，二〇一一年十二月十五日，上午十一點十五分，古魯辛坐在歐萊利對面，兩人身處狹窄的白色煤渣磚牆牢房，地上鋪著黑色方形磁磚。古魯辛身穿藍色polo衫、綠色長褲、健走鞋。歐萊利身上是紅色連身衣，領口露出白色T恤，頭髮幾乎剃光。為了減少上吊的風險，他腳上的黑色網球鞋沒有鞋帶。他的臉頰不時抽搐，五官往中間縮緊，接著又恢復正常。

歐萊利在古魯辛坐下時環起雙臂。他說他不太想開口。他改變心意了。在牢裡他過得很糟，一名獄警威脅要把他關禁閉。「現在我沒心情說話。」

這回古魯辛同樣做足準備。他研究過歐萊利是如何從每一次作案中學習，他是多麼的一絲不苟，付出了多少努力來隱藏蹤跡。古魯辛心想這傢伙對自己的作為相當自傲，只要有機會展現他的專業技能，他必定會樂得暈頭轉向。「你是非常重要的人物，非常厲害、超越框架的強暴犯，我們想要研究你。」這招果真有效。古魯辛向歐萊利提議，或許他會想跟聯邦調查局知名的行為分析小組的側寫員談談？

歐萊利換了個坐姿。「要談的事可多著呢。」他說。

在接下來的四個小時，歐萊利滔滔不絕，像是對興致勃勃的學徒傳授強暴招數似地說個沒完。古魯辛傾身向前，不時在制式筆記本上抄寫，偶爾分享警方調查的小故事，給歐萊利繼續說下去的動力。

「感覺就像吃了感恩節大餐。」他對其中一次犯行發表感想，整個人連椅子往後傾斜。描述每一起強暴案時，他會強調某些細節。朵莉絲抑制了他的衝動。「我比一般狀況下提早離開，因為她說的一些話刺進我心中。」提到他對安珀說的野狼和好漢論點，他說那都是「廢話」。「跟她說話只是用來串場。」他說。「換到不同的情境，以不同的方式相遇，或許我們可以處得很好。」他深深對莎拉感到抱歉。莎拉是在他襲擊莉莉失敗後的目標。「她碰上我最低潮的時刻。」

他很佩服莉莉能在瞬間決定逃走。「我氣炸了，同時又很想笑。她很聰明，把握住唯一的機會。」歐萊利向古魯辛說起他攻擊莉莉前發生的小事，當時還在監視階段，某天晚上，他站在椅子上隔著她家窗戶偷窺，耳邊聽到一陣騷動。什麼鬼？他摸不著腦袋。他抬起頭，看到屋頂上有隻灰色狐狸俯瞰著他。歐萊利揮手想嚇跑狐狸，但牠一動也不動，於是他決定撤退。走回貨車途中，那隻狐狸一直跟著牠，等到他上車，直到他開走才願意離開。他想說不定莉莉真的受到動物的守護。「大部分的人都不知道這個世界有多廣大。」歐萊利說。

歐萊利為執法機關上了一課。他描述自己採取了哪些措施避開警察。他知道軍方有他的DNA樣本，擔心警察能取得紀錄，認出他的身分，因此他費了許多工夫避免留下基因痕跡。他跟古魯辛說他很清楚這些都是徒勞之舉。「你打不過先進的科技。」

他回想起古魯辛跟另外一名員警敲響哈蘭街六十五號，他來應門的那一刻。古魯辛亮出偽造的竊案嫌犯照片，歐萊利以為那是採集他指紋的圈套，不過他還是接過那張紙。他覺得沒差，反正他作案時都戴著手套。他當時想：「我不可能留下指紋。」

他發現各區警局不常互通聲息，因此他刻意在不同轄區裡犯案。「你知道的，基本上我就是盡量甩開你們。」在華盛頓州進行得很順利，林伍德警方沒有把握機會。「要是華盛頓那邊稍微多注意一點點，說不定我會提早成為緝捕對象。」

他要求警方追蹤可疑人士出沒處的地理位置。等到強暴案發生，已經來不及找犯人了。他的精神狀況已經進入平緩週期。「你們布下天羅地網的時候，我剛好躲起來，變成正常人。」歐萊利靠著椅背，哈哈大笑。「基本上我們的行程就是湊不起來。」

「真是不巧。」古魯辛說。

「是啊。」歐萊利附和。

接著，歐萊利毫無預兆地發洩他的悔恨。他這輩子總是孤軍奮戰，拚死努力之後敗下陣來。不是只有他。還有其他男人，那些男人終其一生徒勞地嘗試摧毀腦中的怪物。沒有用的。

「要阻止他們就只能靠你們這種人上門逮人。」他對古魯辛說：「如此一來，他們就成了標本。就是這樣。他們被迫在鏡頭前拋頭露面，家庭毀了，又被關進洞裡，全世界都能隨心所欲把他們抓出來戳弄。」歐萊利雙手一攤。「電視上一堆有的沒的東西，《犯罪心理》（*Criminal Minds*）、《夢魘殺魔》（*Dexter*）、《法網遊龍：特案組》（*Law & Order: Special Victims Unit*）。只要跟他們無關，大家都想一探究竟。只要出軌的火車沒有撞進自己家，每個人對這種題材都愛得要命。他們把這些吸進腦子裡。還會有人想賣書。」

歐萊利突然閉上嘴巴，似乎是陷入內心的世界。他盯著地板。

「每個人都有自己的人格特質。」古魯辛說。「你的人格特質讓我可以混口飯吃。」

古魯辛起身準備離開。歐萊利抬起頭，朝著面談室後方的雙面鏡比劃。

「外頭有大隊人馬對吧？」

「只有我們跟史黛西．蓋博瑞斯。」古魯辛應道。

歐萊利把臉埋進掌心。「就知道你們會幹出這種事。」

歐萊利直視那面鏡子。在鏡子的另一側，蓋博瑞斯迎上他的視線。

「嗨，史黛西．蓋博瑞斯。」歐萊利柔聲道：「我敢說妳很想一槍斃了我。」

古魯辛打岔：「這裡不能帶槍進來。」

「不，我說的是她來到我家門口，槍口指著我的那一刻。」

古魯辛搖搖頭。

「那樣我們要寫一堆報告。」

在鏡子的另一側，蓋博瑞斯忍不住渾身發寒。接手這個案子以來，那天晚上她第一次難以入眠。

尾聲　十八輪拖板車

二〇一一年至今

雖然心裡大為動搖，馬森警長還是選擇留在警界。「我決定不要讓這個案子來定義我的人格。我會從中學習，成為更優秀的警官。」

我們在二〇一五年十二月到林伍德警局與馬森見面；就在他七年前訊問過瑪莉的那間會議室採訪他——坐在瑪莉曾經用力搥過、堅持她真的遭到強暴的桌子旁。馬森回想他當年的猜疑——階梯計畫管理者提到瑪莉想換公寓，佩姬在案發隔天捎來的懷疑。「那兩個人都比我還要了解她千百倍。」馬森說。

馬森沒有因為瑪莉的案子受罰。再過幾年，他的資歷又將是毫無瑕疵。

「我想在這個位置待過一陣子的人——他們見識過的一切會對他們造成影響，變得更堅毅之類的。」馬森對我們說。他從瑪莉的案子學到辦案不能受到成見限制，要超越各種疑慮的束縛。「沒有一個執法人員會把誣陷無辜者當成目標。」

我們向馬森問起佩姬。「她傳達了她認為很重要的情報。」馬森說。她盡了身為好公民的本分。馬森很感激她那通電話，因為她的言論而做出的決定，責任全在他身上。「是我搞砸了。」

我們提到瑪莉，跟馬森說她想知道自己在這個案子裡的角色，她是不是犯了什麼原本可以避免的錯誤。

「她沒有犯錯。都是——是我。事情就是——就是那樣。」

「她不需要試著說服我。事後仔細想想，是我要負責追根究底——但我沒有辦到。」

「這個案子裡面你最難忘的是哪件事？」

「有很多——」他嘆了口氣。「——我一直忘不了，不過印象最深的大概是……瑪莉報案後卻要承受那麼多。唉……」

「你常常想起她嗎？」

過了五秒、十秒、十五秒，馬森一言不發。他沒有回答，默默整理思緒。半分鐘後，他終於開口。

「可不可以稍微……」

「當然。」

「我去喝點水。」

他離開房間。

等馬森回來，他說：「是的，沒錯。」他不時會想到瑪莉。「沒有固定的時機，可能是在值勤途中，或是出遠門看家人——不一定。」

「想到瑪莉的時候，我多半是掛記著她現在過得如何。

「希望她過得很好。」

＊＊＊

瑪莉的謊報前科在二〇一一年春季撤銷。檔案封存，抹除了所有的痕跡。可是瑪莉知道消除過去並不代表就能防止歷史重演。因此在二〇一三年六月，她向美國聯邦地區法院對林伍德提民權訴訟。「或許他們可以改變作法，不讓其他女性受到像我這樣的對待。」她說。

被告包括市政府、馬森和里特岡兩名警官；主辦階梯計畫的非營利團體「繭屋」（Cocoon House）；階梯計畫管理者，珍娜跟韋恩。她控訴訊問她的警官沒有宣讀她的權利；警局沒有提供應對強暴被害者的妥善訓練；繭屋站在警方那邊，沒有幫瑪莉找律師。辯護律師團回覆：當警方載瑪莉到局裡接受訊問時，她沒有遭到逮捕。瑪莉可以隨意來去，因此警官沒有宣讀米蘭達警告的作法沒有問題。同時，繭屋承認珍娜跟韋恩沒幫瑪莉找律師，但律師團說他們也沒有義務這麼做。

辯方有一項最為強烈的主張，只要通過這項，其他都不用談了。辯護律師團表示，瑪莉隔了太久才提告。他們說請求聯邦公民權益的時限是三年——對瑪莉來說，是從二〇〇八年八月，她遭到訊問、被控謊報那時開始算起。他們打算主張她的訴訟無效。

這項主張讓瑪莉六神無主。「你無法在別人不相信你的狀況下提告。」她說。歐萊利落網前，她哪來的立場提告呢？然而主張訴訟無效等於是向瑪莉的律師，H．里奇蒙．費雪宣戰。他把瑪莉的狀況比喻成事隔多年才得知醫生在手術中把紗布忘在她體內的病患。法律並不會因為手術與得知真相之間的時間過長而懲罰病患，因此法律也不該計較瑪莉遭到逮捕跟歐萊利落網之間的時間。

二〇一三年十二月，瑪莉和林伍德警局同意接受調解，希望在上法院前擺平這件事。雙方都在事前寫信給調解人。費雪說瑪莉要求五百萬的賠償金，林伍德的律師團說瑪莉不太可能拿到「六位數過半的金額，更別說是七位數了」。聖誕節前兩個禮拜，調解人找來雙方，讓他們當面討論。警方跟瑪莉待在不同的房間裡，由律師出馬交鋒。接著輪到瑪莉，她得要把她的經歷說給林伍德警局的兩名高層人士聽。她敘述自己承受的一切，請他們想像如果是自己的女兒受到這種對待，他們會有什麼感受。兩名高層道歉，承認警局犯了錯，承諾會努力改進。

瑪莉確實沒有拿到五百萬。她跟警局談定十五萬美元的賠償金。「這是風險管理的考量。」一律師團中有人對報社記者這麼說。瑪莉跟繭屋另行協調和解，金額保密。

她從沒得到里特岡的任何回應，這名曾經威脅要把她送進監獄的警官已經搬去南加州了。可是在瑪莉提告後，一名《西雅圖時報》（*Seattle Times*）的記者透過電話找到里特岡。「里特岡……表示他對此事一無所知。」報導如此寫道。「他一開始完全想不起是什麼案子，只記得跟『科羅拉多的某個傢伙』有關。」

雖然林伍德答應支付十五萬美元，政府的保險擔下了大半金額，林伍德只需要支出一小部分。

最後，政府付了兩萬五千美元。

＊＊＊

「我們犯了大錯。」接受訪問時，林伍德警局大隊長史蒂夫．萊德這麼說。「難以想像的錯誤。面對現實……搞錯調查方向……錯誤的假設……錯的電話。「明知她遭受殘忍的侵犯，我們竟然還說她是騙子？」

犯下重大失誤後，許多警局會立刻止血：把髒東西藏起來就對了。案件出了包，他們就龜縮起來，拒絕承認，更不願意道歉。但是林伍德警方是個特例。二〇一一年，在馬克．歐萊利落網後，局長下令實行內部與外部的檢討，確認林伍德警局的調查究竟是從哪裡走上岔路。警局選擇面對自己的錯誤，從中學習。

七頁的內部檢討報告由一名大隊長和警長負責撰寫。兩人都不曾經手該案。這份報告的措辭保守——比如說當年的調查達到「不正確的結果」——但他們的分析相當確實。當年的警官太過看重瑪莉的陳述中前後矛盾的細節以及佩姬的疑慮。一旦起了疑心，他們對瑪莉的態度從面談轉為訊問。等到瑪莉認錯，「他們一頭熱地提告」，結束此案。當瑪莉試圖撤回前言，里特岡警探卻是滿口威脅。

外部檢討報告內容大同小異，只是文字尖銳許多。這份報告出自史諾霍米許郡保安官辦公室的葛瑞格·林塔（Gregg Rinta）警長之手，他和馬森不同，承辦過相當多的強暴案件。近五年來，他負責監督保安官辦公室的特別調查單位，該單位每年經手多達七百個成人性犯罪以及孩童虐待案件。

「從各個層面來看，這個案子基本上沒有調查行動可言。」林塔在十四頁的報告中如此寫道。「依據我無法解釋的理由，瑪莉的可信度成為調查的焦點，一切指向重大罪行的證據全都遭到忽視。」林塔舉出瑪莉在案發當天，只睡了一個小時的狀況下，總共描述了幾次事發經過。馬森當時要求她交出手寫陳述是不必要，甚至是極度殘酷的舉動：「你這是要求她第五次說出自己的遭遇。」持有數份陳述的馬森將「細微的前後不一」——深受傷害的被害人常有這種狀況——渲染成嚴重的矛盾。至於佩姬的疑慮，那跟馬森無關，連寫進報告都沒有必要。旁人的意見若是缺乏足夠的證據，那就「與調查毫無關聯」，林塔寫道。

在檢討報告中，林塔清楚表現他匪夷所思的心情——無論是警方的過失還是心態。他無法估測警官究竟是多麼看輕瑪莉遭受的傷害。他無法理解他們為何如此欠缺同情心。關於警官們第一次找瑪莉對質，控訴她撒謊的那一天，林塔寫道：

馬森警長與里特岡警探對待她的態度只能冠上霸凌與欺壓之名。當時的紀錄堪稱不忍卒睹，也讓人難以理解專業的警局中，經歷豐富的警官為何能做出這種行為。若不是紀錄在他們的報告中，我會懷疑這種事是否真的發生過。

林塔寫道：即使瑪莉清白無辜，面對他們咄咄逼人的態度，她會承認撒謊也是很自然的結果。

四天後的發展——里特岡威脅要送瑪莉去坐牢，暗示她會失去住處——更是惡劣無比。「這些說詞極度霸道、殘忍、專業風範蕩然無存。我無法想像他有任何正當理由說出這些話。」

林塔整理了接下來發生了什麼事：警官送瑪莉下樓，把她交給兩名階梯計畫的管理者；管理者當著兩名警官的面問瑪莉是否真的遭到強暴；瑪莉說沒有。

「我只能推測這是設計好的橋段，為的是對被害人施壓，要她說『實話』。」林塔寫道。

「想像被害人當時的感受令人無比痛苦。」

萊德表示瑪莉的案子在林伍德警局引發實質與風氣的改變。警官接受額外的訓練，學習如何應對強暴被害者和心理創傷。他們要研究國際警察首長協會發表的規約——由瓊安・艾沙包特撰寫的指導原則——建立被害者的信任，展現尊重，不做出批判，讓被害者決定接受面談的時間與地點。強暴被害者會立刻獲得當地衛生中心的輔導員陪伴。在質疑強暴案件的真實性前，調查人員必須持有「絕對的證據」來證明報案者撒謊。現在謊報的指控報告必須讓高層過目。「我們從這個案子學到許多。」萊德說：「我們不希望這種事情在任何人身上重演。」

根據上報給聯邦調查局的數據，林伍德警方在二〇〇八年有四起被標為無稽之談的強暴案，瑪莉的案子就是其中一起。在二〇〇八年到二〇一二年的五年間，該局判斷四十七起通報的強暴案中有十起屬於無稽之談：百分之二十一點三。比起全國同一時期人口數量類似的行政區的平均值百分之四點三要高出五倍。萊德說在瑪莉的案子之後，警局上下對於案件的分類也更加謹慎了。

「可以說我們的調查積極度比許多警局還要高。」他說：「現在我們更加留意是否讓案件正確地終結。」

「每一個人都將永遠記住這個案子。」

＊＊＊

十一月的某一天——天氣預報說將有暴風雪來襲，幸好沒有成真——我們從丹佛開往科羅拉多州的東北角，內布拉斯加州就在隔壁。史特林矯正機構（Sterling Correctional Facility）跟其他監獄看起來一模一樣——低矮狹長，被六角鐵絲網層層包圍。獄方人員帶我們通過三扇上鎖的滑門，經過長長的走廊，踏進面談室。

馬克．歐萊利身穿綠色囚服，戴著小圓帽，下顎布滿鬍渣，跟檔案照片相比，他的下巴肉看起來多了些。他抽搐似地眨眼，眼皮彷彿連上了電動馬達。他的雙手幾乎全程按在大腿上，左手大拇指不斷彈跳。

「我看了很多書。」他聊起獄中生活。哲學、科學、心理學。「或者是道教之類的抽象領域……最近我開始冥想……試著不受到思緒的控制……我開始學縫紉。」

他的家人每個月來探望兩三次。在出庭的那一天前，他們對他的這一面一無所知。「我花了幾十年學會如何掩飾。很久了，我做得很好。」我們問起他是否犯過警方還不知道的罪行。「頂多是私闖民宅。」有沒有接受過正式的心理診斷？我們問。他說沒有。「法院看我說話有條理，也沒在筆記本裡寫一堆瘋瘋癲癲的東西，判斷我很正常。可是我不斷闖進別人家，玩那些強暴的把戲，這樣如果還不算心理有病的話，我覺得這個定義很奇怪。」

歐萊利一直在想是否有什麼力量能夠阻止他，要是多年前有那種主動介入治療小男生胡思亂想的管道就好了。「來到臨界點，或是知道自己走錯路的人根本求助無門，沒辦法跟人說『我需要幫助』。」這類管道成功與否要仰賴了解強暴衝動的諮商人員——像他這樣的人。歐萊利說：「我才不管你辦公室牆上貼了二十張博士證書，或者是犯罪學、心理學什麼鬼的專家──我就是無法完全坦承。」歐萊利說他「絕對更有資格」為潛在的強暴犯諮商。

促使我們來這一趟的幾個重大問題中，有一個跟林伍德的案子有關。他看到新聞時──警方結束調查，說強暴案根本沒有發生──有什麼反應？他是不是愣住了？

「我被逮捕之後才知道那件事。」歐萊利說：「科羅拉多的公設辯護人跟我說的。」犯下強暴案之後，他不會看新聞或報紙，也不會上網追蹤調查進度。他不認為有這個需要。「有時候會起了這種念頭，但我就是沒有追蹤過。其實就──過著兩種人生已經夠辛苦了。我沒辦法睡覺。我真的是過著兩人份的人生。我的注意力不在那邊。」

「我只是假設警方都會調查。」

＊＊＊

在報導的幾個月間，我們與強暴案件的專家討論許久──檢察官、警官、研究人員、輔導員。在撰寫強暴案調查指南的退休警官瓊安．艾沙包特眼中，瑪莉的案子顯示警方的疑心是如何演變成對號入座的判定。「可惜的是，訊問被害人、拿證詞中前後不一的細節來質問，這些只會導致她們不再多說，或是放棄報案，加深執法機關認定許多強暴案都是無稽之談的信念。」

林伍德警局的警官不只訊問了瑪莉，他們運用雷得技術（通常只用在搶案之類的嫌犯身上）。他們向她挑釁，他們欺騙她，他們研究她的反應。對瑪莉使用這些招數「非常不恰當」，林塔警長在檢討報告中寫道。他又補上一段：「解讀肢體語言是不夠精確的科學，不該當成判定真偽的決定性工具，除非身為該領域的專家。馬森跟里特岡顯然不是。」雷得技術仍然持續受到社會大眾檢視，因為ＤＮＡ檢驗揭露在許多案件中，無辜者都被逼得向警方認罪。維蘭德—祖洛斯基聯合顧問公司（Wicklander-Zulawski & Associates）提供警方教育訓練資源，他們在二〇一七年宣布不再教導這項技術，因為有引發假認罪的風險。公司總裁表示：「對我們來說這是很大的一步，在這之前，本公司已經討論非常久了。」替這套技術冠名的約翰・雷得靠著一九五五年內布拉斯加州的謀殺案博得讚賞，當時他讓年輕的巡山員達瑞爾・帕克（Darrel Parker）認罪。二十三年後，名叫衛斯里・皮瑞（Wesley Peery）的死囚承認他才是真凶。帕克在二〇一二年正式獲釋，正巧是瑪莉前科撤銷的隔年。

瑪莉的案子也成為其他領域的教材。艾沙包特警告強暴受害者的回想可能會缺乏組織、前後不一，甚至是完全錯誤。瑪莉描述犯人是藍色眼睛，歐萊利的眼睛是淺褐色。瑪莉描述犯人的身高是五呎六吋到五呎九吋，歐萊利身高六呎二吋。

她的案子顯示縮短的調查流程和隨意銷毀採證工具都會帶來極大風險。警方一旦開始懷疑瑪莉在說謊，他們就停止調查。認定她真的說謊後，他們馬上銷毀了採證工具。類似的延誤、忽略狀況在全國各地層出不窮。二〇〇七年，瑪莉遭到強暴前一年，由州政府和郡方人員組成的調查小組突襲伊利諾州的哈維警局，找到兩百套沒有送交檢驗的強暴採證工具組。

兩年後，在底特律的一間倉庫裡，一名助理檢察官找到一萬一千三百四十一個未經檢驗的採證工具組，「全都蓋滿灰塵」。二〇一五年，《今日美國》（*USA Today*）統計全國有七萬個未經檢驗的採證工具組，而且這很有可能只是冰山一角。同年，白宮估計擱置的採證工具組約有四十萬個。

「太慘了。這是天大的悲劇。」七〇年代末期提倡強暴採證工具組的蘇珊・艾里翁說。不過在某些層面——文化和政治面——我們也觀察到一些改變。艾沙包特退休前人人避談強暴，社會大眾希望警力能投入其他犯行。到了二〇一五年，美國司法部與曼哈頓地區檢察官辦公室投注了將近八千萬美金，清查全國未經檢驗的強暴採證工具組。推動這項措施的關鍵角色是喜悅心基金會（Joyful Heart Foundation），由知名電視劇《法網遊龍：特案組》的演員瑪莉絲卡・哈吉塔（Mariska Hargitay）創立的非營利團體。二〇一六年的奧斯卡獎頒獎典禮上，介紹在性侵生還者圍繞下高歌的女神卡卡（Lady Gaga）時，副總統喬・拜登（Joe Biden）說：「一起來改變風氣吧。」幾個月後，曾為史丹佛大學游泳選手的布洛克・通納（Brock Turner）性侵一名失去意識的女性，卻只被判處六個月徒刑，消息一出，引發眾怒，超過一百萬人在網路上連署撤換該案的法官。

同時，處理性犯罪的警察越來越能接納新的辦案方式。許多警官受過「重視創傷體驗的訪談」訓練，從中習得強暴被害者神經系統遭受的衝擊。他們學會詢問感官相關的記憶，幫助被害者回想其他細節。（你記得聽到什麼聲音？聞到什麼味道？）他們學會讓被害者說下去，不去打斷他們，也能理解他們的敘述不一定有合理時序。他們知道要提出開放式問題，避開偵訊的手段。

沿著五號州際公路從林伍德直直往南走，就會來到奧勒岡州的艾許蘭。在那裡，名叫卡莉・赫爾（Carrie Hull）的警官提出了叫做「你有選擇」（You Have Options）的計畫。計畫在二〇一三年實行，目標是提昇性侵被害者報警的意願——從而增加逮到連續強暴犯的機會。赫爾知道許多被害人希望身分保密，擔心他們不被相信。因此她的計畫讓被害者能對警方的調查方式提出意見，甚至決定要不要繼續調查。他們也能維持匿名。要是某位被害人對提告有所猶豫，警方也會尊重他的決定。計畫啟用的第一年，艾許蘭警局收到的報案數量提高了百分之一百零六。之後，維吉尼亞州、密蘇里州、科羅拉多州、華盛頓州的其他幾十間警局也採用了這項計畫。

某些警察對這項計畫沒有好感，他們難以忍受別人阻止他們繼續調查罪行。赫爾則是秉持不同的看法。被害者提供的情報能夠用來破解其他案件，正如同古魯辛收到的忠告：讓他們說下去就對了。

＊＊＊

我們從奧羅拉、萊克伍德、威斯敏斯特、戈爾登的警局調閱歐萊利一案的調查紀錄，篇幅比得上好幾本書。這些紀錄編織出的案情沒有懸念——除了一件事。

復原歐萊利拍攝的照片檔案後，約翰·伊凡斯全心投入最後的任務：破解「可憐蟲」。落磯山脈地區電腦鑑識實驗室辦公桌上放了七台超高性能電腦，他用其中一台專門破解那個七十五GB的加密資料夾，裡面藏了歐萊利最大的祕密。伊凡斯開著專業的解碼軟體，分秒無休地灌入各種組合的密碼。有的密碼是來自哈蘭街六十五號屋內挖出的生活資訊。以前用過的密碼、電子信箱、親戚朋友的名字。除此之外，這個軟體更像是攻城槌，以粗暴的科技力量對加密程式輸入數千組密碼。全都無法奏效。

「我快被煩死了。」伊凡斯說：「我認為這裡藏了更多犯行的證據。他不希望任何人看到檔案內容。」

連續攻打六個月後，伊凡斯決定換上更大的槌子。他把檔案送進聯邦調查局的科技宅部隊，操作技術部門的解碼與電子分析組。身為調查局裡極度隱密的分支，這個小組曾經協助國家安全局過濾數百萬封電子郵件。這些科學家、探員、程式設計師也幫助過無數地方執法機關破解難纏的電腦案件。但就連精英密碼專家也打不開「可憐蟲」。

伊凡斯把存放原檔的硬碟收在戈爾登警局，裝進低調的銀色盒子，擱在證物櫃架子上，型號 WD3200AAKS、序號 WMAWF0029012、案件編號 1-11-000108。

在山路長跑途中，鮑伯·韋納的思緒不時會飄向「可憐蟲」。歐萊利認罪已經是好幾年前的事情了，他將在監獄裡度過下半輩子。他一直沒有透露密碼。韋納很想知道檔案的內容究竟是什麼。

「或許裡面藏了謀殺案的情報。天知道。」韋納說：「我每隔一陣子就會想：『到底是怎麼一回事，裡面到底有什麼？』」

「到現在還是忘不了。」

＊＊＊

瑪莉遭到強暴後，旁人以為她會歇斯底里或是崩潰。即便要偽裝到底，瑪莉仍舊不想放棄平凡生活。事發前她渴求平凡，事發後她依舊渴求平凡。「基本上我就裝成什麼事情都沒發生一樣。」她回想當年種種。「我關掉所有的情緒。」所以事發當天她看似淡然。感覺像是她說她做了個三明治。隔天，她在草地上翻滾。笑鬧是她緊張時的反應。

我們在二〇一五年春季首度訪問瑪莉——距離案發將近七年。她懷了第二胎。她的丈夫去工作了。

許多人覺得瑪莉在性侵後的行為相當奇特，對此，瑪莉歸因於自己的童年。「以前還跟媽媽住在一起的時候，我從來沒有跟別人說過自己碰上了什麼。」她從來沒說過自己小時候被人性侵。「我全部藏在心裡。不知道那個人到底是就此罷手還是繼續傷害別人。但這次我不想跟以前一樣了。」所以她才會四處打電話，把自己的遭遇告訴許多人——在雪儂跟佩姬眼中不合理的行為。所以她才會對警察開口，無論被問起多少次。大部分的強暴受害者不願意站出來通報。瑪莉做到了。「這樣就不會有其他人受傷害。」她說：「警察會跑去找那個對我做壞事的人。」

警方輕視證據的態度依舊令她震驚無比。「我手腕上的痕跡不是假的。到了第二天越來越痛，就連跟人握手也痛。讓我好想哭。」那天正好佩姬打電話給馬森——懷疑開始萌生，警方開始在意瑪莉證詞中的差異，這也是讓她很不舒服的一點。「某些小細節可能不太一樣，可是我每一次都是說有個人闖進我家，強暴了我。」

警方跟她說佩姬和喬丹不相信她的時候——「我心碎了。」她開始質疑自己，不時自問這件事是不是無中生有：說不定這場強暴真的是我的夢境。承認撒謊的那一刻呢？「我失去了一切。」她失去了自我。那個興致勃勃、想體驗世界的十八歲女孩消失了。憂鬱將她啃蝕殆盡。

事後，她害怕外出，總是關在房裡，拚命看電視。晚間最是難熬。「真的很糟。」她說：「有一天晚上我試著自己走去附近的店家，卻覺得有個幻想出來的人一直在跟蹤我。我嚇壞了。我甚至還沒離開家門半哩遠。我跑回家——用衝的——因為我以為看到有人在跟蹤我。」於是她天黑後不再出門。在家裡，在她自己的公寓裡，她總是避開臥室。她睡在沙發上，從不關燈。

得知歐萊利落網那天，瑪莉問林伍德警方還有多少女性受害。她忍不住心想：要是我沒有取消報案，說不定她們就能逃過一劫。就算這個想法不公平，她依舊背負著重擔。

歐萊利承認他在華盛頓州犯下的兩起案件。他被帶到華盛頓州受審期間，瑪莉避不見面。「我不想面對他。」她說：「那不是我能處理、想要處理的狀況。」

柯克蘭的老婦人出席了歐萊利的判決庭。「親眼看到他對我來說是很重要的事。」她說：「那是他應得的，也是我應得的。」她在聽證會上發言，不過沒有提到性侵當時的細節。「我不想讓他重溫當時的情境。」她說。她不想讓他享受那股快感。遭到性侵後，她受創傷後壓力症候群所苦，心跳加速、不敢打開百葉窗、對一切聲響疑神疑鬼。夜晚格外難受，她說。特別是沖澡的時候，她聽不到別的聲音，只能任由想像填滿空白。

柯克蘭的案子讓歐萊利添了四十年刑期。強暴瑪莉帶給他二十八年半的刑期。

根據法院命令，瑪莉必須接受諮商。她對諮商師說出實話，說她真的被強暴了。歐萊利在科羅拉多州落網後，她想打電話給諮商師——想告訴她，我以前說我被強暴了，那都是真話——可是她找不到她。瑪莉知道或許有人不知道這個案子的後續發展。在階梯計畫的同伴——那天集合起來，聽她承認自己撒謊的年輕人——他們現在知道真相了嗎？伊莉莎白知道。她是那天坐在瑪莉右邊的女生，瑪莉曾經從她身上感受到一絲同情。後來她們成了朋友。瑪莉得知伊莉莎白也曾遭受性侵——但她什麼都沒說，生怕沒有人相信她。至於那天在場的其他人，他們不一定全都知道後頭這些事。人們總是帶著誤解往前走。

網路上的「仙人跳互助會」依舊收錄瑪莉的案子。她依舊是在倫敦的站長提出來批評的對象。真相尚未追上謊言。

我們請瑪莉說說她得知歐萊利落網後的人生。

拿著那天收到的五百美元支票，她買了新手機，舊手機早就壞了。她買了衣服，分了一點錢給某個朋友。

在雪儂的幫助之下，瑪莉取得駕照——通過考試那天，她又提出另一項申請：她報了卡車駕駛的課程。開車上路是她的憧憬。離開華盛頓州也是。她很嚮往一份顯示她不被過去絆住的工作。「我就是不想繼續怨天尤人，活在恐懼之中。」

她一次就通過商業駕駛考試，一領到駕照，她馬上訂了機票。她往東飛去參加工作面試，取得那份工作。她不只要會開車，還得穿著連身工作服、護目鏡、安全帽，揮舞八磅重的大鎚子。她的下一份工作只需要開車，把清水送到頁岩天然氣採集場。之後她負責運送管線到鑽探平台。

她在網路上認識了一名男子，第一次收到他的訊息時，她正坐在卡車上，等著卸下一大批管線。「第一次見面就覺得跟他聊天沒有壓力。」瑪莉認為可以輕易相信這個人。「他是第一個會請我吃晚餐的人。」她說。兩人結婚，生了個小孩。在我們與瑪莉的首度訪談後過了幾個月，他們的第二個小孩誕生了。這家人目前住在美國中部某處。

二〇一六年秋天，瑪莉在公路上打了通電話。當時她人在賓州，準備送貨到緬因州。史黛西・蓋博瑞斯接起電話，瑪莉報上自己的身分。她說了自己的全名，跟蓋博瑞斯說她就是照片裡的那個女生。我想感謝妳付出的一切，瑪莉說著說著，嗓音漸漸啞了。蓋博瑞斯問瑪莉現在過得如何。瑪莉說她結婚了，有兩個小孩。蓋博瑞斯說她也有兩個小孩。她們沒有聊得太久，大概十五分鐘吧。不過瑪莉想做的、真正需要的，就是告訴蓋博瑞斯她的努力有多大的意義。在歐萊利落網前，瑪莉像是被困在洞裡，連考駕照都做不到。

「她讓我有辦法前進。」瑪莉說。

開著十八輪拖板車，瑪莉離開賓州，朝著新英格蘭地區前進，這趟旅程只剩最後五百哩路。等她來到這個國家的東北角，她卸下整車貨物，載起另一批，往西開往加州。

作者的話

我們──「我們」是T．克利斯汀．米勒和肯．阿姆斯壯──各自從不同的角度切入這個故事，最後在核心處撞個正著。

當時米勒替致力於調查報導的新聞組織 ProPublica 寫稿。他在二〇一五年接觸到一連串警方處理強暴案途中的失誤，寫了聯邦調查局建構後又不重視的 ViCAP 資料庫。他寫到警方沒有成功阻止前職業美式足球球星達倫．夏普（Darren Sharper），最後證實他在四個州強暴或是試圖強暴九名女性。報導這些故事時，他聽聞有一名連續強暴犯馬克．歐萊利，在幾間局處跨轄區合作之下終於在科羅拉多州落網。米勒從丹佛周邊區域抽絲剝繭，以報導正確的調查工作是如何進行的。

於此同時，阿姆斯壯住在西雅圖，那陣子為馬歇爾計畫（Marshall Project，以美國刑事司法為主題的非營利新聞媒體）效命。當地報紙寫到瑪莉提告的新聞，他從此得知瑪莉的案子。但瑪莉從未同意接受媒體採訪。阿姆斯壯跟負責林伍德警局外部調查的林塔警長一樣，只能想像瑪莉被控撒謊時的感受。他也主動接觸她，詢問她是否願意分享她的過去，經過七個月的電子郵件跟電話往來，瑪莉終於答應了。從二〇一五年春季開始，阿姆斯壯跟電台節目《美國生活》（*This American Life*）的製作人羅賓．賽米恩（Robyn Semien）一同訪問了瑪莉、佩姬、雪儂、馬森警長，以及其他關係人士。阿姆斯壯也收集了林伍德警方的紀錄，重新建構這樁脫軌出錯的案件。

到了二〇一五年夏季，米勒開始報導歐萊利一案在華盛頓州的發展，接觸到瑪莉的律師H．里奇蒙．費雪。費雪跟他說了全世界記者最不想聽到的消息：這個故事已經落入其他記者手中了。新聞界的地盤意識說不定比警方還要強烈，雙方的上司想必暗罵了幾串髒字。但我們選擇合作，將兩邊的故事合而為一——把出錯的案件調查與正確的案件調查串連起來。二〇一五年十二月，我們刊出了一萬兩千字的報導：〈難以置信的強暴案〉（An Unbelievable Story of Rape），比對了華盛頓州與科羅拉多州的警方調查手法，描繪瑪莉的情緒起伏。二〇一六年二月，《美國生活》播放名為〈剖析質疑〉（Anatomy of Doubt）的單元，說明瑪莉一案的疑慮究竟從何而生、如何擴散。主持人艾拉．格拉斯（Ira Glass）的開場白是：「人人皆會移情，卻搞錯了方向。」然而即使完成了這兩段故事，我們仍然感覺到還有更多內情等著我們寫出來。我們想要追溯社會大眾懷疑強暴受害者、調查人員可能受到的誤導的歷史根源。我們想側寫馬克．歐萊利，以及合力逮到他的幾位執法人員。我們想把瑪莉的案子放到全國的框架下，顯示她承受了天大的痛苦，但還有其他同樣不幸的受害者。

於是就有了這本書。

在報導這個故事期間，對於下定決心，說出如此痛苦的遭遇的人士，我們真的是佩服萬分。瑪莉答應受訪的原因是她相信，只要有更多人知道她的經驗，就能降低歷史重演的機會。佩姬跟雪儂同意開口是為了讓其他人從她們的錯誤中學習。林伍德警局的萊德大隊長、柯罕警長，以及本案的主導調查人員馬森警長也抱持著同樣的信念。

我們試著採訪前林伍德警官傑瑞．里特岡，卻沒有得到肯定回應。他以電子郵件表明我們把林伍德警方寫成在霸凌瑪莉，這點讓他心裡很不舒服（「霸凌」是林塔警長報告中使用的字眼）。他說這種詮釋「大幅偏離事實。若是被害人對警方撒謊，事後又以充滿偏見的媒體報導博取關注，你們就等於是以煽動的文字來描寫這個案件，沒有寫出完整的事實。如果你們想得到完整真實的來龍去脈，想要訪談證據什麼的，我要求簽署金錢賠償契約」。我們跟他說我們不會付錢給受訪者。

寫到強暴過程時，我們往往要拿捏各種考量，取得平衡。比如說描寫性侵的時候，我們努力運用大量的細節來傳達歐萊利帶給受害者多大的恐懼。然而我們也希望排除毫無意義的段落。寫到歐萊利的被害者，我們盡量隱瞞會曝露她們身分的細節（因此我們說莎拉是教堂唱詩班的成員，但沒有提到教會的名字）。同時我們也必須把受襲的女性寫得足夠真實，各有不同的性情，而不是淪為樣板角色，這時就需要一些細節了。另一個挑戰是使用的語言詞彙。在這篇文章以及整本書中，我們以「受害者／被害人」來稱呼瑪莉與其他遭到歐萊利性侵的女性。某些受過傷害的人（但絕對不是全部的人）偏好「倖存者」、「勝利者」這類詞彙，可是我們用了最常見的「受害者／被害人」。但我們知道有一名遭到歐萊利性侵的女性不認同這個詞，因此我們提到她時避免用到這個詞。描述歐萊利的作案過程時，我們也努力避開影射合意性交的用語——比如說把「愛撫」改成「撫摸」。

為了保護性侵被害者的匿名性，我們修改了書中的一些人名。提及瑪莉周圍人士時——朋友、家人、其他人——我們只用名字，沒有寫到姓氏。至於被害人以及其他證明清白的嫌犯，我們多半選擇用假名。瑪莉則是用她的中間名（平常沒有人叫）。如果受害者選擇公開身分，我們會寫出她的名字。使用全名的包括警方人士、檢察官、法官、其他政府機構人士，當然，還有馬克．歐萊利。

撰寫、報導這個故事期間，我們盡力留意潛在的盲點。或許這個企劃中最重大的問題在於性別——絕大多數的性侵受害者都是女性，但兩名筆者皆是男性。幸好可以向企劃相關人士和身旁的親友求助。我們的編輯瑞秋．克雷曼（Rachel Klayman）、艾瑪．貝瑞（Emma Berry）。皇冠出版集團（Crown）的莫莉．斯特恩（Molly Stern）。我們也請其他女性讀者（包括我們的妻子）審閱手稿、提供意見。我們還接觸了心理創傷和性暴力領域的專家，感謝諸位伸出援手：研究新聞學與心理創傷的達特中心（Dart Center）執行長布魯斯．沙菲洛（Bruce Shapiro）、國際終結對女性施暴團體執行長瓊安．艾沙包特、密西根州立大學心理系教授，同時也是性侵害領域的頂尖研究者蕾貝卡．坎培爾。

最後，瑪莉也答應幫我們審閱手稿，要是有哪裡寫錯或是不必要地加重了她承受的傷害，她會全數告知。瑪莉的韌性令人訝異，她的慷慨無與倫比。她相信只要人們看過這個故事、擴散出去，一定會得到好結果。希望我們沒有辜負她的期盼，而書中一切的錯誤都由我們承擔。

資料來源

本書的基礎是訪談、文件、數據資料。

書中，華盛頓州這條軸線融合了以下人士的訪談內容：瑪莉；她的養母佩姬和雪儂；她朋友喬丹；瑪莉被控謊報時的公設辯護人詹姆斯・費德曼；瑪莉控告林伍德警局時的律師H・里奇蒙・費雪；林伍德警局的傑佛瑞・馬森警長、羅尼・柯罕警長、史蒂夫・萊德大隊長；柯克蘭警局的傑克・凱西警士、奧黛拉・韋伯警探；遭到性侵的柯克蘭老婦人。

至於科羅拉多州這邊，我們訪問了戈爾登警局的史黛西・蓋博瑞斯警探、電腦分析專家約翰・伊凡斯；威斯敏斯特警局的艾德娜・韓德蕭警長、大衛・蓋博瑞斯警官、崔佛・麥特拉索警長、犯罪資料分析員蘿拉・卡羅爾、犯罪現場分析員凱薩琳・艾利斯、被害者輔導員艾米・克利斯坦森；萊克伍德警局的亞隆・哈塞爾警探、犯罪資料分析員丹妮兒・迪吉希歐、犯罪資料分析員雪莉・島本；奧羅拉警局的史考特・貝吉斯警探、犯罪資料分析員唐恩・托洛克森；傑佛遜郡檢察官辦公室的羅伯・韋納、公共資訊專員潘恩・羅賽爾；聯邦調查局的特別探員強納森・古魯辛、公共事務專家黛博拉・薛曼；注意到對街停了一輛白色小貨車的雪倫・惠藍；馬克・歐萊利的哲學教授梅琳達・威爾汀。

某些訪談是在筆者撰寫〈難以置信的強暴案〉時期進行，該篇報導於二〇一五年十二月十六日由ProPublica和馬歇爾計畫共同刊登。

為了更加深入了解性侵案件調查，我們訪問了幾位現任或是卸任警官、警探、檢察官、被害者輔導員、學界人士，包括亞利桑那州立大學的犯罪學與刑事司法所主任卡西亞・史波恩（Cassia Spohn）；密西根州立大學的教授兼研究員蕾貝卡・坎培爾；專為遭受暴力的女性服務的律師組織AEquitas執行長珍妮佛・珍提爾・隆（Jennifer Gentile Long）；亞利桑那州鳳凰城警局前警長吉姆・馬奇（Jim Markey）、犯罪資料分析員傑夫・詹森（Jeff Jensen）；佛羅里達州希斯波羅郡治安官辦公室特別調查組組長J・R・波頓（J. R. Burton）警司；國際執法情報分析專員協會前會長李奇・馬丁尼斯；丹佛地區檢察官辦公室的顧問兼前檢察官安妮・孟區（Anne Munch）；奧勒岡州艾許蘭警局的卡莉・赫爾警探；德州奧斯丁警局的莉茲・杜涅岡（Liz Donegan）警長；阿肯色州立大學法律系教授莉莎・亞法洛斯。

我們在科羅拉多州的史特林矯正機構訪問了馬克・歐萊利。

我們也訪問過專精強暴案調查或是調查工具發展歷史地位的學者，包括瓊安・艾沙包特、金柏莉・隆威（Kimberly Lonsway）、蘇珊・艾里翁。

關於聯邦調查局的ViCAP計畫，我們訪問過前任單位主任亞特・麥斯特；代理單位主任提摩西・布克（Timothy Burke）；犯罪資料分析員南森・葛拉罕（Nathan Graham）；督導特別探員兼地區顧問長肯涅斯・葛羅斯（Kenneth Gross）；督導犯罪資料分析員凱文・費茲西蒙（Kevin Fitzsimmons）；部門助理主管馬克・A・尼可斯（Mark A. Nichols）。我們也針對 ViCAP 的情報，訪問過小說家派翠西亞・康威爾。

我們申請調閱公開紀錄，收到上萬頁文件，來源包括：華盛頓州的林伍德和柯克蘭警局；科羅拉多州的戈爾登、威斯敏斯特、奧羅拉、萊克伍德警局；華盛頓州史諾霍米許郡和金郡的檢察官辦公室；科羅拉多州傑佛遜郡的檢察官辦公室；林伍德市政府；聯邦調查局。

這些文件（以及從地方法院、郡法院、聯邦法院調閱的紀錄）涵蓋了犯罪現場照片；執法機關收集的監視影片；醫療和心理分析紀錄；聯邦調查局訊問歐萊利的影片；歐萊利的軍方紀錄；警方的個人資料；階梯計畫的個案紀錄；警方與被害人和證人的訪談紀錄（概要或逐字稿皆有）；歐萊利的簽帳金融卡消費紀錄；林伍德警局針對瑪莉一案調查行為的內部與外部檢討報告。有時候我們要求相關單位特別編纂文件，比如說歐萊利在科羅拉多州的刑期判決聽證會逐字稿。

馬歇爾計畫和 ProPublica 協助我們針對聯邦調查局的統一犯罪報告進行資料分析，讓我們得以拿林伍德警方歸為「無稽之談」的強暴案通報數據與全國資料比對。

第一章：橋

資料來源：里特岡、馬森等人建檔的林伍德警局報告；二〇〇八年八月十八日的階梯計畫個案紀錄；瑪莉呈交給警方的手寫陳述；KING 5新聞台二〇〇八年八月十五日關於瑪莉取消報案的報導逐字稿和影片。

19「華盛頓西區的女性坦承……」*Northwest Cable News*, Aug. 16, 2008, 10:30 a.m. and 4:30 p.m. newscasts.

19「林伍德警方表示……」*KING 5 News*, Aug. 15, 2008, 6:30 p.m. newscast.

19「看似永無止境……」"Another Motiveless False Rape Claim Exposed," *Community of the Wrongly Accused*, Aug. 21, 2008, falserapesociety.blogspot.com/2008/08/another-motiveless-false-rape-claim.html.

20 排在前面的是喬治亞州少女 "An International Timeline of False Rape Allegations 1674–2015: Compiled and Annotated by Alexander Baron," accessed on Feb. 5, 2017, infotextmanuscripts.org/falserape/a-false-rape-timeline.html.

20「從這份資料庫可以看出……」Alexander Baron, "An International Timeline of False Rape Allegations 1674–2015: Introduction," accessed on Feb. 5, 2017, infotextmanuscripts.org/falserape/

a-false-rape-timeline-intro.html.

20 是賤人，是婊子。"Anatomy of Doubt," *This American Life*, episode 581, Feb. 26, 2016.

第二章：獵人

資料來源：戈爾登、威斯敏斯特、奧羅拉警方以及聯邦調查局的公開紀錄。對於警方調查性侵案件流程有興趣的讀者可以參考國際終結對女性施暴團體的訓練課程，其中收錄了大量的實際案例；《強暴案調查手冊》第二版，約翰・O・薩維諾和布倫特・E・特維合編；《性侵案件的調查與起訴：刑事司法體系內部》（*Policing and Prosecuting Sexual Assault: Inside the Criminal Justice System*）卡西亞・史波恩和凱薩琳・泰利斯合著；《創傷、暴力與虐待》（*Trauma, Violence & Abuse*）二〇一五年十二月二十三日：一—十四頁〈未經檢測的強暴採證工具組的全國性問題：範圍、肇因，以及未來的研究、政策、實務方向〉，多人合著。

29 全國性的官方調查 Jennifer L. Truman and Lynn Langton, "Criminal Victimization, 2014," published by the US Department of Justice, Bureau of Justice Statistics.

30「並不是每一次報案都能成案……」Savino and Turvey, *Rape Investigation Handbook*, p. 25.

30「從相信開始」"Start by Believing: Ending the Cycle of Silence in Sexual Assault," End Violence Against Women International, accessed Feb. 22, 2017, startbybelieving.org/home.

34 戈爾登最出名的是"Coors Brewery Tour," MillerCoors, accessed April 22, 2017, millercoors.com/breweries/coors-brewing-company/tours.

34 大約一萬九千人"Golden History," City of Golden, accessed April 22, 2017, cityofgolden.net/live/golden-history/.

35 蓋博瑞斯的第一次出勤"CDOT Encourages Public to Comment on I-70 East Supplemental Draft Environmental Impact Statement," Colorado Department of Transportation, Aug. 27, 2014, codot.gov/projects/i70east/assets/sdeis-i-70-release-082614. CDOT describes the average daily traffic as up to 205,000 vehicles per day, which works out to 8,541 per hour.

第三章：浪頭與山峰

資料來源：瓊．R．康特醫師對於瑪莉的評估報告，二〇一三年十月十八日提出，列為起訴資料；馬森建檔的林伍德警局報告；史諾霍米許郡提供的階梯計畫資料。

46 減少遊民數量 "Homeless Grant Assistance Program (HGAP) 2007 Project Summary," a three-page Snohomish County document generated in October 2007.

46 「理財儲蓄」"Homeless Grant Assistance Program (HGAP) 2006–7 Project Documentation," a four-page Snohomish County document that provides context, anticipated outcomes, and a timeline for the project.

46 「能從紐約排到舊金山」Judith M. Broom, *Lynnwood: The Land, the People, the City* (Seattle: Peanut Butter Publishing, 1990), p. 49.

第四章：劇烈化學反應

資料來源：威斯敏斯特和奧羅拉警局、波德郡治安官辦公室、聯邦調查局公開紀錄。關於性侵謊報的深入討論，請參考《性侵案件的調查與起訴：刑事司法體系內部》卡西亞·史波恩和凱薩琳·泰利斯合著。

52 在阿瓦達…… "Fun Facts about Arvada," City of Arvada, accessed April 22, 2017, arvada.org/about/our-community/arvada-fun-facts.

56 一名英國的警方驗傷官 Philip N. S. Rumney, "False Allegations of Rape," *Cambridge Law Journal* 65 (March 2006): 125–58.

56 女性主義者蘇珊・布朗米勒 Susan Brownmiller, *Against Our Will: Men, Women and Rape* (New York: Fawcett Columbine, 1975), p. 387.

56 性侵領域的研究人員 Kimberly Lonsway, Joanne Archambault, and David Lisak, "False Reports: Moving Beyond the Issue to Successfully Investigate and Prosecute Non-Stranger Sexual Assault," *The Voice*, published by the National Center for the Prosecution of Violence Against Women, 2009.

57 她的標準很高。 Edna Hendershot, Alverd C. Stutson, and Thomas W. Adair, "A Case of Extreme Sexual Self-Mutilation," *Journal of Forensic Sciences* 55 (Jan. 2010): 245–47.

62 許多人無法依照時序回想事發經過。 Rebecca Campbell, "The Neurobiology of Sexual Assault," a Dec. 3, 2012, seminar presentation sponsored by the National Institute of Justice, transcript accessed on June 13, 2017, nij.gov/multimedia/presenter/presenter-campbell/Pages/presenter-campbell-transcript.aspx. Some scholars have questioned whether women's advocates are overstating trauma's effects on the brain in an effort to reduce investigators' skepticism about rape victims' memories. See, for instance, Emily Yoffe, "The Bad Science Behind Campus Response to Sexual Assault," *The Atlantic*, Sept. 8, 2017.

63 心理學家已經證實 Dorthe Berntsen, "Tunnel Memories for Autobiographical Events: Central

Details Are Remembered More Frequently from Shocking Than from Happy Experiences," *Memory & Cognition* 30, no. 7 (Oct. 2002): 1010–20.

第五章：步步敗退

資料來源：戈爾登警局、聯邦調查局，以及傑佛遜郡（科羅拉多州）、史諾霍米許郡（華盛頓州）、金郡（華盛頓州）檢察官辦公室的公開紀錄。

75 他是優等生。"Understanding the ASVAB Test," US Army, accessed April 22, 2017, goarmy.com/learn/understanding-the-asvab.html.

75 為了紀念 "9th Infantry Regiment (United States)," *Wikipedia*, accessed April 22, 2017, en.wikipedia.org/wiki/9th_Infantry_Regiment_(United_States).

78 其中最是龍蛇雜處 Jon Rabiroff and Hwang Hae-Rym, "'Juicy Bars' Said to Be Havens for Prostitution Aimed at US Military," *Stars and Stripes*, Sept. 9, 2009.

第六章：白人，藍眼睛，灰色運動衫

資料來源：邁爾斯、尼爾森、凱西、馬森、里特岡遞交的林伍德警局報告；林伍德警方紀錄中馬森的個人資料；里特岡在LinkedIn的個人資料；邁爾斯拍攝的犯罪現場照片；瑪莉在醫院做的強暴檢查紀錄，在她控告林伍德時列為證據之一。瑪莎．戈達德的相關引用——以及關於早期強暴採證工具的細節——來自阿客朗大學的口述歷史紀錄；二〇〇三年二月二十六日，戈達德在加州沙加緬度受訪。逐字稿可至vroh.uakron.edu/transcripts/Goddard.php查閱。關於強暴採證工具組的歷史，還有其他資料豐富的資訊來源：Bonita Brodt, "Vitullo Kit Helps Police Build Case Against Rapists," *Chicago Tribune*, July 31, 1980; Jessica Ravitz, "The Story Behind the First Rape Kit," CNN, updated Nov. 21, 2015; and Chris Fusco, "Crime Lab Expert Developed Rape Kits," *Chicago Sun-Times*, Jan. 12, 2006.

89 芝加哥這座城市讓他神經緊繃 Ravitz, "The Story Behind the First Rape Kit."

90 芝加哥一帶的二十六間醫院 Brodt, "Vitullo Kit Helps Police."

91 「我記得自己會在他離開後做一些怪事……」 Ann Wolbert Burgess and Lynda Lytle Holmstrom, *Rape: Crisis and Recovery* (West Newton, MA: Awab, 1979), p. 36.

91「我覺得肋骨下面酸痛難耐。」Burgess and Holmstrom, *Rape: Crisis and Recovery*, p. 36.
91 伊利諾州有兩百一十五間醫院 Brodt, “Vitullo Kit Helps Police.”
94 規劃了簡潔易懂的線上課程 Kimberly A. Lonsway, Joanne Archambault, and Alan Berkowitz, “False Reports: Moving Beyond the Issue to Successfully Investigate and Prosecute Non-Stranger Sexual Assault,” End Violence Against Women International, May 2007.
95 調查虐童案件時 Joanne Archambault, T. Christian Miller, and Ken Armstrong, “How Not to Handle a Rape Investigation,” *Digg*, Dec. 17, 2015, digg.com/dialog/how-not-to-handle-a-rape-investigation#comments.
96 人們希望警方 Archambault et al., “How Not to Handle a Rape Investigation.”
96 在訓練過程中，她播放一段報案錄音 Ronnie Garrett, “A New Look at Sexual Violence,” a Q&A with Joanne Archambault, *Law Enforcement Technology*, Sept. 2005.
96「研究顯示越是私密……」Garrett, “A New Look at Sexual Violence.”
96「被害人因為性侵的心理創傷引發的各種反應……」“Investigating Sexual Assaults,” Model Policy, IACP National Law Enforcement Policy Center, May 2005.

第七章：好姊妹

資料來源：戈爾登、威斯敏斯特、奧羅拉警方，以及聯邦調查局的公開紀錄。想深入研究ViCAP計畫的讀者可以參考Richard H. Walton, *Cold Case Homicides: Practical Investigative Techniques* (Boca Raton, FL: CRC/Taylor & Francis, 2006); and Don DeNevi and John H. Campbell, *Into the Minds of Madmen: How the FBI's Behavioral Science Unit Revolutionized Crime Investigation* (Amherst, NY: Prometheus Books, 2004)。此外，還有一部以ViCAP為藍本的犯罪小說系列，作者是Michael Newton，系列第一集的書名是*Blood Sport*。

108 聯邦調查局手邊 "Frequently Asked Questions on CODIS and NDIS," Federal Bureau of Investigation, accessed April 22, 2017, fbi.gov/services/laboratory/biometric-analysis/codis/codis-and-ndis-fact-sheet.

109 科羅拉多州犯罪實驗室經手過 Matt Sebastian, "JonBenét Investigation the CBI's Largest Ever," *Daily Camera*, Feb. 3, 1999.

110 路易斯只得 Joanne Archambault, Kimberly A. Lonsway, Patrick O'Donnell, and Lauren Ware, "Laboratory Analysis of Biological Evidence and the Role of DNA in Sexual Assault Investigations," End

Violence Against Women International, Nov. 2015.

112 美國的女性警官一直 "Alice Stebbins Wells," International Association of Women Police, accessed April 22, 2017, iawp.org/history/wells/alice_stebbins_wells.htm.

112 威爾斯主張女性能將 Penny E. Harrington, *Recruiting & Retaining Women: A Self-Assessment Guide for Law Enforcement*, National Center for Women & Policing, a Division of the Feminist Majority Foundation, 2000.

112 一九八五年的研究指出 Robert J. Homant and Daniel B. Kennedy, "Police Perceptions of Spouse Abuse: A Comparison of Male and Female Officers," *Journal of Criminal Justice* 13 (Dec. 1985): 29–47.

112 一九九八年有研究單位在全國挑出 Carole Kennedy Chaney and Grace Hall Saltzstein, "Democratic Control and Bureaucratic Responsiveness: The Police and Domestic Violence," *American Journal of Political Science* 42, no. 3 (July 1998): 745–68.

113 二〇〇六年調查了 Kenneth J. Meier and Jill Nicholson-Crotty, "Gender, Representative Bureaucracy, and Law Enforcement: The Case of Sexual Assault," *Public Administration Review* 66, no. 6 (Nov.–Dec. 2006): 850–60.

113 「毋庸置疑……」 Joanne Archambault and Kimberly A. Lonsway, "Training Bulletin: Should Sexual Assault Victims Be Interviewed by Female Officers and Detectives?," End Violence Against

Women International, Feb. 2015.

113 性別多樣性的好處不少 Harrington, *Recruiting & Retaining Women.*

113 因此美國 Lynn Langton, "Women in Law Enforcement, 1987–2008," Crime Data Brief, Bureau of Justice Statistics, June 2010.

119 五〇年代晚期 United States Congress, "Serial Murders: Hearing Before the Subcommittee on Juvenile Justice of the Committee on the Judiciary, United States Senate, Ninety-Eighth Congress, First Session, on Patterns of Murders Committed by One Person, in Large Numbers with No Apparent Rhyme, Reason, or Motivation," July 12, 1983.

119 布魯克斯當著參議院司法委員會成員 United States Congress, "Serial Murders: Hearing Before the Subcommittee on Juvenile Justice of the Committee on the Judiciary."

120 他們認為這群 Don DeNevi and John H. Campbell, *Into the Minds of Madmen.*

120 充滿霉味的地下室 Stanley A. Pimentel, "Interview of Former Special Agent of the FBI Roger L. Depue (1968–1989)," Society of Former Special Agents of the FBI, nleomf.org/assets/pdfs/nlem/oral-histories/FBI_Depue_interview.pdf.

120 研究顯示強暴犯 Robert J. Morton, ed., "Serial Murder: Multi-disciplinary Perspectives for Investigators," Federal Bureau of Investigation (Behavioral Analysis Unit-2, National Center for the

Analysis of Violent Crime), fbi.gov/stats-services/publications/serial-murder.

120 也發現大約有四分之一 Kevin M. Swartout, Mary P. Koss, Jacquelyn W. White, Martie P. Thompson, Antonia Abbey, and Alexandra L. Bellis, "Trajectory Analysis of the Campus Serial Rapist Assumption," *JAMA Pediatrics* 169, no. 12 (Dec. 2015): 1148–54.

120 三分之二的強暴犯 David Lisak and Paul M. Miller, "Repeat Rape and Multiple Offending Among Undetected Rapists," *Violence and Victims* 17, no. 1 (2002): 73–84.

120 只有百分之一的殺人犯 Morton, "Serial Murder: Multi-disciplinary Perspectives for Investigators."

121 資料庫帶來難以實現的悲慘承諾。 T. Christian Miller, "The FBI Built a Database That Can Catch Rapists — Almost Nobody Uses It," ProPublica, July 30, 2015.

第八章：「她說話的態度」

資料來源：馬森和里特岡建檔的林伍德警局報告；瑪莉在八月十三日以及十四日交出的手寫陳述；馬森的個人資歷；里特岡的 LinkedIn 個人資料；林伍德警局內部與外部的調查檢討報告；階梯計畫在八月十五與十八日的個案紀錄；林伍德警方與犯罪受害人補償計畫的通訊內容。馬森和里特岡的報告詳細描述在八月十四日和十八日兩天，警官訊問瑪莉的談話內容。

警方拿喬丹和佩姬的質疑跟瑪莉對質的部分來自我們與瑪莉的訪談。（喬丹也說瑪莉事後打電話給他，告訴他警方說他不相信她。）關於雷得技術，可以參考以下資料：Fred E. Inbau, John E. Reid, Joseph P. Buckley, and Brian C. Jayne, *Criminal Interrogation and Confessions*, 5th ed. (Burlington, MA: Jones & Bartlett Learning, 2013); Fred E. Inbau, John E. Reid, Joseph P. Buckley, and Brian C. Jayne, *Essentials of the Reid Technique: Criminal Interrogation and Confessions*, 2nd ed. (Burlington, MA: Jones & Bartlett Learning, 2015); Douglas Starr, "The Interview," *New Yorker*, Dec. 9, 2013; Robert Kolker, "A Severed Head, Two Cops, and the Radical Future of Interrogation," *Wired*, May 24, 2016 (published in partnership with the Marshall Project); Robert Kolker, "'I Did It,'" *New York*, Oct. 3, 2010

134 「美國、加拿大、墨西哥……」Inbau, *Essentials of the Reid Technique*, p. viii.

134 「……強大的公眾智慧。」 Kolker, "A Severed Head, Two Cops, and the Radical Future of Interrogation."

134 「永遠不要給他們否認的機會……」 Starr, "The Interview."

135 「除非調查人員合理地確定嫌犯有罪……」 Inbau, *Essentials of the Reid Technique*, p. 5.

135 「不老實的嫌犯基本上……」 Ibid., p. 83.

135「如此一來，嫌犯是……」Ibid., p. 83.

136「有罪的嫌犯越是頻繁否認涉案……」Ibid., p. 138.

136「若是嫌犯決定吐實……」Ibid., p. 21.

第九章：內心的陰影

資料來源：戈爾登、威斯敏斯特、奧羅拉警局，以及聯邦調查局的公開紀錄。關於榮格的內心陰影概念，可以參閱 Stephen A. Diamond, "Essential Secrets of Psychotherapy: What Is the 'Shadow'?," *Psychology Today*, April 20, 2012.

152 描寫了陰影的概念 C. G. Jung, *Psychology and Religion: West and East* (*The Collected Works of C.G. Jung, Volume 11*), 2nd ed. (Princeton, NJ: Princeton University Press, 1975), p. 76.

158 喉糖換吻 Neil Strauss, *The Game: Penetrating the Secret Society of Pickup Artists* (New York: HarperCollins, 2005), p. 80.

158 女人都是「目標」Mystery and Chris Odom, *The Mystery Method: How to Get Beautiful Women into Bed* (New York: St. Martin's Press, 2007), p. 96.

160 某天在瀏覽 OkCupid 的名單時 "Marc O'Leary's Ex-Girlfriend: 'Something Was Off Between Us,' " *48 Hours*, Nov. 19, 2016. This segment extra can be found online at cbsnews.com/news/marc-patrick-oleary-48-hours-hunted-the-search-colorado-serial-rapist/.

第十章：好鄰居

資料來源：戈爾登、威斯敏斯特、奧羅拉、萊克伍德警局公開紀錄；華盛頓州金郡檢察官辦公室；聯邦調查局；科羅拉多州傑佛遜郡地方法院案件編號 11CR430。

175 俄亥俄州戴頓市郊的雪達維爾學院 "Why Cedarville," Cedarville University, accessed May 3, 2017, cedarville.edu/About.aspx.

175 安蒂奧克學院是氣氛古典的通識型學校 "About" page, Antioch College, accessed May 3, 2017, antiochcollege.edu/about.

176「嚴重的心理與情緒問題……」Kimberly Lonsway, Joanne Archambault, and David Lisak, "False Reports: Moving Beyond the Issue to Successfully Investigate and Prosecute Non-Stranger Sexual Assault," *The Voice*, published by the National Center for the Prosecution of Violence Against Women,

2009.

第十一章：嚴重的輕罪

資料來源：發給瑪莉的謊報訴訟通知函；林伍德地方法院的案件摘要（檔案本身不公開，但摘要可供調閱）；林伍德警方報告；聯邦調查局的統一犯罪報告資料；柯克蘭警方針對二〇〇八年十月六日性侵案的紀錄，包括凱西與被害人談話內容的逐字稿；以及華盛頓州針對有限管轄權法院所作的二〇〇八年年度承辦案件數報告。關於謊報起訴的資訊，可參考：Lisa Avalos, "Prosecuting Rape Victims While Rapists Run Free: The Consequences of Police Failure to Investigate Sex Crimes in Britain and the United States," *Michigan Journal of Gender and Law* 23, no. 1 (2016): 1–64. 以及Lisa R. Avalos, "Policing Rape Complainants: When Reporting Rape Becomes a Crime," *The Journal of Gender, Race & Justice* 20, no. 3 (2017): 459–508.

185 包括華盛頓州在內的四十二個州 Lisa Avalos, Alexandra Filippova, Cynthia Reed, and Matthew Siegel, "False Reports of Sexual Assault: Findings on Police Practices, Laws, and Advocacy Options," draft report of an advocacy paper prepared for Women Against Rape, Sept. 23, 2013, p. 9. This report can be

found online at womenagainstrape.net/sites/default/files/final_paper_for_war_9-23.pdf.

185 英國的謊報罪被形容成 Avalos, "False Reports of Sexual Assault," pp. 8, 57–58. Avalos's research did not turn up any instances of the Crown levying the maximum, but she tallied thirteen women in the United Kingdom who had received two or three years for falsely claiming to have been raped.

186 一間新聞研究所 Craig Silverman, "The Year in Media Errors and Corrections 2014," Poynter Institute, Dec. 18, 2014, poynter.org/2014/the-year-in-media-errors-and-corrections-2014/306801/.

186 遭到兄弟會和大學學生事務長控告 T. Rees Shapiro, "Fraternity Chapter at U-Va. to Settle Suit Against Rolling Stone for $1.65 Million," *Washington Post*, June 13, 2017.

186 「擔上校方冷漠無情的罪名」 T. Rees Shapiro and Emma Brown, "*Rolling Stone* Settles with Former U-Va. Dean in Defamation Case," *Washington Post*, April 11, 2017.

186 被判八日拘役 Peyton Whitely, "Woman Pleads Guilty to False Rape Report," *Seattle Times*, March 19, 2008.

第十二章：印記

資料來源：戈爾登、威斯敏斯特、奧羅拉、萊克伍德警局，以及聯邦調查局公開資料。關於

遺落ＤＮＡ的爭辯，請參閱 Elizabeth E. Joh, "Reclaiming 'Abandoned' DNA: The Fourth Amendment and Genetic Privacy," *Northwestern University Law Review* 100, no. 2 (2006): 857–84; and the US Supreme Court decision *Maryland v. King*, docket no. 12-207, decided June 3, 2013.

202 這稱為「遺落ＤＮＡ」 Kevin Hartnett, "The DNA in Your Garbage: Up for Grabs," *Boston Globe*, May 12, 2013, bostonglobe.com/ideas/2013/05/11/the-dna-your-garbage-for-grabs/sU12MtVLkoypL1qu2iF6IL/story.html.

第十三章：一覽無遺

資料來源：聯邦調查局訊問歐萊利的影片；山湖露台警局在二〇〇七年四月三日的出勤紀錄，將歐萊利視為可疑人物；戈爾登與其他科羅拉多州執法機關的警方報告；美國陸軍紀錄中，歐萊利從軍與後備時期的評價；林伍德警局紀錄。執法機關的紀錄包括歐萊利的簽帳金融卡購物紀錄；顯示他在哪裡購物、用餐，讓我們能重建他從華盛頓州前往科羅拉多州的路線。

第十四章：五百美元支票

資料來源：戈爾登和林伍德警局的通訊內容；蓋博瑞斯遞交的戈爾登警方報告；柯克蘭警方報告；金郡高等法院建檔的柯克蘭一案紀錄；蓋博瑞斯和金郡檢察官在二〇一一年九月八日的電子郵件內容；馬森的個人資歷，包括他的進修成績；柯罕建檔的林伍德警方報告；階梯計畫個案紀錄。

224 二〇〇四年，NCIS 建構了 *Law Enforcement Information Exchange (LInX) Information Brief*, prepared by the Naval Criminal Investigative Service, Oct. 29, 2009.

238 「妳根本沒有去過那裡……」 Mika Brzezinski, "Child Who Was the Victim of a Kidnapping Is Further Victimized by Police Detective in Minnesota," *CBS Evening News*, Feb. 23, 2004.

238 「欠大家一個道歉」 Catie L'Heureux, "Police Thought This *Gone Girl*–Like Kidnapping Was a Hoax Because the Woman 'Didn't Act Like a Victim,' " *The Cut*, Aug. 3, 2016.

238 「幹了那種爛事……」 Gabriella Paiella, "Woman Falsely Accused of Faking Her *Gone Girl*–Like Kidnapping in 2015 Says She's Still Being Harassed Online," *The Cut*, Jan. 4, 2017.

239 「我不過是拚命活下來……」 Paiella, "Woman Falsely Accused of Faking Her *Gone Girl*–Like

Kidnapping in 2015 Says She's Still Being Harassed Online."

239 他編造一套說詞 Bill Lueders, *Cry Rape: The True Story of One Woman's Harrowing Quest for Justice* (Madison, WI: Terrace Books, 2006), pp. 59–60, 123–25.

239 「她面對著……」 Lueders, *Cry Rape*, p. 126.

240 「我感覺他們……」 Scott Shifrel, "Victim's Vindication: Con Admits Raping Queens Girl," *New York Daily News*, March 19, 2004.

240 「很高興芬希……」 Scott Shifrel and Leo Standora, "Rape Strains Family Bond; Mom's Doubts Scarred Teen," *New York Daily News*, March 20, 2004.

240 「他第一個問題就是……」 Natalie Elliott (Q&A with Sara Reedy), "I Was Raped—and the Police Told Me I Made It Up," *VICE*, Jan. 8, 2013.

240 「他真的這樣說……」 Elliott, "I Was Raped— and the Police Told Me I Made It Up."

241 「效率似乎不太好。」 Susan Brownmiller, *Against Our Will: Men, Women and Rape* (New York: Fawcett Columbine, 1975), pp. 365–66.

241 「不相信強暴這種罪行……」 Brownmiller, *Against Our Will*, p. 366.

241 「BuzzFeed 新聞」網站的調查指出 Alex Campbell and Katie J. M. Baker, "Unfounded: When Detectives Dismiss Rape Reports Before Investigating Them," *BuzzFeed News*, Sept. 8, 2016.

241 一名密西根大學的社工系教授發表了…… Rachel M. Venema, "Police Officer Schema of Sexual Assault Reports: Real Rape, Ambiguous Cases, and False Reports," *Journal of Interpersonal Violence* 31, no. 5 (2016): 872–99. This article was first published online in 2014.

242 接受地方電視台訪問時 Natalie Shaver, "Local Sheriff Reacts to Rape Kit Legislation," *KIFI* (LocalNews8.com), posted March 17, 2016. See, too: Salvador Hernandez, "Idaho Sheriff Says 'Majority' of Rape Accusations in His County Are False," *BuzzFeed News*, March 16, 2016.

第十五章：刑期三百二十七又二分之一年

資料來源：戈爾登、威斯敏斯特、奧羅拉、萊克伍德警局，以及聯邦調查局公開紀錄；科羅拉多州傑佛遜郡地方法院案號 11CR430。若想深入了解檢察官起訴性侵案件的考量因素，請參考 Cassia Spohn and David Holleran, "Prosecuting Sexual Assault: A Comparison of Charging Decisions in Sexual Assault Cases Involving Strangers, Acquaintances, and Intimate Partners," National Criminal Justice Reference Service, 2004。貝洛一案的資訊來自以下這份審判紀錄："Report of the Trial of Henry Bedlow, for Committing a Rape on Lanah Sawyer: With the Arguments of the Counsel on Each Side: At a Court of Oyer and Terminer, and Gaol Delivery for the City and County of New-York,

Held 8th October, 1793 / Impartially Taken by a Gentleman of the Profession."。可以在網路上找到內容：tei.it.ox.ac.uk/tcp/Texts-HTML/free/N20/N20224.html

253 韋納的父親是聯邦調查局探員 John Meyer, "A Balance of Career, Fitness—on the Run," *Denver Post*, April 30, 2007.

254 四十二歲那年 "Boston Marathon Race Results 2007," Boston Marathon (plug the name Robert Weiner into the search box), accessed April 24, 2017, marathonguide.com/results/browse.cfm?MIDD=15070416.

254 學者將之稱為「順流而下」 Cassia Spohn and David Holleran, "Prosecuting Sexual Assault: A Comparison of Charging Decisions in Sexual Assault Cases Involving Strangers, Acquaintances, and Intimate Partners."

255 「站在男性的角度……」 Susan Brownmiller, *Against Our Will: Men, Women and Rape* (New York: Fawcett Columbine, 1975), p. 369.

255 「當代最知名……」 Gilbert Geis and Ivan Bunn, *A Trial of Witches: A Seventeenth-Century Witchcraft Prosecution* (London: Routledge, 1997), p. 3.

255 「簡而言之……」 John Bickerton Williams, *Memoirs of the Life, Character, and Writings, of Sir*

Matthew Hale, Knight, Lord Chief Justice of England (London: Jackson and Walford, 1835), p. viii.

256 「我們必須謹記……」 Sir Matthew Hale, *Historia Placitorum Coronae: The History of the Pleas of the Crown*, ed. Sollom Emlyn (London: Printed by E. and R. Nutt, and R. Gosling, assigns of Edward Sayer, Esq., 1736), vol. I, p. 635.

256 「義憤填膺……」 Hale, *Historia Placitorum Coronae*, p. 636.

256 「假如她無法駕馭……」 Matthew Hale, *Letter of Advice to His Grand-Children, Matthew, Gabriel, Anne, Mary, and Frances Hale* (London: Taylor and Hessey, 1816), pp. 30–31.

256 「要是她抱持敬畏之心……」 Hale, *Letter of Advice*, p. 31.

256 「否則她的心靈……」 Ibid., p. 30.

256 「這個國家的人民……」 Ibid., p. 15.

257 「只顧著把臉蛋……」 Ibid., p. 116.

257 「戴著天大的綠帽」 Alan Cromartie, *Sir Matthew Hale 1609–1676: Law, Religion and Natural Philosophy* (Cambridge, England: Cambridge University Press, 1995), p. 5.

257 「毀滅家庭的力量」 Hale, *Letter of Advice*, p. 119.

257 「可以證明馬修・哈爾爵士……」 Geis, *A Trial of Witches*, p. 119.

257 「要是沒有……」 Ibid., p. 7.

258 使得他要忍受「劇痛」 *The Papers of Thomas Jefferson*, vol. 10, Julian P. Boyd, ed. (Princeton, NJ: Princeton University Press, 1954), p. 602.

258 「這將成為女性……」 Ibid., p. 604.

259 精通十二種語言 William R. Roalfe, *John Henry Wigmore: Scholar and Reformer* (Evanston, IL: Northwestern University Press, 1977), p. ix.

260 「或許是最偉大的……」 George F. James, "The Contribution of Wigmore to the Law of Evidence," *University of Chicago Law Review* 8 (1940–41), p. 78.

260 「心理學最佳的法界盟友」 James M. Doyle, "Ready for the Psychologists: Learning from Eyewitness Errors," *Court Review: The Journal of the American Judges Association* 48, no. 1–2 (2012), p. 4.

260 「現代精神醫學家已經充分研究……」 John Henry Wigmore, *Wigmore on Evidence*, 3d ed., rev. by James H. Chadbourn, vol. 3A (Boston: Little, Brown and Company, 1970), p. 736.

261 「法官不該將……」 Wigmore, *Wigmore on Evidence*, p. 737.

261 「高壓的沙文主義」 Leigh B. Bienen, "A Question of Credibility: John Henry Wigmore's Use of Scientific Authority in Section 924a of the Treatise on Evidence," *California Western Law Review* 19, no. 2 (1983): 236.

261 「法界面對性侵案謊報的態度……」 Bienen, "A Question of Credibility," 241.

261 「即便女人絕對不會說『好』……」*People v. Hulse*, 3 Hill (NY), 316.

261 「受到男性強烈的征服……」Quoted in Peggy Reeves Sanday, *A Woman Scorned: Acquaintance Rape on Trial* (Berkeley: University of California Press, 1996), p. 158.

262 「一六七〇年，兩名維吉尼亞州的契約僕人……」Estelle B. Freedman, *Redefining Rape: Sexual Violence in the Era of Suffrage and Segregation* (Cambridge, MA: Harvard University Press, 2013), p. 15.

262 兩名緬因州的女性 Sharon Block, *Rape and Sexual Power in Early America* (Chapel Hill: University of North Carolina Press, 2006), pp. 38, 92.

262 「早該廢除的沙文主義教條」Lisa Rein, "Comments on Rape Law Elicit Outrage," *Washington Post*, April 6, 2007.

262 立法委員凱絲琳・杜瑪斯第九度提出 Catherine Rentz, "All-Male Panel Ruled on Rape Bill During Maryland's Legislative Session," *Baltimore Sun*, April 17, 2017.

266 當了十五年法官 "First Judicial District—District Judge," Colorado Office of Judicial Performance Evaluation, accessed April 24, 2017, coloradojudicialperformance.gov/retention.cfm?ret=987.

尾聲：十八輪拖板車

資料來源：美國聯邦地區法院華盛頓州西區分部建檔的瑪莉提告相關紀錄；H·里奇蒙·費雪以及林伍德律師團提交給調解人的資料；瑪莉提告的結果紀錄，包括一份承保人請款單；林伍德警局處理瑪莉案件的內部檢討報告；由林塔警長撰寫的林伍德警局調查行為的外部檢討報告；馬森的個人資歷；現在林伍德警方使用的訓練教材；聯邦調查局的統一犯罪報告資料。關於「你有選擇」計畫，可以參考 Katie Van Syckle, "The Tiny Police Department in Southern Oregon That Plans to End Campus Rape," *The Cut*, Nov. 9, 2014。

280「這是風險管理的考量。」Diana Hefley, "Lynnwood Settles with Rape Victim for $150K," *Daily Herald* (Everett, WA), Jan. 15, 2014.

281「里特岡……表示他對此事一無所知。」Mike Carter, "Woman Sues After Lynnwood Police Didn't Believe She Was Raped," *Seattle Times*, posted June 11, 2013.

286「可惜的是，訊問被害人……」Joanne Archambault, T. Christian Miller, and Ken Armstrong, "How Not to Handle a Rape Investigation," *Digg*, Dec. 17, 2015, digg.com/dialog/how-not-to-handle-a-rape-investigation#comments.

287 「對我們來說是很大的一步……」 Eli Hager, "The Seismic Change in Police Interrogations," Marshall Project, March 7, 2017.

287 替這套技術冠名的約翰・雷得 Douglas Starr, "The Interview," *New Yorker*, Dec. 9, 2013.

287 帕克在二〇一二年正式獲釋 Todd Henrichs and Peter Salter, "State Apologizes, Pays $500K to Man in 1955 Wrongful Conviction," *Lincoln Journal Star*, Aug. 31, 2012.

288 「全都蓋滿灰塵」 Anna Clark, "11,341 Rape Kits Were Collected and Forgotten in Detroit. This Is the Story of One of Them," *Elle*, June 23, 2016.

288 統計全國有七萬個未經檢驗的採證工具組 Steve Reilly, "70,000 Untested Rape Kits *USA Today* Found Is Fraction of Total," *USA Today*, July 16, 2015.

288 投注了將近八千萬美金 Eliza Gray, "Authorities Invest $80 Million in Ending the Rape Kit Backlog," *Time*, Sept. 10, 2015.

289 赫爾知道許多被害人 Avery Lill, "Oregon Detective Pioneers New Sexual Assault Reporting Program," NPR, Sept. 22, 2016.

致謝

我們要向撰寫過程中給予協助的許多人士致上最深的謝意。首先是鼓勵我們擴寫〈難以置信的強暴案〉報導的諸位編輯，馬歇爾計畫的 Bill Keller 和 Kirsten Danis；ProPublica 的 Stephen Engelberg、Robin Fields、Joseph Sexton；以及將我們的文字淬鍊成優美文章的文編 Amy Zerba。在進行原始報導期間，我們有幸能得到第三位夥伴相助——《美國生活》這個身為業界圭臬的優秀電台。感謝那一集節目的製作人 Robyn Semien 和節目主持人 Ira Glass。

我們的經紀人 Mollie Glick 和她在 Creative Artists 經紀事務所的同事 Michelle Weiner 把我們的故事變成值得出書的企劃。她們從頭到尾一直支持著我們，給予我們鼓勵。

企鵝藍燈書屋旗下皇冠出版集團的 Molly Stern、Rachel Klayman、Emma Berry、Matthew Martin 擁有宏大的眼界與勇氣，接下這個艱困的題材。他們不斷滋養著我們的一舉一動，提供睿智的編務諮詢。Ayelet Waldman 和 Michael Chabon 與我們互相討論、分享想法，下標是個困難重重的任務。

以下列出幫我們審閱初稿的親朋好友，感謝 Ruth Baldwin、Ramona Hattendorf、Lyn Heinman、Anna Ly、Leslie Miller、Maureen O'Hagan、Serene Quinn、Craig Welch 承受我們的

折磨，也感謝他們提供珍貴的意見。

我們要感謝華盛頓大學的葛拉赫法學院圖書館的館員，他們願意把脆弱的古老書籍交給我們翻閱。圖書館員棒透了。

調查報導需要經費。調查報導基金（Fund for Investigative Journalism）在成立第一年就支援了 Seymour Hersh 揭露美萊村屠殺的所需費用。本次也承蒙ＦＩＪ為本書提供一大筆調查資金。許多記者都欠ＦＩＪ天大的人情，我們也在行列之中。

謊報：一樁性侵案謊言背後的真相

A false report : a true story of rape in America

作　　者❖T．克利斯汀．米勒（T. Christian Miller）、肯．阿姆斯壯（Ken Armstrong）
譯　　者❖楊佳蓉
封面設計❖許紘維
內頁排版❖卡那拉
總 編 輯❖郭寶秀
責任編輯❖黃怡寧
特約編輯❖聞若婷
行銷業務❖許芷瑀

發 行 人❖凃玉雲
出　　版❖馬可孛羅文化
10483臺北市中山區民生東路二段141號5樓
電話：(886)2-25007696
發　　行❖英屬蓋曼群島商家庭傳媒股份有限公司城邦分公司
10483臺北市中山區民生東路二段141號11樓
客服服務專線：(886)2-25007718；25007719
24小時傳真專線：(886)2-25001990；25001991
服務時間：週一至週五9:00～12:00；13:00～17:00
劃撥帳號：19863813　戶名：書虫股份有限公司
讀者服務信箱：service@readingclub.com.tw
香港發行所❖城邦（香港）出版集團有限公司
香港灣仔駱克道193號東超商業中心1樓
電話：(852)25086231　傳真：(852)25789337
E-mail：hkcite@biznetvigator.com
馬新發行所❖城邦（馬新）出版集團
Cite (M) Sdn. Bhd.(458372U)
41, Jalan Radin Anum, Bandar Baru Seri Petaling,
57000 Kuala Lumpur, Malaysia
電話：(603)90578822　傳真：(603)90576622
E-mail：services@cite.com.my
輸出印刷❖中原造像股份有限公司
初版一刷❖2019年12月
定　　價❖400元（如有缺頁或破損請寄回更換）

ISBN：978-957-8759-96-1

城邦讀書花園
www.cite.com.tw

國家圖書館出版品預行編目(CIP)資料

謊報：一樁性侵案謊言背後的真相／T．克利斯汀．米勒（T. Christian Miller）、肯．阿姆斯壯（Ken Armstrong）著；楊佳蓉譯. --
初版. -- 臺北市：馬可孛羅文化出版：家庭傳媒城邦分公司發行, 2019.12
　面；　公分
譯自：A false report : a true story of rape in America
ISBN 978-957-8759-96-1（平裝）

1.性犯罪　2.性侵害　3.個案研究　4.美國

548.544　　108017260